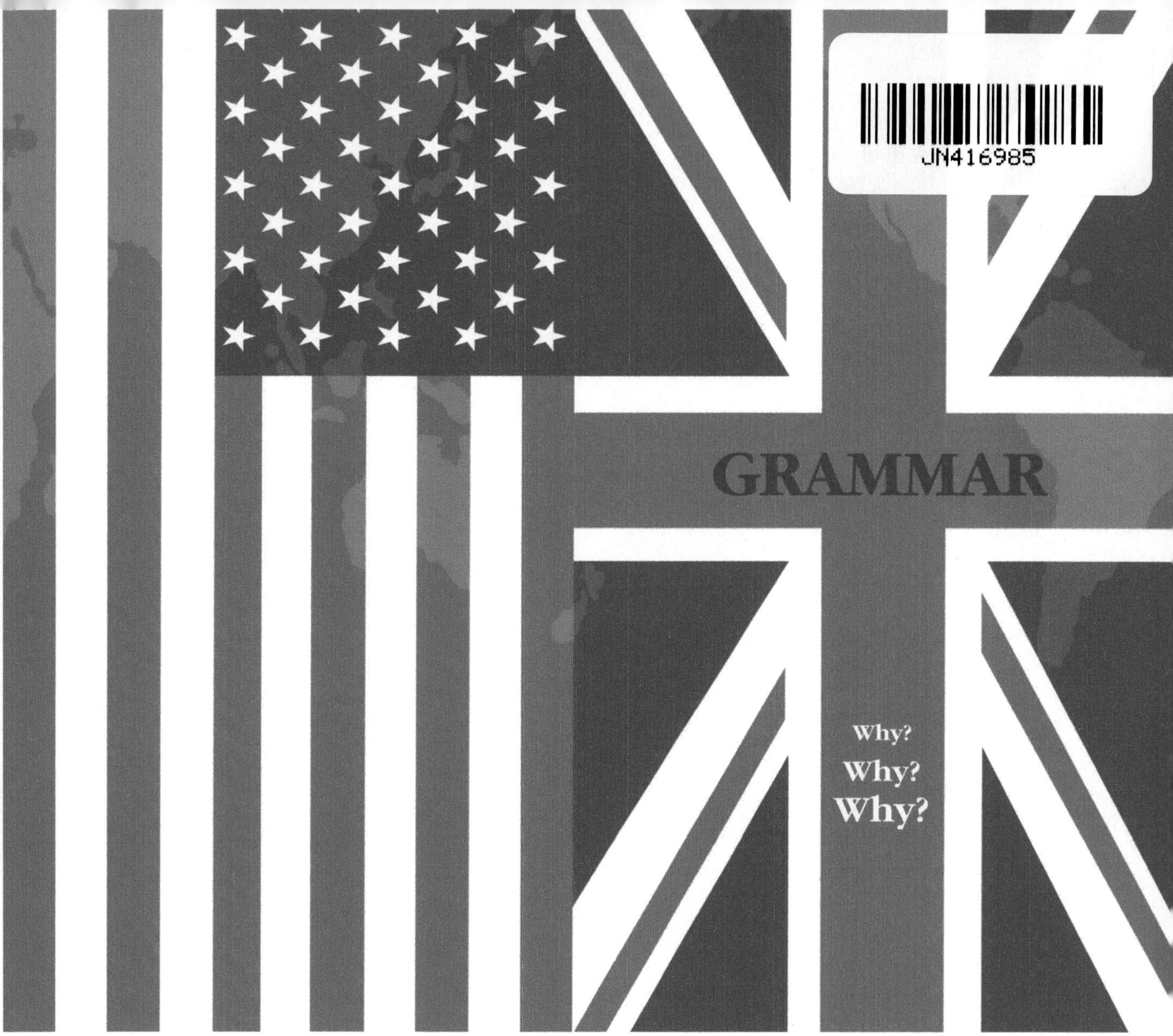

영어의 구조, 어휘, 문법에 관한 모든 것을 이 책 한권으로 해결

영문법 해설 및 활용

박영근 지음

본 영문법 해설 및 활용은 영어의 일반원리에 입각하여 영문법 구조에 대한 Why?의 설명을 통하여 영어의 문법과 구조에 대한 포괄적인 이해뿐만 아니라 직접 활용을 할 수 있게 하는 데 그 목적이 있다. 특히 부록에서는 다양한 영어의 구조가 사용된 표현들을 체계적으로 분류해 두었으며 또한 이미 숙지한 영문법 규칙들의 반복적인 연습활동을 통해서 그 적용 능력을 향상시킬 수 있도록 하였다.

도서출판 GS인터비전

머 리 말

오늘날 영어의 시대라 할 만큼 사회의 모든 분야에서 영어가 중요하게 되었습니다. 학문을 연구하고 나아가 직장생활을 원만히 하기 위해서는 여러분의 전공이 무엇이든 간에 영어는 필수적입니다. 영어의 실력이 모자라면 전공서적을 읽을 수 없고 따라서 전공과목의 학습효과를 기대하기 어렵습니다. 그러나 오늘날의 영어의 시대라 함은 이런 이유 때문만이 아닙니다.

지금은 여러분의 전공보다도 오히려 영어가 중요한 그런 시대입니다. 심지어 국내의 대기업에서는 입사시험에서 전공과목 시험은 생략하고 영어시험만 보는 곳이 많아졌습니다. 대기업의 입사시험 과목을 영어로만 국한한다는 것은 무엇을 의미하겠습니까? 직장생활을 하는데 있어서 전공은 학교에서 배운 것만 해도 충분하다는 것입니다. 아니면 학교에서 배운 전공과 직장에서의 직무사이에는 거리가 있기 때문이며 실제로도 대기업은 자기 기업 목적에 맞도록 신입사원을 재교육시킵니다.

입사한 후 승진·승급에서도 영어는 가장 중요합니다. 국내의 대부분의 대기업은 매년 사내 영어경진대회를 갖습니다. 그 영어경진대회에서 우수한 성적을 내지 못할 때 그 사람은 평생 말단사원입니다. 그러나 사내영어시험에서 우수한 성적을 얻을 때 그 당사자는 승진 및 출세가도에 서게 됩니다. 여러분은 평생 말단사원으로 가난에 쪼들리며 살기를 원합니까?

또 일반시민으로 살아가는 데도 영어는 필수적입니다. 해외여행 자유화와 새로운 사조에 뒤쳐지지 않는다는 등등의 문제를 차지하고라도 한사람의 시민으로 살아가기 위해서는 영어를 열심히 공부해야 합니다. 영어에 대한 어느 정도 수준의 지식이 없이는 앞으로 대학 나왔다는 소리를 할 수 없을 정도입니다. 미래의 시대는 영어를 모르면 완전히 바보가 되는 그런 시대입니다.

본 **영문법 해설 및 활용**은 영어의 일반원리에 입각하여 영문법 구조에 대한 Why?의 설명을 통하여 영어의 문법과 구조에 대한 포괄적인 이해뿐만 아니라 직접 활용을 할 수 있게 하는 데 그 목적이 있다. 특히, **부록**에서는 다양한 영어

구조가 사용된 표현들을 체계적으로 분류해 두었으며 또한 이미 숙지한 영문법 규칙들의 반복적인 연습활동을 통해서 그 적용 능력을 향상시킬 수 있도록 하였다. 정선된 고등학생, 대학생들이 더욱 영어의 실력을 높이고, 또 각종 시험에 대비할 수 있도록 하기 위한 두 가지 목적으로 집필 되었다. 따라서 이 책을 통해서 영어에 대한 기본지식을 이미 가진 대학생들이 각자의 전공서적을 만족스럽게 읽고 아울러 취업시험, 대학원 진학시험, TOEIC 및 TOEFL 등을 준비할 수 있을 것입니다. 오랫동안 대학에서 영어를 가르쳐온 경험으로 대학생들이 꼭 알아야 할 부분만 다루었기 때문에 여러분은 한 페이지, 한 페이지 모두를 숙지해야 할 것입니다.

결국 영어 실력은 밥그릇 수에 비례합니다. 공부를 많이 한 사람이 실력이 많은 것이지 쉽게 공부하는 요령은 없습니다. 꾸준히, 조금씩이라도 매일 공부하는 것이 가장 중요합니다. 모쪼록 이 책을 잘 이용해서 여러분의 장래가 행복해지기를 바랍니다.

2018. 여름

저자 박 영근

차 례

Chap. 1

Chap. 2

Chap. 3

Chap. 4

Chap. 5

Chap. 6

Chap. 7

Chap. 8

Chap. 9

Chap. 10

Chap. 11

Chap. 12

Chap. 13

Chap. 14

Chap. 15

Chap. 16

문장논리

1. *The witness was unwilling to testify, he was afraid of the accused man.

이처럼 두 문장 간에 서로 연결되지 않고, 단절 된 문을 run-on sentence라 한다.

이 경우 접속사를 사용해서 두 문장을 연결해야 한다.

Because he was afraid of the accused man, the witness was unwilling to testify.

He gave me several reasons, only a few of [*them / which] were valid.

which는 관계대명사로서 접속기능을 하나 대명사 them은 그렇지 못하여 두 문장을 연결시켜 주지 못한다. 따라서 them이 사용될 경우에는 비문법적인 문장이 생성된다.

I picked up the apples, some of [which / *them] were badly bruised.

2. He did it [**with ease.** / **easily.**]

She always behaves [**in a responsible manner.** / **responsibly.**]

Because of [***the scarcity of it** / **its scarcity**] we are troubling now.

문은 가능한 한 간결성을 유지해야 한다. 즉 위의 예에서 간결한 표현이 선호된다.

[the growth of the city / = the city's growth]

[*the growth of it / = its growth]

[*the coming of **his** home
= **his** coming home]

[*the work of **her** with Walter
= **her** work with Walter]

자동사 혹은 형용사에서 파생된 명사가 그 다음에 **of 구조**를 취할 때, 그 형태로 **of + 대명사**의 사용은 비문법적인 문장을 생성하게 된다.

예외 [for the life of **me**
in the face of **it**]

3. The reason was [*because / that] I wanted to see her.

의미가 유사한 단어나 구를 중복 사용해서는 안 된다. 명사 The reason과 접속사 because 간에 의미 중복 현상을 초래하기 때문에 비문법적이다.

It is [*more / much] better. (이중 비교가 되기 때문에)

*Maybe it is likely to rain tomorrow.

부사 Maybe와 is likely to가 비슷한 의미를 지니기 때문에 Maybe를 삭제하거나 is likely to를 will로 바꾸어야 한다.

*It is sufficient enough.
sufficient와 enough는 유사한 의미를 지니므로 어느 하나를 삭제해야 한다.

Because I liked him, [*so / Φ] I went out with him.

의미가 유사한 접속사 because와 so가 중복 사용되었다.
둘 중 어느 하나를 삭제해서 문장을 만들어야 한다.

Thank you for [*your / Φ] coming. you와 your의 의미중복.

[Mary's background and early life
[*her / the] background and early life **of Mary**]

소유격의 중복(her와 of Mary), 이 경우 정관사 the가 사용된다.

4. *Mary she likes to visit Seoul.

불필요하게 대명사를 사용해서 이중주어 현상을 초래해서는 안 된다. Mary와 she중에서 어느 하나를 삭제하거나 Mary와 she를 완전동격 구문 즉, She, Mary, likes to visit Seoul.로 만들어야 한다.

5. Mary won the speech contest and [received an award. / *an award was received.]

이유 없이 태를 교체해서는 안 된다.

6. His dog has crawled into our yard everyday and [*eats / (has) eaten] from our garbage can.

이유 없이 시제를 교체해서는 안 된다.

7. He enjoys teaching and [writing. / *to write.]

접속사 and, but 앞뒤에는 문법적인 성질이 동일해야 한다.

*She is not only famous in the United States, but also abroad.

She is famous not only in the United States, but also abroad.

(in the United States: 부사구, abroad: 부사)

An American is not only confident but also [*is / Φ] ambitious.

상관접속사 not only A but also B, both A and B와 같은 구문에서는 A와 B의 어구를 동등하게 해야 한다.

8. To answer accurately is more important than [*you finish quickly. / to finish quickly.]

비교구문에서 A와 B의 형태는 동일해야 한다.

9. When a baby, [*my grandfather gave me a silver cup. / I was given a silver cup by my grandfather.]

= When I was a baby, my grandfather gave me a silver cup.

잘못된 생략은 비문법적인 문장을 생성하게 된다.

10. To take good pictures, [*a good camera must be used. / you must use a good camera.]

To~pictures하는 주체가 사람이어야 한다.

11. *A famine is **where** food is scarce and many people starve.
A famine is **a scarcity of food** that causes many people to starve.

명사 A famine (기아, 굶주림)이 장소를 나타내는 말이 아니므로 관계부사 where가 사용되어서는 안 된다.

Chemistry is [*where I have my greatest difficulty. / a subject which I like.]

Chemistry가 장소를 나타내는 명사가 아니므로 where가 사용될 수 없다.

[*To be known / What is known] about Mary is true.

We know **what** about Mary 이어야 하므로 부정사가 사용된 문장은 Mary에 대해서 알고 있는 내용이 빠져 있어서 비문법적이다.

12. Mary was interested [*Φ / **in**] and skilful **at** photography.

명사 photography가 전치사 in과 at의 공통목적어로 사용되었다.
be interested **in**
be skilful **at**

He was ashamed **of** and alarmed **at** the vengeful attitude of the cabinet.
I was interested **in** and satisfied **with** the result.

13. I can't see [***nothing.** / **anything.**]

formal, written expression에서, **이중부정 (double negatives)**은 허용되지 않는다.
I have **never** travelled [**anywhere** / ***nowhere**] by air yet.

두 개의 부정소가 동일한 개념 혹은 단어에 적용될 때 그 결과는 논리적으로 항상 긍정이 된다는 것은 언어의 보편적인 현상이다. 그러나 실제 언어 표현에서 모든 이중 부정이 하나의 긍정의 의미와 일치한다면 이중부정을 사용하는 근거의 타당성을 잃게 될 것이다. 따라서 자연언어에서의 이중 부정은 논리적인 의미 외에 또 다른 의미를 내포하고 있음을 유추할 수 있다.

a) (a) I am happy.
(b) I am not happy.
(c) I am not unhappy.

부정논리에 따라 (a)와 (c)는 동일한 의미를 갖지만 대화 맥락에서는 (a)와 (b)의 중간상태 즉 (a)와 (c)의 의미를 내포할 수도 있다.

이중부정이 대화맥락에서 갖는 의미 효과와 제약에 관해서 기술해 보면,

b) *(a) Sheila wants to meet **a not unmarried man.**
(b) Sheila wants to meet **a not unhappy man.**

(a)의 a not unmarried man 즉 결혼하지 않은 사람이 아닌 사람은 단지 결혼한 사람을 의미하는데 반하여 (b)의 a not unhappy man은 반드시 a happy man만을 의미하지 않는다. 이처럼 (a)는 특별한 기능 효과를 나타내지 못하며 단지 단순한 표현을 복잡하게 표현한 것에 불과한데, (a)가 비문법적인 이유에서 이중부정은 긍정이 내포하지 못하는 의미 효과를 갖는 환경에서 주로 사용된다는 사실을 알 수 있다.

14. She tried not [***to carelessly hurt** the dog.(분리부정사가 사용된 문장) / **to hurt** the dog **carelessly.**]

formal written expression에서, **분리부정사 (split infinitives)**는 허용되지 않는다.

15. It's a long time since you [***didn't come** / **came**] to see me.

부정은 구조의 다양성으로 인하여 긍정보다 사고의 복잡성을 야기하며 인간의 사고의 혼란을 초래할 가능성이 더 높다. 따라서 부정표현을 피할 수 있는 환경에서는 부정표현을 피하고 긍정표현을 사용하는 것이 바람직하다. 이러한 이유로 자연 언어에서 긍정이 부정보다 우선한다는 것을 알 수 있다. 즉 인간은 의심보다는 믿음을, 불확신 보다는 확신을, 부족 보다는 풍족을, 부인 보다는 주장을 더 강화하는 경향이 있다. 이러한 인간의 심리적인 인식체계가 자연언어에 반영되어 부정은 언어의 현상에서 대응하는 긍정과는 달리 사용에 있어서 많은 제약을 받는다는 사실을 다음의 예들이 잘 보여 준다.

a) *(a) Where **didn't** you **leave** the keys?
(b) Where did you leave the keys?

b) *(a) A student **didn't come** into my office yesterday.
(b) A student came into my office yesterday.

c) *(a) When John **doesn't come,** I'll leave.
(b) When John comes, I'll leave.

d) *(a) This is the most beautiful city that I've **never** visited so far.
(b) This is the most beautiful city that I've **ever** visited so far.

e) *(a) She **didn't run** as fast as he didn't.
(b) She ran as fast as he did.

f) *(a) How fast **did** John **not run**?
(b) How fast did John run?

g) *(a) **unhappy or happy/dislike or like/few or many/none or all/less or more/**
(b) happy or unhappy/like or dislike/many or few/all or none/more or less/

16. New York is larger than any other city in Korea.

논리적인 사고를 필요로 한다. 위 문장은 구조적으로 적합하나 의미적으로 따져볼 때 뉴욕이 한국에 있다는 표현은 잘못이므로 other를 삭제하고 city를 cities로 고쳐야 한다.

*She is easy to do.
He is easy to do.

She가 사용된 문장은 부정적인 의미를 함축하고 있어서 대화문맥에서 사용이 기피된다.

17. There is a lot of work [to do. / to be done.]

I have work [to do. / *to be done.]

문장의 주어가 행위의 주체일 경우에는 수동태가 사용될 수 없다.
There are letters to write. We have a lot [to do. / *to be done.]

18. When John visited his father, **he** was very angry.

애매한 문장을 사용하는 것을 피해야 한다. 즉 대명사 he가 John, his father 중 어느 것을 지시하는지를 알 수가 없다. 이러한 애매성을 제거하기 위한 한 방편으로 **전자(the former), 후자(the latter)**와 같은 표현이 영어의 어휘 사전에 들어 왔다.

I am looking for someone to teach.
위 문장은 다음의 두 가지 의미로 사용 될 수 있는 중의성을 지닌다.

I am looking for someone to teach **French.**
I am looking for someone to teach **French** to.

19. ┌ *Anyone didn't solve the problem.
└ Anyone **of us** didn't solve the problem.

일반적으로 부정의 원리는 not~any의 순서이나 때때로 Any~not의 형태도 사용된다. 이 경우 Any 다음에는 수식요소가 반드시 필요하다.

20. He gave me [a / the] book which he bought yesterday.

위 문장에서 a book은 a book of the books, 즉 그가 어제 여러 권의 책을 구입했는데 그 중에 한권이라는 뜻을 갖지만, the book은 어제 그가 책 한권만을 구입하였는데 바로 그 책을 가리킨다. 따라서 문맥 속에서 하나를 지칭하는 명사가 형용사절 혹은 구에 의해서 수식을 받는 경우에는 그 명사는 **확정명사(the+명사)**가 됨을 알 수 있다.

Astronomy is [the / *a] science of stars and planets.

Astronomy(천문학)는 별과 혹성을 다루는 바로 유일한 학문이므로 위 문장에서 a science는 비문법적이다.

The car which John bought has been stolen.…… John's car 즉, 차 한대를 지칭
A car which John bought has been stolen.…… a car of John's 즉, John의 여러 대의 차 중의 한대

21. [Spoken / Informal] and [Written / Formal] Expression

Toefl과 Toeic에 적용되는 표현은 문어체로서, 즉 사회적 상황이 배제된 상태에서 통사적 규칙을 적용시켜야 한다. 그 이유는 사회적 상황을 고려한 상태에서는 문법을 논할 수 없기 때문이다. 다음 각각의 표현에서 위에 사용된 표현이 문어체이다.

a) It [is / has been] three years since he died.

b) Go [slowly. / slow.]

c) He is better than [I. / me.]

d) This is different [from / than] that.

e) He is not [so / as] tall as she.

f) This is a good place [to live in. / in which to live]

g) Neither of them [is / are] present.

h) It is [I. / me.]

i) [Whom / Who] do you admire most?

j) [I tried to understand it completely.
I tried to completely understand it.]

k) Study [as / like] she does

l) [Finding a place for the night was no easy job.
It was no easy job finding a place for the night.]

m) Would you ind [my / me] smoking here?

n) a [day's / day] laborer

o) [To whom were you talking?
Who were you talking to?]

p) [I consider it an excellent plan.
I consider it as an excellent plan.]

q) It looks [as if / like] it is going to rain.

r) Everybody has [his / their] own ideas.

Chapter 1
영어의 일반원리

A. 문미 초점 원리 (The End Focus Principle)

문장의 요소 중 보다 중요하거나 새로운 정보를 지닌 요소를 문미에, 누구나 알 수 있는 정보를 문두에 놓으려는 원리를 말한다. 따라서 하나의 문장은 일반적으로 구정보(old information) →신정보(new information) 순서로 이루어진다.

1. a) What is Mary doing now?
   b) She is playing the violin.
   구정보 신정보

2. a) What did the rain do?
   b) The rain destroyed the crops.
   구정보 신정보

3. a) ┌ What happened to the crops?
   └ The crops were destroyed by the rain.
   구정보 신정보

   b) ┌ Who makes these desks?
   └ They are made by Erot
   구정보 신정보

4. a) What did Mary give John?
   b) She gave ┌ him a book.
   구정보 신정보

   *a book to him.
   신정보 구정보

   └ the book to him.
   구정보 구정보

5. *a) John gave Mary it.
신정보 구정보

대명사 it은 정해진 명사이므로 구정보에 속한다. 따라서 위의 문장은 구정보 → 신정보의 순서를 위반하므로 비문법적인 문장이 된다.

b) John gave it to Mary.
구정보 신정보

6. When he found it, John gave
- the book to Mary.
  구정보 신정보
- *Mary the book.
  신정보 구정보

7. a)
- The dictionary is under the table.
  구정보
- *There is the dictionary under the table.
  구정보

b)
- A book is in the cupboard. - rare
  신정보
- There is a book in the cupboard. - preferable
  신정보

There be 로 시작되는 문장에서는, there가 청자나 독자에게 주의를 환기시켜 주는 역할을 하므로 그 다음에는 신정보를 지닌 요소가 나타나야 한다. 즉 이 구문은 전제가 없이 신정보가 주어로서 문주에 오는 것을 피하기 위한 하나의 방편으로 사용된다. 따라서 한정된 명사, 고유명사 그리고 대명사 등이 **there be** 다음에 나타나면 아래와 같이 비문법적인 문장이 된다.

There is [a / *the / *this] book on the table.

There is [*John / *it / *them] over there.

There are [*they / many people] in the room.

한편, 중간태(middle voice)에서, 일반적으로 동사 다음에 양태부사가 첨가되는데, 이러한 부사는 주어의 특징을 진술하는 신정보이므로 반드시 수반되어야 한다.

This book sells [well. / *∅.]

This novel reads [easily. / *∅.]

참조) Turn [it (구정보) off. (신정보) / *off (신정보) it. (구정보)]

구정보 → 신정보 순서위반

[*Moments (신정보) have been / There have been moments (신정보)] when a remarkable progress in the medicine has been made in the history.

B. 문미 비중 원리(The End Weight Principle)

문장의 요소 중 보다 긴 요소를 문미에 놓으려는 원리를 말한다.

1. a) They say that he is honest.

   b) **That he is honest** is said.
   (주어)

   c) It is said **that he is honest.**
   (주어 문미 이동)

   a)문장을 수동태로 고치면 b)문장이 되는데 b)는 주어가 다소 길기 때문에 c)문장처럼 주어가 문미로 이동되어 자주 나타난다.

2. a) [*That I was out of London at that time happened.
   (주 어)
   It happened that I was out of London at that time.]
   (주어 문미 이동)

   b) [*That the sun is shining seems.
   (주 어)
   It seems that the sun is shining.]
   (주어 문미 이동)

c) ┌ *That John will forget the promise appears.
 주　어

└ It appears that John will forget the promise.
 주어 문미 이동

3. a) That John is honest is true.
 주어

b) It is true that John is honest.
 주어 문미이동

위 2의 a), b), c)에서 happen, seem, appear와 그 밖의 look, turn out, grow등의 동사가 사용된 문장에서는 주어가 다소 길 때 주어의 문미 이동이 반드시 이루어져야 한다.

┌ *That he is insane turns out.
└ It turns out that he is insane.

그러나 아래의 문장처럼 신정보가 첨가되면 문법적인 문장이 된다.

That the sun is shining seems odd.
 주어

(신정보 odd가 첨가되어 문법적인 문장이다.)

That John is happy happens to annoy Mary.
(신정보 to annoy Mary가 첨가되어 문법적인 문장이다.)

┌ *That he is insane turns out.
└ That he is insane turns out <u>not to be obvious.</u>
 신정보

한편, 긴 주어라도 다음과 같은 경우에는 문미로 이동되지 않는다.

┌ To see this movie is to relieve the past.
 주어

└ *It is to relieve the past to see the movie.
 가주어　　　　　　　　진 주 어

위에서 주어 To see this movie가 문미로 이동될 수 없는 이유는 이동되면 가주어 it의 주어로서 to see the movie와 to relieve the past가 혼란을 초래할 수 있기 때문이다.

That **Mary is innocent** proves.
주 어

* It proves **that Mary is innocent.**
주 어

이 경우는 prove가 가주어(it), 진주어(that 이하) 구문을 취할 수 없기 때문에 주어의 문미 이동이 불가능하다.

4. a) **The man who was soft in appearance but hard in reality** entered.(주어)

   b) Entered **the man who was soft in appearance but hard in reality.**(주어문미이동)

5. a) Machines have made **the mass production of all kinds of goods** possible.(목적어)

   b) Machines have made possible **the mass production of all kinds of goods.**(목적어 문미이동)

6. a) *I thought **that she hadn't come here** strange.(목적어)
   I thought **it strange that she hadn't come here.**(목적어 문미이동)

   b) *I found **to solve the problem** difficult.(목적어)
   I found **it** difficult **to solve the problem.**(목적어 문미이동)
   가목적어 진목적어

목적어가 명사절이거나 to 부정사일 경우에는 문미로 이동하는 것이 의무적이다.

7. a) She is a **wise, clever, diligent and beautiful** woman.(형용사)

   b) She is a woman **wise, clever, diligent and beautiful.**(형용사 문미이동)

8. a) We **sometimes** play baseball.(빈도부사)

   b) *We **from time to time** play baseball.(빈도부사)

   c) We play baseball **from time to time.**(빈도부사 문미이동)

8의 예에서, 빈도부사는 일반 동사 play 앞에 위치해야 하나, sometimes의 뜻을 지닌 빈도부사 'from time to time'이 다소 길기 때문에 c)처럼 문미로 이동된다.

C. 인접원리(The Neighborhood Principle)

문장의 요소 중 서로 관련 있는 요소들을 인접해 놓으려는 원리를 말한다.

1. 형용사 + 명사

a) a clever farmer

*b) clever a farmer

b)는 물론 형용사 clever와 명사 farmer가 부정관사 a에 의해서 분리되었기 때문에 비문법적인 구가 된다. 이처럼 형용사와 명사가 인접한다는 사실을 알면, 관사의 위치에서 우리가 암기하게 되는 **such(quite, rather, what)+부정관사+형용사+명사** 구조와 같은 것을 더 이상 암기할 필요가 없는 규칙이 된다. 그 이유는 물론, **such a clever boy**와 같은 구조에서는 such가 앞에 나타나도 형용사 clever와 명사 boy의 인접에는 아무런 영향을 주지 못하기 때문이다.

한편, **so(how, however, too, as)+형용사+부정관사+명사**와 같은 구조를 우리가 왜 암기해야 하는가에 대한 이유를 설명할 수 있는데, 이러한 구조 즉 so beautiful a girl에서는 부사 so가 형용사 beautiful과 명사 girl을 부정관사 a로 분리시켜 영어의 일반규칙을 위반하기 때문이다.

cf) such [*beautiful a lady
　　　　　 a beautiful lady

so [beautiful a lady
　　 *a beautiful lady

2. 주어+동사

a) You like music?

b) [Do <u>you like</u> music?
　　　 주어동사

　 *<u>Like</u> <u>you</u> music?
　　 동사 주어

3. 타동사+목적어

a) (a) John solved the problem.
타동사 목적어

(b) *John solved not the problem.
타동사 목적어

(c) John didn't solve the problem.
타동사 목적어

위에서 (b)와 (c)는 (a)문장을 부정한 표현인데, (b)가 비문법적인 문장이 되는 것은 타동사 solved와 목적어 the problem이 not에 의해서 분리되었기 때문이다.

(c)는 타동사 solved와 목적어 the problem이 인접해 있기 때문에 문법적인 문장이다.

b) He could pronounce each word distinctly.
타동사 목적어

*He could pronounce distinctly each word.
타동사 목적어

b)의 아래 문장은 부사 distinctly가 타동사 pronounce와 그 목적어 each word를 분리시켰기 때문에 비문법적인 문장이 된다.

Many people examined the picture disdainfully.
타동사 목적어

*Many people examined disdainfully the picture.
타동사 목적어

cf) I feel strongly that this should not have been done so carelessly.
타동사 목적절

위 예문에서는 타동사 feel과 목적절 **that**이하가 부사 strongly에 의해서 분리 되어 나타나지만 목적절이 길기 때문에 **문미비중원리**에 의해서 문미로 이동되었음을 알 수 있다.

c) He agreed to discuss the matter calmly.
타동사 목적어

He agreed to calmly discuss the matter.
타동사 목적어

*He agreed to discuss calmly the matter.
타동사 목적어

위의 첫 번째, 두 번째 문장 모두 타동사 discuss와 목적어 the matter가 인접해 있으므로 각각 문법적인 문장이나 세 번째 문장은 타동사와 목적어가 부사 calmly에 의해서 분리되었기 때문에 비문법적인 문장이 된다.

한편, 분리부정사가 사용된 두 번째 문장은 외래 요소의 영향을 받아 영어에 들어온 것이기 때문에 격식을 갖춘 표현, 표준 영어 그리고 문어체에서는 사용을 기피하는 경향이 있다.

Ask <u>not</u> what we can do for you, (but) what you can do for us.

위 문장에서 부정어 not은 동사 Ask를 부정한 것이 아니라 not A but B의 상관접속사 구문에 사용된 것임.

d) ┌ The bus comes here.
└ <u>Here</u> <u>comes</u> <u>the bus</u>.(주어와 동사의 도치)
부사 동사 주어

부사가 문두에 나타나면 일반적으로 주어와 동사의 어순이 도치된다.

I little dreamed that she would pass the exam.

*<u>Little</u> <u>dreamed</u> I <u>that she would pass the exam</u>.
부사 타동사 목적절

<u>Little</u> <u>did</u> I <u>dream</u> <u>that she would pass the exam</u>.
부사 타동사 목적절

위의 두 번째 문장이 비문법적인 문장이 되는 것은 타동사 dreamed와 목적절 that 이하가 주어인 I 에 의해서 분리되었기 때문이다. 세 번째 문장은 타동사 dream과 목적절이 인접해 있으므로 문법적인 문장이다.

4. 부사+부사

a) He studies English **very hard**.

b) **However** ┌ **hard** he may study, he will fail in the test.
└ *he may study **hard**, he will fail in the test.

(부사 however와 hard가 인접해 놓여 있지 않으므로 비문법적인 문장이 된다.)

c) He spent a year in the hospital, but

he emerged entirely seriously.
부사 부사

*he entirely emerged seriously.
부사 부사

(부사 entirely와 부사 seriously가 인접해 있지 않으므로 비문법적인 문장이 된다.)

d) I wonder how soon he will come.
부사 부사

*how he will come soon.
부사 부사

(부사 how와 soon이 인접해 있지 않으므로 비문법적이다.)

5. 부사+형용사

a) I wonder how old he is.
부사 형용사

*how he is old.
부사 형용사

(부사 how와 형용사 old가 인접해 있지 않으므로 비문법적인 문장이다.)

b) However cold it is, she always goes swimming.
부사 형용사

*However it is cold,
부사 형용사

(부사 However와 형용사 cold가 인접해 있지 않으므로 비문법적인 문장이다.)

c) The longer he stayed, the more sullen he became.
부사 형용사

*he became sullen.
형용사

(부사 the more와 형용사 sullen이 인접해 있지 않으므로 비문법적인 문장이다.)

D. 수식원리(The Modification Principle)

수식 기능을 지닌 형용사류, 부사, 명사 대명사가 서로 제한적으로 그 기능을 수행 한다는 원리를 말한다.

a) (부사 → 동사) 수식

He **runs** fast.
부사

He **behaves** himself [*good. / well.]

타동사 behaves의 수식 형태로 형용사 good은 부적합하다.

b) (부사 → 형용사) 수식

He is a very **diligent** man.

c) (부사 → 부사)수식

He runs very **fast**.

d) (부사 → 문장)수식

(a) Happily **he did not die**.(다행스럽게도 그는 죽지 않았다.)
(b) He didn't **die** happily.(그는 행복하게 죽지 않았다.)

(b)는 부사 happily가 동사 die만을 수식한 경우이다.

e) (부사 → 명사) 수식

the **then** king
inside information
the **home** journey
the journey **home**
the **above** quotation
the quotation **above**

f) (형용사류 → 명사) 수식

형용사류에는 전, 후치 수식 모두 가능한 형용사, -ing(현재분사), P.P(과거분사)와 전치수식만 가능한 -ing(동명사), 명사 앞에 놓이는 명사, 명사와 후치수식만 가능한 전치사구(형용사구), 형용사절(관계대명사절), 형용사구(형용사로 사용된 부정사)등이 있다.

(a) He is a [**happy** / *happily] man. (형용사 → 명사 수식)

He is a man **alive.**(형용사 → 명사 후치 수식)

(b) a **sleeping** baby(현재분사 → 명사 전치 수식)
the man **standing over there**(현재분사 → 명사 후치 수식)

(c) the first commercial film **made in California**(과거분사 → 명사 후치 수식)
The **embarrassed** man didn't know what to do.(과거분사 → 명사 전치 수식)

(d) a **sleeping** car(침대용차) - (동명사 → 명사 전치 수식)
a **teaching** bus (교직원차) - (동명사 → 명사 전치 수식)

위의 각각은 동명사가 전치 수식만 가능하므로 다음처럼, 동명사가 명사 뒤에 놓이면 비문법적이 된다.

*a car **sleeping**
*a bus **teaching**

(e) It is **an office building.**(명사 → 명사 수식)

명사와 명사의 결합에는 다음 두 가지 특징을 지닌다.

첫째, 앞의 명사가 뒤에 오는 명사를 수식하는 기능 즉 형용사적 성질을 띠게 되므로 앞의 명사는 복수 형태로 나타날 수 없다. 둘째, 앞의 명사가 다음에 오는 명사를 소유할 수 있는 능력을 지닌 경우에는 앞의 명사를 소유격으로 나타내며, 그렇지 못할 경우에는 변화되지 않고 그대로 나타난다.

He went to the [*books store. / *book's store. / book store.]　　[the woman's hat / *the woman hat]

첫 번째 경우 즉 books store는 book이 store 앞에 놓여서 형용사적 성질을 띠므로 복수형 books는 단수형태 book으로 고쳐야 하며 두 번째 경우, book's store는 book이 store를 소유할 수 있는 능력을 지니지 못하므로 소유격 book's로 나타낼 수 없다. 한편, 명사 woman이 명사 hat를 소유할 수 있기 때문에 앞의 명사를 소유격으로 나타내어야 한다.

a twenty - [*years / year] -old lady

위의 경우도 역시 명사 year가 다른 명사 lady앞에 놓여 있으므로 단수 형태가 되어야 한다.

그러나 앞의 명사가 복수형이 불가능하나 복수형이 될 때 뜻이 달라지는 명사는 형용사 기능을 하더라도 복수형태 그대로 나타내야 한다.

a **customs** officer (세관원)
a **goods** train (상품차)
a **systems** engineer (조직 공학자)
a **savings** account (저축예금 구좌)

한편, 앞 명사가 뒤에 나타나는 명사를 소유할 수 있는 능력을 갖지 못할 때도 다음과 같이 **거리, 중량, 가격, 시간, 지명, 공공기관명** 등을 나타내는 경우에는 앞의 명사가 소유격 형태로 사용된다.

a day's work : 시간
Today's paper : 시간
a stone's throw : 거리
ten minutes' walk : 거리
a dime's worth of candy : 가격
Europe's population : 지역
the school's history : 공공기관

비고 a day [laborer / care] a day's [laborer / care (일반적)]

[*Today paper / *Tomorrow weather] [Today's paper / Tomorrow's weather (특정적)]

시간을 나타내는 명사를 특정적, 일반적인 것으로 나누어 볼 수 있는데 특정시간을 나타내는 명사는 소유격 표현이 의무적이나, 일반적인 시간을 나타내는 명사는 구어체에서 소유격 형태를 취하지 않는다.

(f) He was **the first man** <u>to arrive</u> here. (부정사 → 명사 후치 수식)
He has **something** <u>to say</u> to you.(부정사 → 명사 후치 수식)

(g) **the girl** <u>with April</u> in her eyes(형용사구 → 명사 후치 수식)
The man <u>by the window</u> is my uncle.(형용사구 → 명사 후치 수식)

(h) **The man** <u>whom I met yesterday</u> is my uncle.
(관계대명사절 → 명사 후치 수식)

The number of people who were reading a newspaper rose considerably.
(관계대명사절 → 명사 후치 수식)

★ 전치, 후치 수식의 의미차이 ★

전치수식	분류적	지속적	본질적	일반적	예측성
후치수식	비분류적	일시적	우연적	특정적	불예측성

the **visible** stars : 언제나 볼 수 있는 별
the stars **visible** : 특정 때만 볼 수 있는 별

the **stolen** jewels : 도품의 보석
the jewels **stolen** : 도난당한 보석

the **spoken** language : 구어
the language **spoken** : 사용되는 언어

the **lost** paradise : 영원히 잃어버린 낙원
the paradise **lost** : 일시적으로 잃어버린 낙원

*the **asked** question
the question **asked** : 어느 시점에 받은 질문
the **commonly asked** question : 일반적으로 받는 질문

a man **able** to run fast : (특정한 능력)
*an **able** man to run fast
an **able** man : 일반적 능력

the girl **faint**
*the **faint** girl

the person **ill**
*the **ill** person

(형용사 faint와 ill의 의미 자체가 일시성을 나타내므로 후치수식만 가능하다.)

g) **(대명사 → 명사) 수식**

We students like to play.
The president summoned **us board members** to his office.

위 두 문장에서, We와 students, us 와 board members 간에는 각각 동격 관계를 유지하나 We와 us가 각각 마치 형용사류에 속하는 정관사 the와 같은 기능을 하므로 그 다음에 나타나는 명사를 수식하는 것으로 보는 것이 바람직하다.

We students-〉 The students
us board members → the board members

E. 근접원리(The Proximity Principle)

영어의 주어와 동사의 수 일치관계를 설명하는 원리로서, 동사는 근접해 있는 명사와 수를 동일하게 한다는 원리를 말한다.

a) [either **A** or B
neither **A** nor B
A or B
not only **A** but also B] +동사

즉, 위와 같은 구조에서는 동사의 수를 B에 일치시킨다.

Either you or **he** [is / *are] happy.

b) 관계대명사 선행사로서의 one of -construction(구조)

He is one of **the students** who [have / *has] passed the exam.

c) [part
the rest
some
any
all
half
most
분수
those] of + **정해진 명사** + 동사

이 경우에도 마찬가지로 동사의 수를 인접해 있는 정해진 명사의 수에 일치 시킨다.

The rest of **the apple** [is / *are] rotten.

The rest of **the apples** [*is / are] rotten.

A third of **the water** [*were / was] rotten.

A third of **the students** [were / *was] present.

위 구조의 특징은 of 다음에는 반드시 한정된 명사(the, that, this 가 붙은 명사 혹은 대명사)가 와야 하며, 동시에 동사의 수 혹은 명사의 대명사를 of 다음에 나타나는 명사에 일치시킨다는 점이다.

Most students like to play baseball.

Most of [*students / **the** students / them] like to play baseball.

Some of **the girls are** beautiful.

Those of **us** who wear glasses should have [**our** / ***their**] eyes examined at regular intervals.

d) more than + **명사** + 동사

More than **a person** [was / *were] present.

More than **two persons** [were / *was] present.

e) A [number / total / pair] of + **명사** + 동사

A number of **books** [are / *is] missing in the library.

f) What appear to be semantic problems increasingly
복수동사 복수명사

[fall] in its scope.
복수동사
*falls

What appears to be a semantic problem increasingly
단수동사 단수명사

[*fall] in its scope.
falls
단수동사

What **seem** to be seashells **are** embeded in the rocks.
What **seems** to be a seashell **is** embeded in the rocks.

다음의 예를 살펴보면, what은 **the things** that 혹은 the **thing** that의 뜻을 포함 하는데, 위의 문장은 what이 후자의 뜻을 지니며, 아래 문장은 전자의 뜻을 지닌다고 할 수 있다.

이처럼 what이 사용된 문장은 뒤에 나타나는 술어 명사를 잘 관찰한 다음에 동사를 술어 명사에 일치시킨다.

What (The **thing** that) I want is a book.
단수동사 단수명사

What (The **things**) that I want are books.
복수동사 복수명사

g) There is a set of internal elements which are derived from the conversation.
단수동사 단수명사 복수명사 복수동사

F. 비간섭 원리(The Nonintervention Principle)

주어와 동사의 수 일치에서, 전치사구 along with, as well as, together with, 명사 of 혹은 one of 구조 등과 같은 전치사구와 관련된 명사의 수를 무시하고 동사를 문장의 참주어(true subject)에 일치시키는 원리를 말한다, 따라서 **비간섭원리**는 **근접원리**의 보완을 의미한다.

a) Peter, along with his brothers, [plans / *plan] to open a store.
주어

b) The boy, not his parents, [is / *are] being punished.
주어

이 경우의 참주어는 단수 형태인 The boy이므로 단수동사 is가 옳다.

c) The major cause of highway car accidents in 1976 [was / *were] drunk drivers.
주어

d) The number of books from the library [is / *are] large.
주어

e) Either of the stories [is / *are] going to be acceptable.
주어

f) Neither of them [is / *are] ready for management.
주어

g) He is the only one of the students who [*have / has] passed the exam.
주 어

One of the students [is / *are] happy.
주어

h) You as well as he [*is / are] happy.
주어

Both you and he [are / *is] happy.
주어

A and B와 both A and B 구조는 그 자체가 복수의미를 지니므로 **근접원리** 혹은 **비간섭원리**로 따져서는 안된다. 이와 같은 구조는 항상 복수동사를 요구한다.

You and he [*is / are] happy.

G. 볼린져원리(The Bolinger Principle)

to-부정사와 동명사간의 기저적인 의미양상을 설명하는 원리로서, **to-부정사**는 **앞으로 일어날 일, 가설적, 미완성된, 일시적,** 그리고 **간접적인 현상**을 표현해 주는 반면에 **동명사**는 **실제적, 완성적, 일반적, 직접적인 현상**을 나타내 준다. 따라서 이 원리는 왜동사 want, hope 등이 to-부정사만을 목적어로 취하고, 반면에 동사 enjoy, finish, avoid등은 동명사만을 목적어로 취하는가를 잘 설명해 준다.

a) I **want** to go there.
    *I **want** going there.

    John **hopes** to learn Russian.
    *John **hopes** learning Russian.

동사 want나 hope는 앞으로 일어날 일을 소망하고 기대하므로 당연히 그 목적어로 to-부정사가 와야 한다.

b) John **finished** [doing / *to do] his homework.

동사 finished는 실제적으로 완성하다는 의미를 지니므로 가설적 혹은 앞으로 일어날 일을 표현해 주는 to-부정사가 목적어로 올 수 없고 실제적 혹은 완성된 의미를 지니는 동명사가 와야 한다.

John **regrets** [*to go. / going.]

동사 regret(후회하다)은 이미 해 본 경험이 있는 일에 대해서 후회할 수 있기 때문에 목적어로 동명사가 와야 한다.

c) I remember **locking** the door.(경험 : 완료)
    I remember **to lock** the door.(미경험 : 미완료)

동사 remember는 이미 일어난 일을 **기억하다**는 뜻과 앞으로 일어날 일을 **명심하다**는 뜻을 지니므로 위와 같이 동명사, to-부정사 모두 목적어로 나타날 수 있으나 그 경우 의미는 서로 다른 데 즉 동명사가 목적어로 나타나면, 첫 번째 문장처럼 **실제로 문을 잠근 것**을 **기억한다는 과거의 뜻이 되며, to-부정사가 목적어로 나타난 두 번째 문장은 앞으로 문을 잠글 것을 명심한다**는 미래의 뜻을 지닌다.

d) [I tried **closing** the window. i.e.) I closed it.
I tried **to close** the window. i.e.) I didn't close it.]

위의 문장에서 처럼 동사 tried 다음에 목적어로 to-부정사와 동명사가 모두 올 수 있는 이유를, 동사 remember와 마찬가지로 동사 try도 두 가지 의미 즉 **~하려고 애쓰다, ~시험삼아 해보다**를 갖는다는 점에서 찾아볼 수 있다. try가 전자의 뜻을 지니게 되는 문장에서는 앞으로 일어날 일을 표현해 주므로 to-부정사가 목적어로 와야 하며, 후자의 뜻을 갖게 되는 경우에는 동명사가 목적어로 와야 한다.

또한 **볼린져원리**를 이용해서, 우리가 알고 있는 지각동사, 사역동사 다음에 목적보어로 원형 부정사가 나타난다는 것과 동사 help 다음에 to-부정사 혹은 원형 부정사가 모두 나타날 수 있다는 문법적인 현상에 대한 이유를 설명할 수 있게 된다.

I **saw** him [***to enter** / **enter** / **entering**] the room.
지각동사
(직접동사)

지각동사 saw 다음에 목적보어로 to-부정사가 나타날 수 없는 이유는 to-부정사가 간접적인 의미를 지닌다는 데서 찾아볼 수 있다. 다시 말하면 지각동사, 사역동사 모두가 직접적인 동사로서 직접적인 현상을 표현해 주는 특정적인 의미를 지닌다는 점과 간접적인 의미를 지니는 to-부정사가 함께 나타나면 상충을 일으키게 되므로 원형부정사가 나타나야 한다.

그러나 위 문장의 수동태에서는 다음의 예에서 처럼 to가 다시 회복되는데 그 이유는 수동태 문장 그 자체가 간접적인 의미를 지니기 때문이다.

He was seen [to enter / *enter / entering] the room.

한편, 오감에 의한 직접적인 감각이 아니라, 지능에 의한 판단 혹은 인식을 나타내는 경우에는 지각동사 즉 직접동사가 아니라 인식 동사이므로, 목적보어로 to-부정사가 나타난다.

I [saw / =found] this explanation to be right.

I [felt / =saw] his plan to be all valuable.

e) (a) He **helped** her **to do** her homework.
(b) He **helped** her **do** her homework.

동사 help는 **돕다**는 뜻을 지니는데, 상대방을 도울 수 있는 방법은 직접적인 방법과 간접적인 방법이 있을 수 있다. help 다음에 to가 나타나는 경우는 간접적으로 돕는 방법이 되겠고, to가 사용되지 않으면 직접적으로 돕는다는 것을 의미한다. 즉 (a)는 **그가 그녀로 하여금 숙제를 할 수 있도록**, 그녀가 해야 할 집안 청소, 설겆이 등을 대신 맡아 해 주었다는 뜻이며 (b)는 **그녀의 숙제 분량이 너무 많아서** 그가 숙제의 일부를 직접 맡아 해 줌으로써 직접 도왔다는 뜻을 지닌다.

그러나 다음과 같은 상황에서는 간접적으로 도울 수 있는 방법이 없으므로 help 다음에 to-부정사가 나타날 수 없다.

He was so drunk that he couldn't walk yesterday.

So, I helped him [*to / Φ] get into the bus.

한편, 다음의 문장에서 주어인 책(This book)이 무생물이므로 직접도울 수 있는 주체가 아니다. 따라서 to가 반드시 사용되어야 한다.

This book helped me [to / *Φ] see the truth.

H. 의미, 형태 일치원리(The Iconicity Principle)

문장의 형태가 다르면 의미가 달라진다는 원리를 말한다.

a) My wife, who lives in Taegu, is very beautiful.
My wife who lives in Taegu is very beautiful.

첫 번째 문장은 아내가 단 한명 밖에 없는 경우이고 두 번째 문장은 아내가 여러명 있는데 대구에 살고 있는 아내가 아름답다는 뜻을 지닌다.

b) I think that he is honest. (that이 사용되면 객관적인 사실)
I think he is honest. (that이 생략되면 주관적인 판단)
I think [*that / Φ] I will go there.

위 문장에서, 접속사 that이 사용될 수 없는 이유는 내가 그 곳에 가겠다는 내용에 객관성을 부여할 수 없기 때문이다.

The weatherman says [that / *Φ] it is going to rain tomorrow.

일기예보에서 **내일 비가 올 것이다**라고 하는 것은 그 자체가 객관성이 부여된 정보이므로 that이 생략되면 비문법적인 문장이 된다.

We have established [that / *Φ] they have nuclear weapons.

c) [I will see you in August, **when** I have time.
I will see you in August, **if** I have time.]

when도 if와 마찬가지로 조건의 의미를 지니게 되는데, when은 **확실하게 어떤 일이 일어날 것을 전제**로 하나, if는 **불확실한 일 혹은 사건**에 사용된다는 점에서 서로 구분된다.

d) [(a) He **insisted** that she **should change** her clothes.
(b) He **insisted** that she **changed** her clothes.]

(a)는 **그는 그 여자에게 옷을 갈아 입어야 한다고 주장했다.**즉 그 여자가 실제로 자기의 옷을 갈아입는 행위가 아직 일어나지 않았으므로 가정법 문장에 속하며, (b)는 **그는 그 여자가 실제로 그녀의 옷을 갈아 입었다고 주장했다** 라는 뜻을 지니게 되어, 그녀가 옷을 갈아 입는 행위가 실제적으로 일어난 직설법 문장이다. 이처럼 동사 insist는 경우에 따라 가정법시제(should 동사원형) 혹은 직설법시제를 모두 취할 수 있다.

I insist that the right to complain is natural.

다음은 동사 insist와 비슷한 부류에 속하는 다른 동사 demand, order 등에 대해서 알아보면,

He [demanded / ordered] that she [should change / *changed] her clothes.

위의 동사 demanded와 ordered가 사용된 문장에서는 직설법이 올 수 없다. 그 이유는 **그는 그 여자가 그녀의 옷을 갈아 입었다고 요구했다(명령했다)**는 말은 의미가 통하지 않기 때문이다.

반면에 **그는 그녀에게 그녀의 옷을 갈아 입으라고 요구(명령)했다**라는 가정법 의미를 지니고 있는 표현은 의미가 통하므로 문법적인 문장이 된다.

한편, 동사 suggest는 **제안하다**는 뜻을 지니는 경우에는 가정법 시제(should 동사원형)이 나타나나, **암시(시사)하다**는 뜻을 지니는 문장에서는 가정법 시제가 올 수 없고 직설법 시제가 반드시 와야 한다.

She **suggested** that she [*should be / was] angry.
암시하다

즉 **그 여자는 그녀가 화를 내어야 한다고 제안했다**는 말은 의미가 통하지 않으므로 가정법 시제(should be)가 올 수 없고 **그녀가 화가 났음을 암시했다**의 의미를 갖는 직설법시제 동사(was)가 와야 한다.

She **suggested** that you [*went / should go] to bed early.
제안하다

e) I **find** this chair [to be / Φ] comfortable.

위와 같은 구조에서 to be가 사용되면 객관적인 사실을 나타내며, 생략되면 주관적인 경험을 나타낸다, 즉 to be가 사용된 문장은 **일반적으로 누구나 이 의자가 편안하다고 느낀다**는 뜻을 지니고, to be가 생략된 문장은 **내가 직접 이 의자에 앉아 보니까 편안하더라**는 의미를 지닌다.

위의 문장에서처럼, to be의 생략여부가 의미의 차이를 가져온다고 할 수 있다. 위의 문장의 예에서도 문장 형태가 다르면 의미의 차이를 가져온다는 **의미, 형태 일치원리**를 잘 관찰할 수 있다.

한편, to be가 생략될 수 있는 경우는 자기의 주관적인 경험에 대해서 언급할 때이다.

다음의 문장을 보기로 한다.

I **find** boxing [to be / *Φ] interesting to Tom.

위 문장에서 boxing을 흥미롭게 느끼는 사람은 자기 자신이 아닌 제 삼자 즉 Tom이므로 to be를 생략하면 비문법적인 문장이 된다.

f) (a) In <u>no</u> clothes Miss Kim **looks** attractive.
(b) In <u>no</u> clothes does Miss Kim **looks** attractive.

위 (a), (b)문장을 잘 관찰해 보면, (a) 문장은 부정어 no가 미치는 영향권이 명사 clothes에 한정된 경우인데, 문장 어순의 도치현상이 발생하지 않았다는 데서 그 이유를 찾아 볼 수 있다.

이 경우 (a) 문장이 지니는 뜻은 **옷을 입지 않으면 미스김은 매력적으로 보인다**이다. 한편 (b)문장은 부정어 no의 영향이 동사 look까지 미쳤기 때문에 문장의 어순이 도치되었다. 따라서 (b)는 **어떤 옷을 입어도 미스김은 매력적으로 보이지 않는다**는 뜻을 갖게 된다.

이처럼 형태가 다르면 의미의 차이를 가져온다.

No news is good news.(무소식이 희소식이다.)

No news **is** good news.(어떤 소식도 좋은 소식이 아니다.)

위의 문장들은 각각 부정어의 영향권을 달리함으로써 의미가 달라진 예인데, 다음의 문장들을 보기로 한다.

Not long **ago** [there was / *was there] a rainstorm.

부정어 not의 영향이 long ago에서 끝났기 때문에 문의 어순이 도치되지 않았다. 또한 다음의 문장도 부정어 not의 영향이 much later까지 임을 의미상으로 알 수 있다.

Not much **later** [they arrived. / *did they arrive.

Not even then [**was** there / *there was] rain falling.

위의 문장은 부정어구 not even then이 동사 was에 까지 영향을 주었기 때문에 어순이 도치되었다.

Not even ten **years** ago we could see such a film.
불과 10년전 까지만 해도 우리는 그런 영화를 볼 수 있었다.

Not even ten **years** ago **could** we **see** such a film.
10년전에 조차도 우리는 그런 영화를 볼 수 없었다.

They are paying a **not inconsiderable** amount in rent.
그들은 세로 상당한 양을 지불하고 있다.

The announcement was followed by a **not unexpected** silence.

They made some **not unintelligent** observations.

Janet arrived **not much earlier** than Bob.

g) (a) **Mr. Green the actor** will be at the party tomorrow.
(b) **Mr. Green, the actor,** will be at the party tomorrow.

(a)는 Mr. Green과 the actor 간에는 부분적 동격으로서 Green이란 이름을 가진 여러 사람 중에서 배우를 의미하고 (b)는 Mr. Green과 the actor 간에는 완전 동격으로서 Green이란 이름을 가진 사람은 이 세상에 한 사람 밖에 없는 데 그 사람이 바로 배우임을 나타낸다.

h) (a) John became **a professor** of psychology at London University.
(b) John became **professor** of psychology at London University.

(a)는 John이 런던 대학 심리학 교수들 중의 한 사람이 되었다는 뜻을 갖게 되며, (b)는 런던 대학에 심리학 교수가 단 한명 밖에 없는데 바로 그가 심리학 교수가 되었다는 것을 의미한다.

cf) He became [mayor / *the mayor / *a mayor] of Taegu.

i) (a) Across the street is a store.
(b) Across the street **there** is a store.

(a)는 현재의 상태를 나타내 주며, (b)는 의식속의 상태를 나타낸다. 따라서 (a)는 **길 건너편에 상점이 있구나**와 같은 뜻을 지니며 현재의 상황을 묘사하고 있고 (b)는 **과거에도 길 건너편에 상점이 있었는데 지금도 있구나**와 같은 뜻을 지닌다.

[*As I recall, across the street is a store.
As I recall, across the street there is a store.

과거를 회상하면서 이야기 하는 경우에는 there를 사용해야 한다. 한편, 현재의 시각적 상태를 나타내는 다음의 문장에선 there가 사용되어서는 안 된다.

[As you can see, across the street is a store.
*As you can see, across the street there is a store.

j) [(a) His father **let** him go to France.
(b) His father **made** him go to France.

동사 let은 허용의 의미를 지니고 있는 반면에 동사 make는 강제성을 지닌다. 따라서 (a)는 **그의 아버지가 그가 프랑스에 가기를 원해서 허용했다**는 뜻이며, (b)는 **강제로 그를 프랑스에 가도록 만들었다**는 뜻을 지닌다.

k) [(a) She sings **as well as** playing the piano.
(b) she sings **as well as** she plays the piano.

(b)에서 as well as는 접속사로 사용되었으며, (a)에서는 동등비교로 사용되었다. 따라서 (a)는 **그여자는 피아노를 잘 연주하는 것만큼 노래도 잘 한다**는 뜻을 갖게 되며, (b)는 **그 여자는 피아노를 연주할 뿐만 아니라 노래도 한다**는 뜻을 지닌다.

l) [(a) He is a student **of Jesperson.**
(b) He is a student **of Jesperson's.**

(a)는 그가 예스퍼슨을 연구하는 학생을 의미하며, (b)는 그가 예스퍼슨 학생들중의 한명이다는 뜻을 지닌다.

m) [(a) John had Mary run.
(b) John caused Mary to run.

(a)는 동사 had가 강제성을 지니므로 Mary가 어쩔 수 없이 달렸다는 것을 의미하지만 (b)는 John이 Mary에게 달리게끔 권했다는 뜻이므로 Mary가 사실상 달리지 않았음을 의미한다.

n) (a) Very rarely Mary received letters from her brothers.
= She received letters but very rarely.

(b) Very rarely did Mary receive letters from her.
= She didn't receive letters very often.

(a)는 **메리**가 간혹 그녀의 형제한테서 편지를 받았다는 것을 의미하고 (b)는 **메리**가 매우 자주 편지를 받지 못했음을 의미한다.

o) (a) He doesn't have money.
(b) He doesn't have money **with him.**

(a)는 그는 **돈이 없다**는 일반적인 의미를 지니나 (b)는 지금 현재 **그가 돈을 가지고 있지 않다**는 일시적인 의미를 갖는다.

p) (a) She is studying **European history.**
(b) She is studying **the history of Europe.**

(a)는 어떤 특정한 유럽역사를 의미하나 (b)는 유럽역사의 전체를 나타낸다.

q) (a) You **ought to** show more respect for your elders.
(b) You **should** show more respect for your elders.

ought to와 should는 obligation을 표현할 때 의미적으로 차이를 보이며 항상 상호 교환되어 사용될 수 있는 것은 아니다.

ought to는 도덕적 혹은 사회적 규범상의 의미를 함축하고 있지만, should는 충고의 내용을 전달하는 경향이 짙다. 따라서 (a)는 너의 행동은 사회적으로 용납되지 않는다라는 뜻을 내포하고 있지만 (b)는 더 많은 공손한 태도가 너에게 요구된다는 화자인 I 의 주관적인 견해를 담고 있다.

Chapter 2
Verb

Ⅰ. Goal

동사의 종류(타동사, 자동사) 및 성질. 문장 주어와 동사의 관계. 주어와 동사의 수 일치. 주요동사구(depend on, take care of …)숙지. 혼동하기 쉬운 동사의 과거형 및 과거분사형(catch-caught/ *catched…). 조동사+원형동사. have 동사와 be동사의 용법 및 구분. 4형식 동사로 착각하기 쉬운 완전타동사(approach, reach, survive, enter…). 의미가 서로 유사한 동사들 간의 의미 및 문법적 기능구분(lie/lay, raise/rise, set/ sit/seat…). 사역동사와 지각동사의 특성 이해. 동사의 과거와 과거분사의 용법 차이. needn't have+P.P, should have+P.P, did not need to + 동사와 같은 표현의 뜻 숙지. 동사의 강조. 조동사 will(would)의 용법.

Ⅱ. Basic Sentences

1. They **drive** carefully.(자동사)

2. They **call** the tune.(타동사)

3. **The worker was** driven very hard.
   The workers were driven very hard.

   주어와 동사의 수 일치

   Driving an articulated lorry is not an easy job.

   문장의 주어는 Driving~lorry이며, 단수이므로 단수 동사 is가 나타난다.

   What may at first be random, isolated **expressions turn out** to be related after all.

what이 이끄는 절이 문장의 주어로 사용될 때는 what 절의 술부명사(expressions)에 동사의 수를 일치시킨다. 술부명사가 복수형이므로 문장의 동사(turn out)가 복수이다. **근접원리**를 참조할 것.

4. She gave it to Mary.
   구정보 신정보
   *She gave Mary it.
   신정보 구정보

(구정보→ 신정보의 순서를 위반하므로 비문법적이다.)

5. He **made** her [happy. / *happily.]

타동사 made 의 목적보어로 형용사가 적합하다.

6. I **want** John **to come** here at once.

want+A(목적어)+to동사

7. She **introduced** her sister to me.
   *She introduced me her sister.

동사 introduce는 3형식에서만 사용된다.

8. I **helped** her [to / Φ] do that.

동사 helped는 목적어로 to-부정사 혹은 원형부정사가 모두 나타날 수 있으나 to-부정사가 나타날 경우에는 간접적으로 돕는다는 뜻이며, 원형 부정사가 나타나면 직접적으로 돕는 것을 의미한다.

9. I **saw** him [*to run / run / running] fast.
   지각동사

He was seen [to run / running] fast by me.

지각동사, 사역동사 즉 직접동사는 목적보어로 원형부정사를 취하는데, 그 이유는 간접적인 의미를 갖는 to-부정사와 상충되기 때문이다. 그러나 수동태 문장에서는 수동태 자체가 간접적이기 때문에 생략된 to가 다시 회복된다.

I <u>had</u> him [*to study / study] hard.
사역동사

10. We **regarded** him **as** a liar.

regard **A** as **B** 구문

11. He **looks** happy.
불완전자동사이므로 보어 즉 형용사가 온다.
He **looks like** happiness.

전치사 like의 목적어가 와야 함으로 명사 (happiness)가 사용되었다.

12. We **discussed** the problem carefully.

동사 discussed는 완전타동사이므로 discussed about처럼 사용되지 않는다.

13. He **is** a novelist.
He **has** many books.

be동사와 have동사의 용법차이. He=a novelist가 가능하면 be동사가 사용되나, He≠many books가 될 경우에는 have동사가 사용되어야 한다.

We are [*a mind. / of a mind.(형용사구)]

We ≠ a mind 이므로 비문법적이다. 즉 be동사의 보어로 명사가 나타나는 경우 주어와 보어 사이에는 동등관계가 성립되어야 하나 We≠a mind 이므로 비문법적인 문장이다. 따라서 형용사구 (of a mind)로 나타내야 한다.

We are [*an age. (We ≠an age) / of an age.]

14. Success or failure **depends on** our mind.

depend on=be dependent on 이며 반대의 뜻을 갖는 표현은 be independent of 이다.

He is independent **of** his parents.

15. She **asked** a question **of** us.

동사 ask가 다음에 **목적어 of 전치사구**를 취하는 경우에는 **질문하다**는 뜻이 되며, 아래 문장처럼, **목적어+to 동사**를 보문으로 취하는 경우는 **요청하다**의 의미를 지닌다.

She **asked** me **to leave** early.
(그녀는 내가 일찍 떠날 것을 요청했다.)

16. ┌ She **lay** beside her baby on the bed.
    └ They **will lay** the box on the table.
    (the box: 목적어)

첫 번째 문장에서의 동사 lay 는 그 다음에 목적어가 나타나지 않은 것으로 보아 완전 자동사로 사용되었으며, 두 번째 문장은 그 다음에 the box라는 목적어가 있으므로 타동사이다.
즉, 첫 번째 문장의 lay는 lie(눕다, 놓여 있다)의 과거형이며, 두 번째 문장의 lay는 그 자체가 완전 타동사 lay(놓다)이다.

lie › lay › lain : 자동사
lay › laid › laid : 타동사

17. ┌ A good idea **rose** in my mind.
    └ The landlady **raised** the rent for the apartment.
    (the rent: 목적어)

rose는 자동사 rise의 과거형이며, raised는 완전 타동사이다.

18. ┌ She **sat** reading for hours.
    └ They **set** the bronze statue on its vase.
    (the bronze statue: 목적어)

sat은 자동사 sit(앉다)의 과거형이며, set은 타동사이다.

19. ┌ She **brought** me some apples.
    └ She **took** the book to me.

bring (brought)은 **사람을 모셔오다** 혹은 **물건을 가져오다**는 뜻이며 take(took)은 **사람을 모셔가다, 사물을 가지고 가다**는 의미를 갖는다.
한편, 동사 fetch는 bring과 take를 합친 개념으로서, **(가서)가져오다** 혹은 **(가서)데려오다**의 뜻을 갖는다.

Fetch me a glass of water.

20. ┌ He **has** a new dictionary.
    └ He **may have** a new dictionary.

조동사(may)다음에는 원형동사(have)가 와야 한다.

21. ┌ He **needn't have hurried.**
│ He **didn't need to hurry.**
└ He **should have hurried.**

needn't have + P.P : 할 필요가 없는데 했다.
didn't need to + 동사 : 할 필요가 없어서 안했다.
should have P.P : 해야 할 일을 하지 않았다.

한편, should have P.P는 가정법 과거완료 문장에 사용이 가능하나 이 용법은 1인칭 주어일 경우에만 이다.

I should not have done if I had been you.

22. ┌ You **had better** go at once.
└ You **had better** you ┌ went ┐ at once.
│ should go │
└ go ┘

had better는 had와 better가 각각 독립적인 뜻을 지니지만 결합되면 새로운 하나의 뜻 **~하는 편이 낫다**라는 조동사의 의미를 갖게 된다. 따라서 그 다음에는 원형 동사가 나타나야 한다. 그러나 had better가 담고 있는 뜻이 가정법(**~하는 편이 낫다**는 말은 실제로 행하지 않았으므로)이므로 had better 다음에 절이 올 경우에는 과거 동사가 우선적으로 나타나지만, should 동사원형 혹은 동사원형도 올 수 있다.

이와 유사한 의미를 갖는 표현들로는 다음과 같은 예들이 있다.

You ┌ **may as well** ┐ go at once.
│ **had best** │
│ **would rather** │
│ **had rather** │
└ **would better** ┘

= You **do well to go** at once.

23. I **do think** so.

일반동사를 강조할 때는 do를 사용한다.

24. He who **would** catch a bird should get up early. (의도)
He **would** visit the beautiful lake. (과거의 불규칙 습관)

He **wouldn't** accept my offer. (거절 혹은 고집)
If I were a bird, I **would** fly to you. (가정법)
Boys **would (will)** be boys. (습성)
Would you mind opening the window?(정중)

조동사 would가 과거의 불규칙 습관을 언급하지만, 조동사 used to (하곤했다)는 과거의 규칙적인 습관을 표현해 준다.

He [used to / would] visit the beautiful lake.

한편, 사물이 주어로 나타날 경우에는 would는 사용될 수 없다.

A building [used to / *would] be there.

또한, would는 짧은 대답으로는 사용되지 않는다.

Do you play tennis every day?
No, but I [used to. / *would.]

25. [He **can** swim.
=He **is able to** swim.]

조동사 can은 be able to 로 보통 대치될 수 있으나 사물이 주어로 나타나는 경우는 be able to 로 대치 불가능하다.

Carbon-14 analysis [*is not able to / can not] be used to date the materials.

26. Mr. Smith gave a thousand dollars and [*a) I gave, too.
b) I gave it, too.
c) I did, too.
d) so did I.]

위와 같은 문에서는, c)처럼 대동사 do를 사용하거나 그렇지 않으면 b)처럼 완전한 문을 이루게 해야 한다. 한편, d)는 회화체에서 주로 사용되는 표현이다.

27. Couldn't we all go together ?, ┌ suggested Mary.
│ Mary suggested.
│ she suggested.
└ *suggested she.

주어가 명사일 경우에는 두 가지 표현이 모두 가능하나, 대명사일 경우에는 어순이 도치되면 비문법적인 요소를 이루게 된다.

28. John said Mary was honest, and I believe ┌ it.
└ so.

it이 사용된 문장은 메리의 정직성에 대해서 화자인 I 가 명확한 태도를 밝힌 것을 의미하나, so가 사용된 문장은 화자의 태도가 명확하게 나타나 있지 않다.

29. Mary ┌ *must
│ *has to
│ should
└ ought to ┘ be gone by now, but she isn't.

must와 have to 는 어떤 사건 혹은 행위가 완성될 것을 전제하나, should 혹은 ought to는 그 반대에 대한 신념을 나타낸다.

30. I **am used to getting up** early. (익숙하다)
I **used to visit** the beautiful lake. (-하곤 했다)
The instrument **is used to** investigate the solar system.(위해서 사용되다)

Ⅲ. Further Studies

A. 동사의 통사 구조

1. be, remain + ┌ 명사
│ 형용사
└ 명사절

동사 be, remain은 명사, 형용사 혹은 절을 보어로 취한다.

His greatest mistake **was** that he gave up his studies. (명사절)

He **is** a doctor.
명사

He **is** kind.
형용사

It **remains** quite a problem.
명사

The choice **remains** difficult.
형용사

Without making a real effort you will **remain** what you have always been.
명사절

appear, look, prove, seem, sound, stay, fall, turn	+	명사 / 형용사

이들 동사는 명사와 형용사를 보어로 취한다.

Our refusal **appeared** a serious mistake.
명사

It **looked** quite a problem.
명사

Our new line in sportswear **has proved** a great success.
명사

This **seems** the best thing to do.
명사

It **sounded** an excellent idea to me.
명사

Henry **will stay** a bachelor all his life.
명사

The milk **turned** sour.
형용사

He appears (to be) rich.
He looks (to be) happy.
He seems (to be) very interesting.
It proved (to be) true.

위와 같은 외견동사에서 to be의 생략이 가능하나 서술적으로만 사용되는 형용사 asleep, awake, afraid 등이 to be 의 보어로 사용될 때는 생략이 불가능하다.

She seems [to be / *∅] asleep.

또한, to be의 보어로 과거분사 혹은 현재분사가 올 때 to be 의 생략이 허용되지 않는다.

You look [to be / *∅] sleeping.

John and Mary seemed [to be / *∅] married by the preach.

keep, smell, taste, get, go, grow, run, stand, come, feel + 형용사

이들은 형용사를 보어로 취한다는 공통점을 가진다.

I **felt** bad this morning.
(bad: 형용사)

It is **getting** late.
(late: 형용사)

The prisoners **went** berserk.
(berserk: 형용사)

The lemon **tasted** sour.
(sour: 형용사)

He is **growing** old.
(old: 형용사)

I **stand** corrected.
(corrected: 형용사)

The meat **has gone** bad.
(bad: 형용사)

Our provisions **grew running** low(short).
(low(short): 형용사)

His blood **ran** cold.
형용사

His dream **came** true.
형용사

He **kept** silent.
형용사

In the fridge the milk **will keep** fresh for three days.
형용사

위의 go와 run이 사용된 예문을 잘 관찰해 보면, 이 두 동사는 모두가 **더 나쁜 상태로 변하는 경우**에 사용되었다는 것을 알 수 있다. 그러나 come(되다)은 **더 좋은 상태에로 변화**를 나타낸다.

He won't [*become / be / make] a good doctor.

동사 be와 make와는 달리 동사 become은 미래 시제와 함께 거의 사용되지 않는다.

2. start, leave, keep, find, catch, set, imagine, recall, remember, picture + 목적어(능동) + -ing

Please **start** the clock **going.**
They **left** me **waiting** outside.
We must not **keep** them **switching.** (어떤 상태로 유지하다)
He **kept** her **from going** out. (~을 막다, 금하다)

They **found** the man **dying** in the woods.
The man was found [***to be dead** / **dead** / **dying**] in the woods.

A few words caught in passing **set** me **thinking.**

The policeman **caught** a man **stealing** a car.

I can easily [**remember** / **imagine** / **recall** / **picture**] Billy **stealing** a cookie from the jar.

3.

reach, approach, lack, survive, contact, escape, mention, weigh, oppose, accompany, inhabit, kiss, marry, enter, obey, attack, access, threaten, penetrate, flatter, comprise, discuss, measure, cost, breach	+ 목적어

이들 동사 모두는 전치사 없이 목적어를 취한다.

He **married** [*with / ∅] her.

They **survived** [*over / ∅] the war.

They **attacked** [*to / ∅] me.

They **penetrated** the fort.
They **breached** the perimeter.
She **escaped** him.

한편, complain, operate, sympathize, interfere 등은 전치사 없이 목적어를 취할 수 있을 것처럼 보이나, 사실은 그렇지 못한 동사들이다. 각각 complain **about** (of), operate **on**, sympathize **with**, interfere **with**로 사용된다.

They sympathized **with** her.
The doctor operated **on** the patient.

4.

deliver, announce, describe, suggest, confer, impart, trust, explain, propose confide, present, introduce, prove, admit, declare, state, mention, recommend	+ [*간접목적어+직접목적어 / 직접목적어+전치사구]

이들 동사는 4형식 구조에 사용될 수 있는 것처럼 보이나 결코 사용될 수 없는 3형식 동사이다.

Can you **explain** [*me that? / that to me?]

She **introduced** [her mother to me. / *me her mother.]

5.

give, lend, mail, hand, tell, teach, sell, show, owe, save, forgive, throw, promise, inform	+	간접목적어+직접목적어 직접목적어+전치사+간접목적어

이들 동사들이 공통적으로 갖고 있는 특징은 4형식 구조를 취한다는 점이다.

He **gave** [me a book.
=the book to me.
*a book to me.(구정보→신정보 순서 위반)
신정보 구정보]

He **mailed** [her a letter.
=the letter to her.]

I **promised** my friend [*to meet after two hours.
that I would meet after two hours.]

4형식 동사는 그 직접목적어로, 부정사가 나타날 수 없다.

cf) [I wish you a Merry Christmas.
*I wish **a Merry Christmas** to you.]

[He gave the ball a violent kick.
*He gave **a violent kick** to the ball.]

[Max gave Mary a smile.
*Max gave **a smile** to Mary.]

직접 목적어가 무형적인 요소일 때는 간접목적어 앞에 올 수 없다.

4형식 동사와 4형식 동사로 착각하기 쉬운 3형식 동사의 구별

4형식 동사의 특징을 관찰함으로써 이 양자간을 구분해 보면, 4형식 동사는 다음 두가지의 특징을 지닌다.

첫째, 직접목적어와 간접목적어 간에는 have관계가 유지되며,
둘째, 직접목적어와 간접목적어 간에는 직접적, 인식적인 수용관계가 명확하게 포착된다.

He gave [**her a book.**
⇒She had a book.]

그가 그녀한테 책 한권을 주었다면, 그녀는 책 한권을 갖게 된다. 여기서 우리는 have 관계를 발견할 수 있다.

He told ┌ me the fact.
└ ⇒I heard the fact.

그가 나한테 그 사실을 말했다는 것은 내가 어쩔 수 없이 듣게 되는 인식적, 직접적인 현상을 반영한다. 여기서 우리는 4형식 동사의 또 다른 특징, 즉 간접목적어와 직접목적어 간의 직접적인 수용관계를 관찰 할 수 있다.

그러나 4형식 동사로 착각하기 쉬운 동사 suggest, explain의 예를 보면, 4형식 동사가 가지고 있는 그런 특징을 관찰 할 수 없다. 즉

He suggested ┌ *me that.
└ that to me.

그가 나한테 그것을 제안했다는 말은 청자인 내가 받아들이지 않을 수도 있다는 여지를 남기게 된다.

He explained ┌ *me the problem.
└ the problem to me.

그가 나한테 그 문제를 설명해 주었다는 말은 역시 4형식 동사가 지니고 있는 특성, 간접목적어와 직접목적어간의 have관계 혹은 직접적, 인식적인 수용관계가 유지되지 않는다. 다시 말하면, 그가 설명하는 내용을 청자인 내가 이해하지 못할 수도 있기 때문이다.

6. cause, permit, allow, motivate, **forbid**, enable, encourage, persuade, get, order, want, expect, ***hope**, wish, **help**, **tell**, **ask**, require, urge, lead, force, compel, direct, advise + 목적어 + to 동사

이들 동사는 (forbid를 제외하고) 모두 긍정적인 의미를 지닌다.

a) Tom **allowed** **Mary** **to follow** him.
대상

허용할 수 있는 대상은 능동의 뜻을 지니고 있어야 한다. 이 점에 착안하면, 다음의 문장이 비문법적이라는 사실을 설명할 수 있게 된다.

*It is allowed to smoke in the room.

위 수동태 문장을 능동태로 고쳐보면,

*They allow it to smoke in the room.

능동태의 문장도 역시 비문법적인데 그 이유는 그들이 방에서 담배피우는 것을 허용하는 대상으로 it (사물)이 불가능하기 때문이다.

위 문장을 바른 문장으로 바꾸기 위해서는 다음과 같이 담배 피우는 행위의 주체를 사람으로 대치해야 한다.

You are allowed to smoke in the room.
They **allow** you **to smoke** in the room.

b) forbid는 **금지하다**는 뜻을 가지나 **목적어+from-ing**형을 취하지 않는다는 점에 유의하자.

They **forbade** you [to learn / *from learning] Russian.

c) 동사 tell과 ask가 위와 같은 구조에 사용될 때에는 각각 **지시하다(명령하다)**, **요청하다**의 뜻으로 사용된다.

She **told** me to do my homework.
지시(명령)했다.

She **asked** me to open the door.
요청했다.

d) 동사 hope (소망하다, 원하다)는 want, expect, wish 와 비슷한 뜻을 지니고 있으나 위와 같은 구조에는 사용되지 않는다.

He hoped [*her to succeed. / for her success. / she would succeed.]

한편, 동사 hope는 자연적인 과정을 통해서 성취되는 것이 전제될 때 사용된다.

I [*hope / want] to lose weight, but I can't diet.

e) 동사 get은 목적어로 사람 혹은 사물 모두 올 수 있는데, 이 경우 사람이 목적어로 나타날 경우에는 'to동사'가 나타나며, 사물이 목적어일 경우에는 목적보어로 과거 분사가 온다.

I **got him to repair** my watch.
사람 to-부정사

I **got my watch repaired.**
사물 P.P

f) 동사 help는 직접적인 도움을 주는 경우에는 원형부정사가 나타나고, 간접적으로 돕는 경우에는 to-부정사가 사용된다.

He helped her [to / ∅] do her homework.

to가 생략된 예는, 그는 그녀가 숙제하는 것을 직접도왔다는 내용이며, 사용된 것은 그녀가 숙제할 수 있게끔 간접적으로 도왔다는 뜻이다. 그러나 어떤 상황에서는 양자중에, 하나만 가능하다.
볼린져원리 참조할 것.

7. keep, prohibit, prevent, dissuade, discourage, disable, abstain, hinder, stop + 목적어 + from-ing

a) [I **prevented** her **from dating** with the man.
Her illness **kept** her **from going** outside.]

이 경우 keep은 **유지하다**는 뜻을 상실하고 **막다(금지)하다** 의 뜻을 지닌다.

b) [I **persuaded** him to **study** hard.
I **dissuaded** him **from studying** hard.]

[I **encouraged** him to **study** hard.
I **discouraged** him **from studying** hard.]

8. suggest, demand, require, request, move, order, command, recommend, insist + that 주어 + [가정법시제 (should 동사원형) / *직설법 시제]

He **insisted** that she [**should change** 가정법 시제 / **changed** 직설법시제] her clothes.

동사 suggest는 **암시하다(시사하다)**의 뜻으로 사용된 경우에는 직설법 시제가 나타나고, **제안하다**는 뜻으로 사용될 때에는 가정법시제가 나타난다. **의미, 형태 일치 원리** 참조.

그 밖의 동사는 그들이 지니고 있는 뜻 때문에 반드시 가정법 시제(should 동사원형)를 목적어로 취한다.

He **demanded** that that bill [*was passed. / should be passed.]

9. make, have, hear, let, watch, see, observe + [목적어(능동주체) + [원형동사 / -ing] / 목적어(수동주체) + P.P]

지각동사와 사역동사를 직접적인 동사라고 부르기도 한다.

a) They saw (직접동사) him (능동주체) [*to run / run / running] across the street.

이 경우 to-부정사가 나타날 수 없는 이유는 to-부정사가 지니고 있는 기적적인 의미 때문인데, 즉, to-부정사는 간접적인 의미를 지니고 있으므로 직접적인 현상을 나타내는 지각동사 혹은 사역동사와 함께 나타나면 **직접+간접**의 충돌을 일으키기 때문이다. 그러나 수동태 문장에서는 to가 다시 회복되는데, 수동태 자체가 간접적인 현상을 기술하는 문이기 때문이다.

He was seen [to run / running] across the street.

이 경우 원형부정사가 사용된 문장은 그들이 그가 'the street'를 횡단한 사실을 처음부터 끝까지 관찰했다는 뜻을 지니며, 현재분사가 사용된 문장은 그가 'the street'를 횡단하는 그 순간을 보았다는 의미를 내포한다. 다음의 예에서는 그 의미가 명확하게 구분된다.

[I saw them shoot at him. (한번)
  I saw them shooting at him. (여러번)]

[I watched them climb the tower. (완료)
  I watched them climbing the tower. (동작진행중)]

b) I heard my name called.
직접동사 수동주체 P.P

I saw our country's flag raised.
직접동사 수동주체 p.p

그러나 다음의 예에서 사물이 수동주체가 아니라 능동주체로 사용되었기 때문에 과거분사(p.p)가 올 수 없다.

We had so many things [happen / *happened] to us.
능동주체

I wanted to make my room [look / *looked] clean.
능동주체

그 이유는 각각 *things were happened, *my room was looked가 불가능하기 때문이다. 동사 happen 과 look은 자동사이므로 수동태가 될 수 없다.

c) 직접동사 let은 또 다른 구조를 취하는데, 목적어로 수동주체가 나타날 때는 목적보어로 **p.p**가 나타나지 않고 **be+p.p**가 나타난다는 점이다.

Let me hear that.
능동주체 원형

Let the room [be / *∅] cleaned.
수동주체

d) I saw a man [leaning / lean] against the building.
(+행위자)

I saw a ladder [leaning / *lean] against the building.
(-행위자)

I saw the girl [lie / lying] on the bed.
(+행위자)

I saw the glasses [*lie / lying] on the bed.
(-행위자)

직접적인 동사의 목적어로 **'-행위자'**가 올 경우에 원형동사는 사용될 수 없고 현재분사만 가능하다.

e) I **made** her do her homework.
I **had** her do her homework.

동사 make와 have의 의미특성을 구분해 보면 다음과 같다. 즉 동사 make는 강한 강제성을 내포하고 있어서 그 목적어로 강한 명령을 받을 수 있는 요소가 필요하며, 동사 have의 목적어는 화자에 의해 고용되었거나 혹은 어떤 일을 수행할 임무를 부여 받은 대상이 요구된다.

이 구분에 따라, 우리는 위 두 문장의 의미를 구별할 수 있으며 동사 have와 make가 사용될 수 있는 환경을 폭 넓게 이해 할 수 있다.

[I **had** my hair cut.
 *I **made** my hair cut.]

위 문장에서 made가 사용된 문장이 비문법적인 이유는 이용사에게 이발료를 지불한다는 전제하에서 이발을 하므로, 이용사는 나의 머리를 깍아줄 의무를 부여받은 사람이므로 강한 강제성을 띠고 명령을 하는 동사 make의 사용은 불필요한 일이다. 따라서 비문법적인 문장이 된다.

[*I **made** my maid clean my room.
 I **had** my maid clean my room.]

f) 한편, 사역동사는 지각동사와 달리 목적보어로 현재분사를 사용할 수 없다.

He made her [do / *doing] her homework.

그러나 사역동사 중 have는 목적보어로 현재분사를 취할 수 있는데 이 경우에 있어서의 문장의 의미는 목적어로 하여금 **학습시킨다**는 의미를 강하게 내포하는 상황에서 만이다.

I had her [driving / drive] all day.

10.

refer to, look upon, see, regard, count, accept, perceive, acknowledge, claim, recognize, describe, reveal, speak of, think of, give up, condemn, confirm, disclose	+목적어 + as 보문

a) [(a) Frank [disclosed / revealed] Cyril as having murdered Agatha.
동작보문

*(b) Frank [disclosed / revealed] Agatha as having been murdered.]
상태보문

동사 disclose (reveal)은 동작을 강조하므로 as 이하도 동작을 나타내는 요소가 와야한다. (b)가 비문법적인 이유는 상태보문이 왔기 때문이다.

(c) Nicol described Walter as hating his wife.
동작 보문

*(d) Nicol described Walter as having been hated by his wife.
상태보문

동사 describe도 행위(동작)을 강조하므로 그 보문으로 능동적인 요소가 와야한다. (d)가 비문법적이 되는 것은 상태보문이 왔기 때문이다.

b) (a) I regard John as being angry too often.
상태보문

(b) I regard John as being culprit.
상태보문

(c) I regard John as speaking too often.
동작보문

(d) I regard John as being beaten by his wife.
상태보문

(e) I regard John as beating his wife.
동작보문

상태동사 regard는 as 보문으로 동작을 강조하는 요소가 나타날 수 없고, 상태를 나타내는 요소가 와야 한다.
(c), (e)가 비문법적인 것은 동작보문이 왔기 때문이다.

c) (a) We refer to Jacobson as the best linguist.
동작 혹은 상태 보문

*(b) We refer to Jacobson as being the best linguist.
상태보문

동사 refer to는 동작을 강조하므로, 상태보문이 나타난 (b)는 비문법적이다.

d) Tom confirms the rumor as being essentially true.
*as being essentially false.

긍정적인 뜻을 포함하고 있는 동사 confirm은 as 보문으로 긍정적인 내용이 와야 한다. 따라서 *as~false는 부정적인 뜻을 지니므로 비문법적인 성분이 된다.

11. | understand, know, acknowledge, recognize, discover, feel | + 목적어 + to be 보문 |
|---|---|

위 동사들은 **강한 주장 동사**로서, 모두 그 보문으로 to be 구조를 취한다. 이 경우 to be 생략이 불가능하다.

a) We **recognize** him [to be / *∅] reliable.

We **know** him [to be / *∅] the husband of my niece.

I **felt** the account [to be / *∅] inaccurate.

b) I **understand** that explanation [to be right. / *to be wrong.]

긍정적인 뜻을 지니고 있는 동사 understand는 그 보문으로 긍정적인 내용이 와야 한다.

I **suspect** that man [to be a liar. / *to be an honest man.]

*I **suspect** those observations **to be relevant to the case.**

동사 suspect는 부정적인 뜻을 지니므로 부정적인 보문이 요구된다.

12. | think, suppose, believe, suspect, consider, imagine, fancy, find, declare, judge, report, call | + 목적어 + [to be 보문 / ∅ 보문] |
|---|---|

위 동사들은 call을 제외하고는 모두 **약한 주장동사**들이다. 이들 동사의 특징은 환경에 따라 to be 생략이 가능하다는 점이다.

a) [I **find** this chair **to be** uncomfortable.
I **find** this chair uncomfortable.]

이 구문에서 to be가 생략되면 **주관적인 경험**을 나타내며, 사용되면 **객관적인 사실**을 표현한다.

즉, 자기의 주관적인 경험에 대해서 언급할 때는 to be 생략이 가능하게 되는데, 다음 문장에서는 상대방(Jane)의 경험에 대한 언급이므로 to be 생략이 불가능하다.

I **find** sewing [to be / *∅] refreshing to Jane.

b) (a) I **believe** him to be honest.
(b) I **believe** him honest.
(c) I **believe** him to be an honest man.
*(d) I **believe** him an honest man.
(e) I **believe** him to be a suitable candidate.
*(f) I **believe** him to be a French teacher.

동사 believe는 보문으로 **to be+형용사 구조**에서는 to be 생략이 가능하나, **to be+명사구조**에서는 to be 생략이 불가능하다. 따라서, (d)는 비문법적이다. 한편, 동사 believe는 주관적인 내용을 믿는 행위이므로 보문으로 객관적인 to be a French teacher와 같은 요소를 보문으로 취할 수 없다.

c) 동사 **suppose**는 can't와 함께 사용될 수 없다. 왜냐하면 누구에게나 추측할 수 있는 능력이 있기 때문이다. 한편 동사 **imagine**은 **상상하다**는 뜻으로 동사 suppose 보다 **can**(할수 있다)에 있어서 뜻이 더 약하다.

I can't [*suppose / imagine] how disappointed he was.

cf) [I regard John as being the real teacher. / *I regard **the real teacher** as being John.]

명시되지 않은 명사 술어는 목적어 위치로 이동될 수 없다.

We call him [a genius. / *to be a genius.]

We call it [instinctive. / *to be instinctive.]

동사 call은 목적어의 보문으로 to be 구조를 취할 수 없다.

13. hate, love, dislike, have, like, welcome, admire.
take, turn on, rely on, agree to, see to

위 감정적인 동사와 have, take, turn on은 목적어로 **'that-절'**을 바로 취할 수 없다. that-절을 포함한 모든 명사절은 내용이나 정보를 담고 있는 장치이지만 이들 동사들은 의미 특성상 그 목적어로 구체적인 대상이 와야 하기 때문이다. 그러나 it을 첨가하면 **'that-절'**을 보문으로 가질 수 있다.

a) *I just love that you are moving in with us.
   I just love **it** that you are moving in with us.

b) *Rumor has that he is honest.
   Rumor has **it** that he is honest.

c) *I hate that you like to lie.
   I hate **it** that you like to lie.

d) We agree to **it** that she should join us.

e) You'll see to **it** that he will be punished.

14. need, want + -ing

= [need / *want] to be+p.p

My shoes [want / need] mending.
= My shoes [*want / need] to be mended.

이 구문에서, want to be+p.p는 사용되지 않는다.

15. think, be likely, seem

위의 세 어구가 갖는 특징은 부정문에서는 이 동사류 자체를 부정해야 한다는 점이다.

a) *It is likely that she will not come here.
   It is not likely that she will come here.

b) *I think that she is not honest.
   I don't think that she is honest.

c) *He seems not to be rich.
   He doesn't seem to be rich.

16. want, like, prefer

동사 want는 목적어(수동주체)에 대한 보어로 to be+p.p 혹은 **p.p형**을 모두 취하나 동사 like와 prefer는 p.p 형태만 사용된다.

a) I want my shoes ┌ mended. (소망한 행위가 성취된 결과에 초점)
└ to be mended. (소망한 행위 그 자체가 중요)

b) I prefer coffee ┌ mixed.
└ *to be mixed.

c) I'd like it ┌ boiled.
└ *to be boiled.

B. 자동사의 타동사화

a) I **will walk** home. (자동사)
I **will walk** her home. (타동사)
He **walked** himself to exhaustion. (타동사)
(그는 걸어서 지쳤다.)

b) She **talked** to him about starting a business. (자동사)
She **talked** him into starting a business. (타동사)
(그녀는 그를 설득해서 사업을 시작하게끔 했다.)

c) She **fasted** her illness off. (타동사)
(그녀는 단식을 해서 그녀의 병을 치료했다.)

d) She **slept** her fatigue off. (타동사)
(그녀는 잠을 통해서 그녀의 피로를 풀었다.)

e) She **shouted** her head off. (타동사)
(그녀는 머리가 떠나가도록 소리 질렀다.)

f) Many people **have eaten** or **drunk** themselves to death. (타동사)
(많은 사람들은 죽을 때까지 먹고 마셨다.)

g) He **cried** himself to sleep. (타동사)
(그는 울다가 잠에 빠졌다.)

C. 자동사와 준보어

a) ┌ He came back home ┌ safe. (준보어)
   │   └ *safely.
   └ =He was ┌ safe   ┐ when he came back home.
             └ *safely ┘

b) ┌ We arrived ┌ safe and sound. (준보어)
   │   └ *safely and soundly.
   └ =We were ┌ safe and sound   ┐ when we arrived.
              └ *safely and soundly ┘

c) ┌ We parted the best friends. (준보어)
   └ =We were the best friends when we parted.

d) ┌ He returned home wounded. (준보어)
   └ =He was wounded when he returned home.

이러한 구조의 특징은 반드시 동사의 시제가 과거로 나타난다는 점이다.

D. 상황에 따른 may/must의 공손 정도의 차이

You **must** eat this food.
You **may** eat this food.

아무런 상황이 제시되지 않은 상태에서는 물론 조동사 may가 사용된 문이 must를 사용한 문장보다 더 공손한 표현이라고 할 수 있겠으나, 어떤 상황에서는 must가 사용된 문이 더 공손해지는 경우가 있다.

예를 들어, 철수가 영희한테서 저녁 생일파티 초대를 받고 난 후 저녁을 먹지 않은 배고픈 상태에서, 영희집에 도착해서 맛있는 음식이 준비되어 있는 것을 철수가 발견했을 때, 그 순간 **영희가 철수에게 음식을 먹어도 좋다**(may가 사용된 문장)가 더 공손하겠는가? 아니면, **음식을 꼭 먹어 봐**(must가 사용된 문장)가 더 공손한 표현이겠는가? 물론 후자가 더 공손한 표현임을 알 수 있다. 이와 같이 상황에 따라 공손정도가 역전되는 경우가 있다. 우리는 문법을 논할 때 이처럼 사회적 상황에서 초래되는 문장의 의미변화를 무시해야 한다.

E. 부가의문문

a) 주절에서 have가 본동사로 사용되면 부가의문은 do로 받으나, 조동사로 사용되면 have로 받는다.

Mary **has** a book, **doesn't she?**
You **have** a brother, **don't you?**
She **has been writing** a novel, **hasn't she?**
He **has done** his homework, **hasn't he?**

b) 약한 주장동사들, think, believe, guess 그리고 suppose 등이 1인칭 주어를 가질때는 부가의문은 종속절의 주어와 동사에 일치시킨다.

I think that **he is** honest, **isn't he?**
I believe that **he will come** here, **won't he?**
I don't think that **he is** honest, **is he?**
(주절의 부정이 종속절에 영향을 미쳤기 때문에 긍정 부가의문이 된다.)

한편, 이들 동사들이 2인칭 혹은 3인칭 주어를 가지는 경우에는, 부가의문은 주절의 주어와 동사에 일치시킨다.

You think that he will pass the exam, **don't you?**
She thinks that he will pass the exam, **doesn't she?**
She doesn't think that he will attend the party, **does she?**

일반적으로 강한 주장동사가 사용된 문장에서는 부가의문문이 불가능하다. 왜냐하면 부가의문문은 약한 주장을 거듭 확인하기 위해서 사용되기 때문이다. 강한 주장을 다시금 확인하는 것은 불필요하다.

I **know** that she is honest, [***don't I?** / ***isn't she?**]

c) Let's 로 시작되는 문장의 부가의문문은 shall we? 로 나타낸다.

Let's play baseball, **shall we?**
Let's go to the movies, **shall we?**

d) 명령문의 부가의문은 **will you?** 가 사용된다.

Open the door, **will you?**

그러나 권유의 뜻을 포함한 명령문은 **won't you?** 가 사용된다.
Have a cup of coffee, **won't you?**

e) 주절이 This(These), That(Those)로 시작되는 문장에서 부가의문의 주어로 it,(they)가 사용된다.

That's a good idea, **isn't it?**
These shoes are very expensive, **aren't they?**

F. 동사와 명사의 연어 관계

a) do를 사용하는 명사

do	a lesson	do	some work	do	one's shopping
	a dive		harm		one's travelling
	a drawing		good		one's dishes
	a left (right)turn		injury		one's cleaning
	a report		justice		one's knitting
	a sketch		damage		one's repairing
	a translation		homework		some writing
	business		one's hair		some sewing

b) get을 사용하는 명사

get a glance (at)
a look (at)
a shot (at)'
a view (of)

c) pay를 사용하는 명사

pay attention (to)
a call (on)
a visit (on)

d) **give**를 사용하는 명사

give	advice	**give**	an explanation
	an answer		a reply
	a cheer		a sigh
	a cough		

e) **have**를 사용하는 명사

have an argument
a bash
a bath
a flight
a guess
an influence
a look(at)
a rest
a seat
a wash
a taste
a smoke

f) **make**를 사용하는 명사

make an agreement
allowances
an objection
an improvement
a mistake
an attack
a contribution
an effort
a decision
a speech
an impression
a conclusion

g) **play**를 사용하는 명사

play a role
a part

Ⅳ. Structure

1. Jack was so drunk he couldn't walk yesterday, so I helped him ______ into the car.
   (A) to get (B) get
   (C) getting (D) got

2. I find boxing ________ to Tom.
   (A) to be interesting (B) interesting
   (C) interested (D) to be interested

3. What did John give Mary? He gave ________.
   (A) her a book (B) a book to her
   (C) the book on her (D) to her the book

4. Her expression suggested that she _______ angry.
   (A) should be (B) be
   (C) will be (D) was

5. She wants to have the house _______ clean and tidy.
   (A) looked (B) look (C) looking (D) to look

6. He thinks that she is honest, _______ ?
   (A) isn't she (B) is she
   (C) doesn't he (D) does he

7. They want the car _______ as soon as possible.
   (A) mend (B) mended (C) to mend (D) to be mended

8. Could you explain ________ ?
   (A) me that problem (B) to be that problem
   (C) that problem to me (D) that problem me

연구 및 해답

1. (B) 직접적으로 him을 도울 때는 to가 사용되지 않는다.
2. (A) 상대방의 경험에 대하여 언급할 때는 to be deletion이 허용되지 않는다.
3. (A) 구정보, 신정보 순서로 나타난 A가 옳다.
4. (D) 본문은 직설법임에 유의할 것. 의미형태일치원리 참조.
5. (B) 동사 look과 명사 the house의 관계로 보아 B가 옳다.
6. (C) weak assertive verbs에 속하는 think가 사용된 부가의문 표현에선 1인칭 일때는 종속절의 주어, 3인칭일 때는 주절의 주어에 초점이 간다.
7. (D) 부사구 as soon as possible에 착안할 것. want가 현재시제 일때는 to be p.p를 주로 취하고 과거시제 일때는 p.p가 나타난다.
8. (C) explain은 4형식동사로 착각하기 쉬운 3형식 동사이다.

1. The concepts behind the laws of probability ______ all of statistical mechanics.
   (A) to enter into fundamentally (B) they fundamentally enter into
   (C) fundamentally into enter (D) enter fundamentally into

2. Caricature is intimately associated with the way one social class ______ at another.
   (A) being looked (B) to look (C) looks (D) looking

3. Benjamin O. Davis, jr., ________ an assistant secretary of the Department of Transportation in 1971.
   (A) who was appointed (B) was the appointment
   (C) was appointed (D) whose appointment was

4. Authorities have found that the addition of antibiotics to livestock fodder ________ humans immune to the drugs.
   (A) be making (B) can be made (C) can make (D) make

5. My uncle _______ a good student.
   (A) believes John (B) suggests John
   (C) considers John (D) knows John

6. Some economists maintain that fluctuations in the economy _______ from political events.
   (A) resulting (B) these result
   (C) which result (D) result

7. Are you sure Miss Smith ________ use the new equipment?
   (A) knows to (B) knows how to (C) knows the (D) knows how

8. Let's go out for dinner, _______ ?
   (A) will we (B) shall we (C) don't we (D) are we

연구 및 해답

1. (D) 본문에는 주어가 있으나 동사가 없다.
2. (C) one social class looks at another(class).
3. (C) 문장의 기본요건인 주어는 있으나 동사가 없다.
4. (C) D는 주어인 the addition이 단수이므로 답이 될 수 없다. 또한 make는 타동사임.
   make(V) humans(O) immune.(O.C)
5. (C) 동사 consider는 그 목적보어로 **as 보문**을 취하기도 하고 그렇지 않는 경우도 있다.
6. (D) that은 접속사이므로 주어+동사가 필요하나 본문에는 동사가 빠져 있다.
7. (B) 동사 know는 인식동사이므로 부정사 to를 바로 취할 수 없으며 주로 **의문사+부정사 형태**를 목적어로 취한다.
8. (B) Let's로 시작되는 문장에서의 부가의문은 shall we? 이다.

1. Porcupines ________ a dense layer of wool next to their skin.
   (A) grow (B) growing
   (C) which grow (D) were being grown

2. According to one definition, "avoidance" _______ behavior induced by adverse stimuli.
   (A) when (B) in (C) that (D) is

3. The team really looks good tonight because the coach had them _______ every night this week.
   (A) practice (B) practiced
   (C) to practice (D) the practice

4. I hadn't expected James to apologize but I had hoped _______ .
   (A) him calling me (B) him to call me
   (C) that he would call me (D) that he call me

5. They ________ him to do that problem.
   (A) told (B) let (C) had (D) made

6. Heat makes gases _________ .
   (A) expand (B) expanding (C) to expand (D) by expanded

7. The travellers _________ the village after sunset.
   (A) saw over (B) arrived to (C) reached (D) went

8. His love of art had become his god. It ______ more to him than anything on earth.
   (A) mattering (B) had been mattered
   (C) was mattered (D) mattered

연구 및 해답

1. (A) 문장의 기본 요건인 동사가 없다. D는 목적어 a dense layer로 보아 정답이 될 수 없다.
2. (D) behavior(which is) induced. 따라서 동사가 요구된다.
3. (A) had가 사역동사이다.
4. (C) 동사 hope는 목적어로 부정사나 that-clause를 취한다. 그러나 hope A(목적어)+to 동사 형태로 사용되지는 않는다.
5. (A) tell+A(목적어)+to동사. B, C, D는 직접동사임.
6. (A) makes는 사역동사이다. 사역동사 (make)+목적어(능동)+-ing 형태로 사용되지 않는다.
7. (C) reach = get to = arrive in (at). D는 went to로 고치면 옳음.
8. (D) matter이 자동사로 사용되면 **중요하다, 문제가 되다** 등의 뜻을 갖는다. B와 C가 답이 될 수 없는 이유는 본문에서 matter가 자동사로 사용되었기 때문이다.

1. John won't ________ a good doctor.
   (A) make (B) become
   (C) turn (D) come

2. I'm looking forward to hearing you ______ your experience in South Africa.
   (A) relate (B) talk
   (C) converse of (D) describe about

3. I'll give you five minutes to _______ out this question.
   (A) solve (B) find
   (C) answer (D) work

4. Don't you think the president ________ his speech eloquently?
   (A) told (B) delivered
   (C) talked (D) addressed

5. If the performance has started, they just won't _________ you.
   (A) let (B) allow (C) accept (D) admit

6. Mr. Joseph _____ live in Los Angeles.
   (A) used to (B) use to
   (C) is used (D) would

7. If you have a hard time figuring out what a word means, you had better _____ the dictionary.
   (A) find (B) look for (C) look up (D) consult

8. I seriously doubt if Paul Smith will ______ a great physicist.
   (A) make (B) grow (C) turn (D) come

연구 및 해답

1. (A) 동사 become은 미래시제와 함께 거의 사용되지 않고, 대신에 be 동사가 사용된다는 점에 착안할 것.
2. (A) relate는 완전타동사로서 전치사 없이 목적어를 취하는 반면에 talk는 talk about 형태로 주로 사용된다.
3. (D) A, B, C는 완전타동사임에 유의하라. work out : (문제) 해결하다, (계획)완성하다, 운동을 하다.
4. (B) give(make, deliver) a speech : 연설을 하다.
5. (D) 동사 admit는 (입장)을 허용하다는 의미를 지닌다.
6. (A) 과거의 규칙적인 습관을 나타낼 경우에는 used to가 사용된다.
7. (D) look up : 사전에서 단어를 찾다는 의미를 지닌다. look up a word in the dictionary.
8. (A) 동사 grow는 to be+명사 형태로 주로 사용되며, turn은 ~로 바뀌다는 뜻을 지니며, come은 주로 형용사를 보어로 취하여 ~가 되다는 의미를 갖는다.

1. I didn't have the vaguest idea she would have us ______ this hard.
   (A) be working (B) working
   (C) to work (D) to have worked

2. Susan was trying on her pearls to see if they ______ her yellow dress.
   (A) matches (B) go worth
   (C) went with (D) set off

3. A change in one's surroundings will most likely _____ a change in one's work habits.
   (A) affect (B) inflict (C) effect (D) rupture

4. The doctor _______ him to go on a diet.
   (A) proposed (B) insisted
   (C) demanded (D) advised

5. The price of gold _______ daily.
   (A) increases (B) stays
   (C) fluctuates (D) decreases

6. When the truth is hard to see, only time can ______ .
   (A) tell (B) speak (C) disclose (D) predict

7. They went to the gallery to _______ paintings.
   (A) watch (B) look at (C) watch for (D) oversee

8. John's problem is that he always _______ more work than he can handle.
   (A) takes over (B) takes on
   (C) takes up (D) puts on

연구 및 해답

1. (B) 일반적으로 사역동사 + 목적어 + 현재분사 형태로는 거의 사용되지 않으나 사역동사 가운데 have 는 목적보어로 현재분사를 취하는 경우도 있다. 이때 동사 have는 목적어로 하여금 어떤 내용을 학습시킨다는 의미를 강하게 내포하게 된다.
2. (C) A와 B는 현재시제이므로 본문의 주절의 과거시제와 결합하지 못한다.
3. (C) affect : 영향을 끼치다. effect : 초래하다, 가져오다.
4. (D) 목적보어로 to 동사구조를 취하는 동사는?
5. (C) increase는 점차적인 증가를, decrease는 점차적인 감소를 각각 의미한다.
6. (A) tell이 자동사로 사용될 때, 말해주다, 전하다, 효과가 있다 등의 의미를 갖는다.
7. (B) 동사 watch는 동적인 사물이나 사람에 대해서 사용되며, oversee는 감독하다는 뜻을 지닌다.
8. (B) take over : 인수하다. take on : 떠맡다. take up : 차지하다.

1. They are going to _______ the financial problems at the meeting.
   (A) say (B) discuss
   (C) speak (D) talk

2. I couldn't _________ the restaurant which you recommended.
   (A) find (B) discover
   (C) find out (D) tell

3. Miss Jameson, would you ________ Jack Richardson that I can't meet him until tomorrow?
   (A) tell (B) explain (C) say (D) talk

4. I think we can't ________ to the conference.
   (A) make it (B) attend
   (C) take part (D) participate

5. We don't sell foreign newspapers because there is no _______.
   (A) question (B) demand
   (C) money (D) claim

6. Bill didn't come to his eight o'clock class yesterday. He _______.
   (A) must oversleep (B) must be oversleeping
   (C) must have overslept (D) must had overslept

7. You should look ________ cars when you cross the street.
   (A) at (B) out for (C) out of (D) about

8. The book was a best-seller, but John couldn't understand what made it _______ .
   (A) interesting (B) interested
   (C) interest (D) of interesting

연구 및 해답

1. (B) D는 talk about이면 정답으로 가능하다.
2. (A) find out : 알아내다. discover : 새로운 사실을 발견하다.
3. (A) 4형식 구조를 취하는 동사는?
4. (A) make it : 해내다, 완성하다, (시간에) 대다. B는 완전타동사로 사용되어 참석하다는 뜻을 지니며, C와 D는 각각 take part in, participate in 형태로 사용되어 참석하다는 뜻을 갖는다.
5. (D) demand : 수요. order : 주문. claim : 청구.
6. (C) must have p.p : ~이었음에 틀림없다.
7. (B) look out for : 경계(주의)하다.
8. (A) it은 The book을 가리키며, 책 그 자체가 홍미를 주므로 능동의 의미를 지닌 현재분사형인 A가 옳다.

Ⅴ. Written Expression

1. It is a long time since you didn't come to see me.
   A B C D

2. This is the most beautiful city that I have never visited so far.
   A B C D

3. I don't know if I am going to recognize him after all.
   A B C D

4. In the judicial system of the United States, defendants founded not guilty of the charges of
   A B
   which they are tried are automatically acquitted.
   C D

5. Paints protect the surfaces of objects and makes them bright and attractive.
   A B C D

6. Membranophones are musical instruments that emission sound by the vibration of a
   A B C
   stretched membrane.
   D

7. Algae commonly inhabit surface water and they often being troublesome in water reservoirs.
   A B C D

8. Philosophers commonly reliable on argument to support their own theories and to refute the
   A B C D
   theories of others.

연구 및 해답

1. (D) 논리적인 사고가 요구된다. didn't come→came. **문장논리** 참조.
2. (C) 논리적인 사고가 요구된다. never→ever. **문장논리** 참조.
3. (C) be going to 다음에는 동작동사가 와야 한다. recognize는 인식동사이다. am going to → will
4. (B) founded는 found(설립하다)의 과거분사이다. B를 find의 과거인 found로 고쳐야 옳다.
5. (C) 주어인 Paints가 복수이므로 C를 make로 고친다.
6. (A) emission→emit.
7. (C) 접속사 and 이하에는 주어인 they가 있으나 동사가 없다. being→are.
8. (A) rely on. 본문의 동사가 없다. reliable→rely.

1. If there is social or political change in a region(A) where a standard language(B) is spoken, local varieties(C) of the language may developing(D).

2. Most mammals to maintain a(A) relatively(B) constant body temperature, regardless of(C) what the air temperature might be(D).

3. An electrician repairs, installments(A), operates, or maintains(B) electrical(C) devices(D).

4. The tough skin(A) formed by(B) dried(C) linseed oil does not break or chip, and resistant(D) to changes in the weather.

5. Attitudes held by(A) individuals(B) are not directly observable; they must to be(C) inferred from(D) behavior.

6. The way of reasoning(A) whereby people do(B) conclusions by logical(C) inference from given(D) premises is called the deductive method.

7. Although meteorologists begun(A) to unravel the mysteries(B) of frontal systems and even(C) tornadoes, thunderstorms have stubbornly clung to their secrets(D).

8. To obtain(A) a full(B) refund on your purchase, you must return back(C) the merchandise within(D) ten days.

연구 및 해답

1. (D) 조동사 다음에는 원형동사가 온다. developing→develop.
2. (A) 본문에는 주어가 있으나 동사가 없다. to maintain→maintain. D의 might는 may 보다 더 강한 의혹을 나타낸다.
3. (A) electrical devices는 타동사 installs, operates 그리고 maintains 의 공통 목적어이다.
4. (D) resists to : ~에 저항하다. 접속사 and 앞뒤에는 같은 구조가 온다. 주어가 단수명사 The tough skin임.
5. (C) 조동사 다음에는 원형동사가 온다. to be→be.
6. (B) make a conclusion : 결론내리다. do→make.
7. (A) begun→began.
8. (C) 동사구 return back은 의미의 중복을 초래하므로 back를 삭제해야 한다.

1. The natural gas (A) that flows from (B) a well must to be (C) cleaned and treated (D) before being marketed.

2. In the twentieth (A) century, elementary (B) algebra has given away (C) to modern, or abstract, (D) algebra.

3. Some small (A) magazines are put out (B) by two or three persons, but the big, general publication (C) are tremendously (D) complicated operations.

4. When two (A) female elephants are fighting, (B) one usually try (C) to bite off (D) the other's tail.

5. The fundamental problem (A) of a tax system is to do (B) enough (C) money to pay (D) for the expenses of government.

6. The American Red Cross to offer (A) classes in (B) lifesaving (C) and first aid. (D)

7. A criticial (A) question about (B) the monolithic stone statues of Easter Island is "Why they were (C) all made alike? (D)"

8. Even the most (A) detailed (B) flowchart ultimately has to being (C) expressed in a formal (D) programming language.

연구 및 해답

1. (C) 조동사 다음에 원형동사가 온다. to be→be.
2. (C) away→way. give way to.
3. (C) 동사 are로 보아 C를 publications 로 고친다.
4. (C) try→tries. 주어가 단수명사 one임.
5. (B) make money : 돈을 벌다.
6. (A) 문장의 기본 요건인 주어와 동사가 명확하지 않다. to offer→offers.
7. (C) 의문문의 어순은 주어와 동사가 도치된다. they were→were they.
8. (C) 조동사 다음에 원형동사가 온다. to being→to be.

1. The strong wind does a terrible noise when it blows through the antenna.
   A (The) B (does) C (when) D (through)

2. The topic of labor management relations have been discussed widely in his country, expecially during periods of recession.
   A (relations) B (have) C (discussed) D (recession.)

3. It is a shame that the spoiled child never greets to his parents or neighbors.
   A (a shame) B (spoiled child) C (greets to) D (neighbors.)

4. Class, today we have several newcomers from foreign countries. Let me introduce you one of our new classmates, In-ho, Kim.
   A (Class) B (from) C (you) D (one of)

5. Do you guess how soon is the play entitled 'In a Hamlet' going to be on stage?
   A (Do you guess how soon) B (entitled) C (going) D (on stage)

6. The formation of snow must be occurring slowly in calm air, and at a temperature near the freezing point.
   A (must be occurring) B (slowly) C (near) D (freezing point.)

7. The librarian kindly suggested us that we stop talking while studying in the library.
   A (kindly) B (us) C (talking) D (while studying)

8. He suggested that he should go to the cinema yesterday.
   A (that) B (should go) C (the) D (cinema)

연구 및 해답

1. (B) make a noise. does→makes.
2. (B) 본문의 주어는 단수명사 The topic 이므로 B를 has로 바꾸어야 한다. 비간섭원리 참조.
3. (C) greet는 완전타동사이다. greets to →greets.
4. (C) introduce는 4형식구조를 취할 수 없다. 따라서 C를 to you로 고쳐야한다.
5. (A) 약한 주장동사 guess가 사용된 의문문임. A를 How soon do you guess로 바꾸어야 한다.
6. (A) 동사 occur는 진행형 시제를 취할 수 없다. A를 must occur로 고쳐야한다.
7. (B) suggest는 4형식 구조를 취할 수 없다. us→to us.
8. (B) suggest는 암시(시사)하다는 뜻으로 사용될 경우 가정법 시제 즉 should 동사원형을 취하지 않는다. 따라서 B를 went로 바꾸어야 한다.

Ⅵ. Vocabulary

※ Choose the **one** word or phrase that has most nearly the SAME MEANING as the **underlined** word or expression.

1. unrelenting fury
   (A) forgiving (B) unhurried
   (C) unyielding (D) momentary
2. costly litigation
   (A) treaty (B) lawsuit
   (C) compromise (D) cleaving
3. dissenting opinion
   (A) harsh (B) disagreeing
   (C) foolish (D) hasty
4. stealthy manner
   (A) sly (B) rude (C) stylish (D) courteous
5. savory dish
   (A) tasteless (B) lavish (C) frugal (D) palatable
6. sumptuous feast
   (A) luscious (B) extravagant
   (C) succulent (D) accord
7. widespread dissension
   (A) discord (B) discussion
   (C) circulation (D) accord
8. never apprised
   (A) acknowledged (B) informed
   (C) divulged (D) incensed

연구 및 해답

1. (C) relent : soften in temper, yield.
2. (B) litigation : lawsuit, act or process of carrying on a lawsuit.
3. (B) dissent : differ in opinion, disagree, object.
4. (A) stealthy : secret in action or character, sly.
5. (D) savory : palatable, agreeable to the taste, pleasing.
6. (B) sumptuous : involving large expense, luxurious, costly, lavish.
7. (A) dissention : discord, disagreement, conflict, strife.
8. (B) apprise : inform, notify.

9. recurrent absence
   (A) unusual (B) periodic
   (C) prolonged (D) necessary
10. nomadic life
   (A) native (B) permanent
   (C) mutinous (D) roving
11. chronic truant
   (A) defiant (B) potential
   (C) habitual (D) undisciplined
12. frequent transgressor
   (A) violator (B) commuter
   (C) migrant (D) undisciplined
13. questionable allegiance
   (A) disloyalty (B) sedition
   (C) judgment (D) fidelity
14. temporary abode
   (A) home (B) sojourn
   (C) breach (D) occupation
15. serious infraction
   (A) revolt (B) devotion
   (C) violation (D) discrepancy
16. painful interlude
   (A) delay (B) dispute
   (C) interval (D) intermediary

연구 및 해답

9. (B) recurrent : periodic, stopping and beginning again ⇔ incessant, continuous.
10. (D) nomadic : roaming, wandering, roving.
11. (C) chronic : habitual, confirmed.
12. (A) transgress : violate, break, overstep.
13. (D) allegiance : loyalty, devotion, faithfulness, fidelity.
14. (A) abode : domicile, house, home dwelling, residence.
15. (C) infraction : breaking, violation, breach.
16. (C) interlude : anything filling the time between two events, interval.

17. deeply <u>implicated</u>
(A) sorry (B) involved
(C) indebted (D) hurt

18. <u>counter</u> to expectation
(A) look forward (B) extraneous
(C) appeal (D) contrary

19. <u>intrinsic</u> character
(A) inclusive (B) extraneous
(C) unusual (D) essential

20. <u>immaculate</u> record
(A) imperfect (B) dispassionate
(C) faultless (D) unbeatable

21. without <u>deviating</u>
(A) straying (B) seceding
(C) stopping (D) hurrying

22. wide <u>discrepancy</u>
(A) reduction (B) variation
(C) increase (D) agreement

23. <u>inflexible</u> stand
(A) reduction (B) pliable
(C) obstinate (D) defenseless

24. completely <u>deranged</u>
(A) enervated (B) demolished
(C) unnerved (D) demented

25. <u>presumed</u> guilt
(A) limited (B) supposed
(C) obvious (D) proved

연구 및 해답

17. (B) implicate : involve.
18. (D) counter : contrary, in the opposite direction.
19. (D) intrinsic : essential, fundamental, necessary.
20. (C) immaculate : pure, clean, spotless, stainless.
21. (A) deviate : turn aside, stray.
22. (B) discrepancy : disagreement, difference, inconsistency, variation.
23. (C) inflexible : not flexible, not easily bent, firm, unyielding.
24. (D) deranged : insane, mad, demented.
25. (B) presume : assume, suppose.

Chapter 3
Noun

Ⅰ. Goal

명사(절)의 기능(주어, 목적어, 보어). 명사의 종류 및 성, 수, 격(특히 동격). 복합 명사. 집합명사의 군집화. modifiers와 명사의 관계. 명사(주어)와 동사간의 수 일치. creation, creativity와 같은 유사한 의미를 지닌 명사들간의 정확한 의미구분. 단수취급 명사와 복수취급 명사. 물질, 추상명사 수량 표시법. 명사의 전용. 추상명사의 특징, 대소로 구분되는 명사.

Ⅱ. Basic Sentences

1. **The girl** is kind.(주어)

2. I like **the girl**.(목적어)

3. She is a **student**.(보어)

4. The **students like** mathematics.
명사복수 동사단수

5. A **student walks** into the room.
명사단수 동사단수

6. ┌**John, the poet,** will be at the meeting tomorrow.
└**John the poet** will be at the meeting tomorrow.

명사의 동격. comma가 있는 경우 완전동격을 이루며, 없는 경우는 부분적 동격. **의미, 형태 일치 원리** 참조.

Jane Austin, [an / the / ∅] author of Pride and Prejudice

청자 혹은 독자의 모두가 Pride and Prejudice의 저자가 Jane Austin 인지를 모르는 경우에 부정관사, 대부분이 아는 경우에 정관사가 각각 사용되며 모두가 아는 경우에는 관사가 사용되지 않는다.

That loaf was stale **that you sold me.**

(that 이하와 that loaf 간에는 동격을 이룬다.)

We heard **the story** from his own lips **of how he was stranded for days without food.**

(the story와 of 이하간에는 동격을 이룬다.)

A rumor circulated widely **that the doctor came to Seoul.**
(that 이하와 A rumor간에 동격을 이루고 있다.)

동격을 이루는 요소들간에는 일반적으로 인접해 놓이지만 위의 예문에서처럼 때때로 분리되어 나타나기도 한다.

7. **A student** should always do **his or her** assignments.

과거에는 이와 같은 상황에서는 남성 his가 사용되었으나 요즈음은 his or her, 혹은 여성들이 만들어낸 새로운 단어 himmer 혹은 s/his 가 주로 사용된다. 그러나 her 혹은 her or his는 아직 사용되지 않는다. 구어체에서는 their가 사용된다.

8. It is **an office building.**

복합명사. 복합명사의 특징에 대해서는 **수식원리**를 참조할 것.

9. **My family are** loving and supportive. **They are** always trying to help me.
군집명사

집합명사의 군집화. 이 경우 복수취급된다.

My family is a large one.
집합명사

집합명사가 군집명사로 사용되지 않을 시에는 단수 취급된다.

10. **Every student has** been invited.

every는 단수명사, 단수동사를 요구한다.
그러나 every 다음에 수사가 있을 경우에는 복수명사가 나타난다.

every **three days**
수사 복수명사

11. **He** is **a student.**
They are **students.**

주어와 술어를 일치시킨다.

12. He was **a success** as a novelist.

명사의 전용. 추상명사 success가 부정관사 a가 붙어서 보통명사로 전용되었다. 보통명사의 의미는 **성공한 자**이다.

13. He is **a friend of mine.**

명사의 격(이중소유격)
영어에서, **a, an, this, that, some, another, any, no, 소유격(어휘적 소유격 제외)**등은 서로 나란히 위치할 수 없기 때문에 **이중소유격** 즉 [**이들 요소+명사+of 소유대명사**]형태가 사용된다.

*a my friend→a friend of mine
*my this old watch→this old watch of mine

그러나 어휘적 소유격과 이들 요소는 서로 나란히 놓일 수 있다.

a doctor's friend
어휘적 소유격

한편, **이중 소유격 구조** 즉 **명사$_1$ of+명사$_2$**에서, 구조적 특징으로 첫째, **명사$_1$**은 전체를 나타내는 **명사$_2$**의 일부분을 지칭하므로, 유일한 사람 혹은 사물, 다시 말하면 전체를 지시하는 정관사 the가 사용될 수 없다. 이에 반해 **명사$_1$**에 this 혹은 that의 사용이 가능한데, 그 이유는 이들이 정관사 the보다 지시성이 약할뿐만 아니라, this(이것)혹은 that(저것)은 각각 유일한 것을 지시하는 요소가 아니기 때문이다. 즉, '이것'이라는 말은 '저것'이 있다는 뜻이되며, 반대로 '저것'이라는 말은 '이것'이 있음을 의미한다.

둘째, **명사$_2$**에 나타날 수 있는 명사는 반드시 **확정, 유생적**이라야 한다는 점이다.

[A / That / *The / This] daughter of Mrs. Brown's has arrived.

그러나 문맥상에서 확정적으로 될 경우에는 다음과 같이 정관사 the가 사용될 수 있다.

the daughter of Mrs. Brown's that I mentioned

a sonata of [*a / the] violinist's(확정명사가 아니므로)

an opera of **my friends**
*a funnel of **the ship's**(유생명사가 아니므로)

14. **The police are** on the murder's track.

police, nobility, peasantry 등과 같은 명사는 항상 the가 붙어서 복수 취급된다.

15. The rest of **the boys are** playing baseball.

[the rest(part), 분수(a third, a fourth), none, half, all, most]+of구조는 다음과 같은 두 가지 특징을 지닌다.

첫째, of 다음에는 **정해진 명사**가 와야 한다. 둘째, 동사의 수는 of 다음에 나타나는 명사의 수와 동일하게 한다. **근접원리**를 참조할 것.

A third of **the apple is** rotten.
(apple: 단수, is: 단수)

A third of **the apples are** rotten.
(apples: 복수, are: 복수)

Most substances can be divided into smaller particles.
=Most of **the substances** can be divided into smaller particles.
(the substances: 정해진 명사)

16. More than **a person is** present at the meeting.
(a person: 단수, is: 단수)

More than **two persons are** present at the meeting.
(two persons: 복수, are: 복수)

More than 다음에 나타나는 명사의 수와 동사의 수를 일치 시킨다. **근접원리** 참조.

17. **Mathematics is** easy for her.
    학과명　단수

학과명 linguistics, mathematics, physics 등과 같은 명사는 단수 취급한다.

18. He is a man **of ability.**

of+추상명사=형용사구
of ability = able

She is
- all beauty.
- = very beautiful.
- = beauty itself.

19. He did it **with ease.**

전치사(of제외)+추상명사는 일반적으로 부사구를 이룬다.
She remained **in silence.**(부사구)
조용히

20. He gave me **a piece of advice.**

물질, 추상명사는 일반적으로 셀 수 없으나 a piece of와 같은 조수사를 첨가하면 셀 수 있다. 이때 추상명사 advice는 count되었기 때문에 보통명사로 전용되었다는 점에 유의해야 한다.

furniture(물질명사)→a piece of furniture(보통명사)

a) **This furniture** is more expensive than [*that one. / that.]
물질명사

b) **This kind of furniture** is more expensive than [*that one. / that.]
보통명사

우리가 이미 알고 있는 것처럼, 대명사 one은 물질명사, 추상명사를 대신해서 사용 할 수 없다. 따라서 a)문장에서는 This furniture가 물질명사이므로 그 대명사로 one을 사용하면 비문법적이 되나, b)에서는 This kind of furniture가 더 이상 물질명사가 아니라, 보통명사로 전용되었기 때문에 대명사 one을 사용해야 한다. 한편, 회화체에서는 셀 수 없는 명사라 할지라도 조수사를 사용하지 않고 다음과 같이 사용한다.

Two <u>teas</u> and four <u>coffees,</u> please.

21. **Ten dollars** is too much to pay.

ten dollars, ten pounds, five years, two weeks 등과 같은 형식상의 복수명사는 단일개념으로 취급하여 단수취급한다.

Ten pounds [is / *are] all I need.

cf) Ten years [have / *are] passed since he died.

이 문장에서 Ten years를 단일개념으로 볼 수 없는 이유는 동사 passed가 사용되어 10년이란 세월은 일시에 지나갈 수 없는 긴 시간의 경과를 강조하고 있기 때문이다.

22. [the fool of **a** policeman / an angel of **a** girl]

이 구조의 특징은 반드시 of 다음에는 **부정관사**가 요구된다는 점이다. 그러나 of 앞에는 그러한 제약이 없다.

[a / the / this / that] fool of [**a** policeman / *the policeman / *policeman]

23. [**All** our team played well.
* Our team played **all** well.
Our team **all** played well.]

[**Each** of us owns a bicycle.
* We own **each** a bicycle.
We own a bicycle **each.**]

양화사 all, each는 본동사 바로 뒤에 놓일 수 없다.

Ⅲ. Further Studies

A. 명사의 기수, 서수 표현법

a) 순서의 개념이 있는 확정명사

World War II = ┌ World War Two
└ the Second World War

2차 세계대전이 일어났다는 사실은 누구나 다 알고 있는 확정성의 개념을 지닐 뿐만 아니라, **2차 세계 대전**은 **1차 세계 대전** 다음에 붙게 되는 순서의 개념을 가지고 있기 때문에 서수, 기수 표현이 모두 가능하다.

그러나, 3차 세계 대전 발발 여부는 아직도 불확실하므로 부정관사를 사용해서 다음과 같이 나타낸다.

┌ a Third World War
│ *the Third World War
└ World War Three

Lesson 6 = ┌ Lesson Six
└ the Sixth Lesson

Page 4 = ┌ Page Four
└ the Fourth Page

b) 순서의 개념이 없는 임의적인 경우

track 2 = ┌ track two(2번 선로)
└ *the second track

기차의 선로는 순서의 개념이 없는 비확정명사이다. 따라서 서수표현은 사용될 수 없다.

window 3 = ┌ window three(3번 창구)
└ *the third window

기차의 선로와 마찬가지로, 대합실의 매표소 **창구번호**를 정함에 있어서도 임의적으로 사용되기 때문에 우리가 어떤 순서로 창구 번호가 매겨져 있는가를 예측한다는 것은 불가능한 일이다. 서울역 대합실 매표소의 창구번호와 대구역의 그것과 비교해보면 잘 알 수 있을 것이다.

이와 같이 순서의 개념이 없는 것들로는 lane, room, flight, platform, gate, car, number, bus 등이 있다.

한편, floor는 기수표현이 허용되지 않고 서수표현만 사용된다.

the third floor
*floor three

B. 대, 소로 구분되는 명사

There was [a small / a large / *much / a great / a big / *a little] **audience.**

audience는 수와 양적으로 수식될 수 없는 명사이다. 여기에 속하는 명사들로는 다음과 같은 것들이 있으며 대소를 나타내는 large, small, big, great 등과 연관지어야 한다.

population, opportunity, advancement, number, family, world, crowd, achievement, attendance, intelligence, accomplishment, success, ability, class

We will give you [*many / *much / a large / a big / a great / a small] **opportunity.**

The **population** of America is [*less / *more / bigger / larger / greater] than that of Korea.

The [*most / greatest] **accomplishment** of the group was that it met at all.

The **ability** of an athlete is [great. / *much.]

The **attendance** of the audience was [*more / *less / *fewer / smaller / larger / greater] than we expected.

C. modifiers(수식어)와 명사

명사 앞에 놓이는 수식요소와 그 명사를 항상 일치시켜야 한다.

a boy	two boys
each boy	(a) few boys
every boy	many boys
much water	a lot of boys (lots of boys)
many a boy	a number of boys
another boy	a pair of shoes
either boy	a total of 500 Koreans
neither boy	these boys
this boy	those boys
that boy	a hundred of the old people
a lot of water	both students
a great deal of amount	some students
some woman	
some water	
(a) little water	

a) another [book / *books / *water]

another는 **a+other**가 결합되어 형성된 단어인데, 발음을 편리하게 하기 위해서 a 다음에 자음(n)하나가 첨가되었다. 따라서 another는 그 자체에 **부정관사**를 포함하고 있으므로 그 다음에는 단수 가산명사가 나타난다.

그러나 another는 다음과 같이 복수명사와 함께 사용되기도 한다.

another [three days / few people]

b) much(many)와 a great deal of (a lot of)의 구분

much와 many는 주로 부정, 의문, 조건문에 사용되는 반면에 a great deal of 와 a lot of는 긍정, 평서문에 사용된다.

Jack has [a great deal of / a lot of / *much] money.(긍정문)

much는 부정, 의문, 조건문에만 사용되지만 many는 긍정문에 사용되기도 한다. 그러나 formal, standard, written expression에서는 그러한 사용이 기피된다.

Jack has [many / a lot of] friends.(긍정문)

How [many / *a lot of] students are there in your class?

우리는 a lot of, lots of, a great deal of 의 용법 차이를 또한 구분할 필요가 있다. a lot of 와 a great deal of는 정중한 표현에서 모두 사용 가능하지만, 후자가 전자보다 공손성 정도가 더 높다. 한편, lots of는 주로 회화체에서 사용되며, 정중한 표현에서는 사용되지 않는다.

c) hundred, thousand 등은 그 앞에 복수를 요구하는 요소가 나타나더라도 복수형으로 바뀌지 않는다.

[one thousand / *two thousands / two thousand]　　[one hundred / *two hundreds / two hundred]

그러나 막연히 많은 수를 나타내는 경우는 hundreds of, thousands of 의 형태로 사용된다.

또 **정확한 백** 혹은 **천의 숫자**를 표현하고자 할 경우에는 a hundred(thousand) of + **정해진 명사**의 형태로 사용하거나 혹은 **a hundred(thousand) + 복수명사** 형태로 사용해야 한다.

a hundred of
- **the people**(정해진 명사)
- *people

a thousand(hundred)
- books
- *book

D. 명사 + 명사 결합

수식원리 참조

*the books store
*the book's store
the book store

This house is fifty **years** old.
*It is a fifty-**years**-old house.
It is a fifty-**year**-old house.

E. 명사(주어)와 술어간의 제약

주어에 대한 술어가 **상태** 혹은 **습관적인 것**을 나타낼 때는 그 주어로서, 비확정 명사를 사용할 수 없다.

***A boy** is tall.
비확정명사

The boy is tall.
확정명사

***Two boys** were tall.
비확정명사

The two boys were tall.
확정명사

*Two boys go to college.
비확정명사

The two boys go to college.
확정명사

F. 명사의 동격

명사간에 동격을 이루려면 우선 동등한 어구이어야 한다. 명사간의 동격은 다음과 같은 방법으로 구성된다.

[John, the critic, / The critic, John, / Critic, John, / *John, critic / John the critic / The critic John / Critic John / * John critic] will be present at the meeting.

comma가 사용된 것을 **완전동격**, 사용되지 않은 것을 **부분적 동격**이라 한다. 이에 대해서는 **의미, 형태 일치 원리**를 참조할 것.

한편, 대명사와 명사가 동격을 이루는 표현은 주의해서 사용해야 한다. 이 경우에는 부분적 동격은 불가능하며, 완전동격 형태만 취한다.

[* John he / * He John / He, John,] is an excellent scholar.

G. 명사와 전치사

어떤 명사는 그 심층구조에서 독립된 하나의 전치사를 취한다.

The increase [*of / in] accident rate is certain to cause car insurance rates to go even higher than they are now.

명사 increase 다음에는 전치사 in이 나타난다.

a) 증가, 상승, 변화, 신념(in)

[increase / progress / advance] in   [change / shift] in   [confidence / belief] in

b) 영향(on)

[influence / effect / impact] on

c) 방해, 저항, 손실(to)

[hindrance / obstacle / obstruction / resistance] to   [damage / debt] to

d) 조사, 탐구(into)

[investigation / insight / consideration] into

e) 기타

[key / entrance / answer] to / advantage **over** / discrimination **against**

H. 병명(Name of Diseases)

형태 1	형태 2	형태 3	형태 4
the + 명사	a(an) + 명사	the + 복수명사 혹은 복수명사	명 사
the flu the gout the plague	a cold a hernia a headache an earache a backache	(the) bends (the) mumps (the) measles (the) chickenpox	influenza pneumonia malaria cancer

I. all, both, half, each, 분수 수직 표시법

all [of / ∅] the meat
all [of / *∅] it

both [of / ∅] the students
both [of / *∅] them

half [of / ∅] the time
half [of / *∅] it

one third [of / ∅] the time
one third [of / *∅] it

위 구조의 특징은 of 다음에 반드시 정해진 명사(the, this, that등이 붙은 명사나 대명사)가 나타나며 어휘적 명사일 때는 전치사 of의 생략이 가능하나, 대명사일 때는 생략이 불가능하다는 점이다.

Ⅳ. Structure

1. I asked him for some money, but he had ______.
   (A) not (B) none (C) no (D) without

2. There can be no doubt ______ in the American colonies.
   (A) that smuggling existed (B) despite the existence of smuggling
   (C) although smuggling existed (D) the existence of smuggling

3. ______ substances contract when they freeze, but water expands.
   (A) Mostly for (B) Most of (C) Almost (D) Most

4. I will need ______ about the climate before I make a final decision.
   (A) a few informations (B) a little informations
   (C) a few information (D) more information

5. Mr. John Smith has been appointed the new British ambassador ______ the U.N.
   (A) with (B) of (C) to (D) of

6. _______ took office as the first Superintendent of Public Instruction for the territory of New Mexico.
   (A) J. Francisco Chaves, who (B) If J. Francisco Chaves
   (C) J. Francisco Chaves (D) In that J. Francisco Chaves

7. ____ might be likened to a gigantic television tube.
   (A) Despite the magnetosphere (B) As the magnetosphere
   (C) The magnetosphere (D) The magnetosphere, which

8. The arthropods, including insects and spiders, are ______ economic and medical significance.
   (A) both great (B) great (C) of great (D) still greater

연구 및 해답

1. (B) had 가 타동사이므로 명사가 필요하다. not은 부사, no는 형용사, none은 대명사류임.
2. (A) D는 of the existence of smuggling이면 옳음.
3. (D) B는 Most of the로 고쳐야 한다.
4. (D) information은 불가산 명사. 따라서 관사를 붙이거나 복수형을 만들 수 없다.
5. (C) 명사 ambassador는 심층구조에 전치사 to를 내포하고 있다.
6. (C) 본문에 동사는 있으나 주어가 없다.
7. (C) 문장의 기본요건인 주어가 빠져 있으므로 명사가 적합하다. be likened to ~에 비유되다.
8. (C) of + 추상명사 = 형용사. The arthropods≠significance이므로 A, B는 부적합하다.

1. _____ of measuring distances is that of triangulation-drawing a triangle from a measured base line and two measured angles.
   (A) The earliest method (B) As the earliest method
   (C) The method that is the earliest (D) The method of the earliest
2. _____ the world's largest university library.
   (A) At Harvard (B) It is Harvard (C) Harvard has (D) Harvard, with
3. Manufacturing industries are usually located in regions that have abundant natural resources, good transportation system, _____.
   (A) the climates are mild (B) and mild climates
   (C) the climates, when mild (D) mild and climates
4. _____, a leading dancer and choreographer, was one of the pioneers of the modern dance movement in the 1920's.
   (A) Martha Graham was (B) Martha Graham
   (C) When Martha Graham (D) It was Martha Graham
5. _____ has not attained a state of complete coherence is true.
   (A) Cultural anthropology (B) That cultural anthropology
   (C) Anthropology that is cultural (D) Since cultural anthropology
6. George H. Gallup, _____ specialized in opinion polls and business surveys.
   (A) whose statistician (B) a statistician
   (C) a statistician who (D) as a statistician, he
7. _____ lose heat when they condense.
   (A) That gases (B) Although gases
   (C) Gases (D) If gases
8. Louisa May Alcott wrote Little Women, _____ Classic of children's literature.
   (A) it is a (B) a (C) while a (D) but a

연구 및 해답

1. (A) 동사 is로 보아 주어가 필요하다.
2. (C) 문장의 기본요소인 주어와 동사가 필요하다.
3. (B) 접속사 and는 동등한 어구를 서로 연결해야 한다.
4. (B) 동격에 관한 문제.
5. (B) 본문의 본동사가 is인 것으로 보아 그 앞은 주어가 될 수 있는 명사절이 와야 한다.
6. (B) 동격명사에 관한 문제.
7. (C) 본문에는 동사는 있으나 주어가 없다. A는 These gases로 고쳐야 한다.
8. (B) 동격명사에 관한 문제.

1. William Pitt Fessenden, _____ United States senator from Maine, helped found the Republican party in the 1850's.
   (A) was (B) a (C) who, as a (D) who as a

2. _____ dog was the first animal to be domesticated is generally agreed upon by authorities in the field.
   (A) Until the (B) It was the (C) The (D) That the

3. Regardless of _____ or facilities, a park is intended for the enjoyment of all.
   (A) the location of it (B) its location
   (C) what location it has (D) whether its location

4. Western art in the Middle Ages was primarily _____.
   (A) what religious expression (B) an expression of religion
   (C) religion expressed there (D) with religion expressed

5. _____ is a term for the partial or complete inability to hear.
   (A) Deafness (B) There is deafness
   (C) It is deafness (D) Deafness that

6. _____ its weight is the Earth's gravitational attraction for the particular mass.
   (A) When it gives matter (B) Matter has given
   (C) What gives matter (D) How it is given matter

7. Flight nineteen from New York and Washington is now arriving at _____.
   (A) gate two (B) the gate two
   (C) the two gate (D) the second gate

8. Please write out the answers to the questions at the end of _____.
   (A) eighth chapter (B) eight chapter (C) chapter eight (D) chapter the eight

연구 및 해답

1. (B) 동격명사에 관한 문제. 명사가 주어로 사용되었다. helped (them to) found~.
2. (D) 본문의 동사가 is이므로 그 앞은 주어가 될 수 있는 요소가 적합하다. that the dog was the first animal~ 는 명사절로서 주어역할을 한다.
3. (B) 전치사 of 다음에 적합한 형태는 명사상당어구이다. its location or facilities에서 소유격 its는 이 두 명사 모두를 수식함.
4. (B) be 동사 was의 보어가 와야 한다.
5. (A) 본문에는 주어가 없으므로 주어가 필요함.
6. (C) its weight와 더불어 주어가 될 수 있는 요소가 적합하다.
7. (A) 명사 gate는 순서의 개념이 없는 명사임에 착안할 것.
8. (C) 명사 chapter는 순서의 개념이 있는 명사이다.

1. All of the people at the conference are _____.
   (A) mathematic teacher (B) mathematic teachers
   (C) mathematics teacher (D) mathematics teachers

2. We cannot ship the order now because our _____ is low.
   (A) invitation (B) inventory (C) invention (D) invoice

3. The most serious social problem plaguing the metropolis is its _____ population.
   (A) large (B) many (C) much (D) grand

4. The ______ audience applauded loudly at the end of the concert which lasted for four hours.
   (A) grand (B) many (C) much (D) large

5. ______ about the relationship between Thomas Jefferson and John Adams is inferred from their letters.
   (A) What is known (B) What is it
   (C) Where are they (D) To be known

6. _____ some satellites have retrograde motions is not yet understood.
   (A) Why (B) Whenever (C) What (D) Although

7. The population of this city is _____ than that of Paris.
   (A) more (B) larger (C) much (D) large

8. ______ mirror the ideals and opinions of women in the United States in the latter part of the 1800's.
   (A) Whether the novels of Mary Jane Holmes
   (B) The novels of Mary Jane Holmes
   (C) Mary Jane Holmes wrote novels
   (D) Why Mary Jane Holmes wrote novels

연구 및 해답

1. (D) 명사+명사 결합 구조의 특징은? 또한 주어가 복수임에 착안할 것.
2. (B) 문장의 내용상 stock(재고품)의 의미를 지닌 단어가 필요하다.
3. (A) population은 대소로 구분되는 명사임에 착안 할 것.
4. (D) audience는 대소로 구분되는 명사임에 착안 할 것.
5. (A) 빈 칸에는 본문의 주어가 될 수 있는 명사절 혹은 구가 적합하다. D는 알려져 있는 내용이 빠져 있으므로 적합하지 못한 구조임.
6. (A) WH-의문절이 주어로 사용된 문장이다.
7. (B) population은 대소로 구분되는 명사이며 빈칸 다음에 than이 나타난다는 점에 착안하라.
8. (B) 본문에는 주어가 없다.

Ⅴ. Written Expression

1. Mathematic [A] and logic depend extensively [B] on the deductive [C] method of reasoning. [D]

2. The story of Paul Revere's heroic [A] ride is known [B] to most [C] elementary school childrens [D] in the United States.

3. The philosophy [A] of classicism emphasizes correctness, balance, and [B] simplify [C] in art and literature [D].

4. The valerian family includes [A] more [B] than 300 different kinds of perennial or annual [C] herb [D] and a few shrubs.

5. Inflation [A] has been known to persist [B] in periods of peace, [C] in periods of decline and stagnate, [D] and in periods of high and rising prosperity.

6. The specific gravity of an objective [A] may indicate [B] what [C] substance it is composed [D] of.

7. Sensitive [A] to pain is difficult [B] to evaluate [C] quantitatively under [D] controlled laboratory conditions.

8. Long exposed [A] to air and moisture [B] will cause [C] nails to rust and rust holes to form [D] in sheet iron.

연구 및 해답

1. (A) Mathematic은 형용사이므로 명사인 logic과 더불어 본문의 주어가 될 수 없다. 따라서 명사인 Mathematics로 고친다.
2. (D) children은 child의 복수형태이다. childrens→children.
3. (C) parallelism 문제. simplify→simplification.
4. (D) herb는 가산명사이다. kinds of 복수명사. herb→herbs.
5. (D) parallelism 문제. stagnate→stagnation.
6. (A) 본문의 내용상 A를 an object(물체)로 바꾸어야 한다. objective: 목표, 목적.
7. (A) 동사 is로 보아 문장의 주어가 요구되나 A는 형용사로서 주어가 될 수 없다. Sensitive→Sensitivity.
8. (A) 문맥상 A를 주어가 될 수 있는 형태로 바꾸어야 한다. exposed→exposure.

1. The rose, one(A) of the most beautiful of all flowers, is(B) a symbol of fragrance(C) and lovely(D).

2. At one time(A) many person(B) believed(C) that some forked twigs had supernatural powers(D).

3. The directional(A) of the wind(B) is indicated(C) by a weather(D) vane.

4. Genetic material from(A) extinct creatures can be recovered(B) and studied for clues as to a(C) particular species evolved(D).

5. People has(A) always felt the need(B) to express themselves(C) through(D) movement.

6. A sonnet may be defined as a poem(A) of fourteen line(B) with a fixed(C) pattern(D) of meter and rhyme.

7. Only a global(A) is able to accurately represent(B) the shape, orientation, and relative(C) area of the Earth's surface features(D).

8. Sunlights(A) cannot reach(B) far beneath(C) the ocean's surface(D).

연구 및 해답

1. (D) parallelism 문제. 전치사 of의 목적어로 명사형이 적합하다. lovely→love.
2. (B) modifier와 명사의 관계에 관한 문제. person→persons.
3. (A) A가 형용사구인 of the wind의 수식을 받고 있으므로 명사 directions이 적합하다.
4. (C) modifier와 명사의 관계에 관한 문제. 다음에 나타나는 명사 species가 복수이므로 C의 a를 제거한다.
5. (A) people은 복수명사이다. has→have.
6. (B) line→lines.
7. (A) global은 형용사이므로 주어가 될 수 없다. 명사인 globe로 고치는 것이 옳다.
8. (A) Sunlight는 추상명사이다. Sunlights→Sunlight.

1. James Baldwin's Just Above My Head is a revealing(A) book portraying(B) all the lyricism, violent(C), and tenderness that contribute(D) to human interaction.

2. Economists study the relationship between the number(A) of money in(B) circulation and the number(C) of goods being produced(D).

3. Even though Great Bear Lake in(A) Canada is one of North America's deepest(B) lakes, it is icebound for eight month(C) of the year(D).

4. A method has now been(A) developed so that(B) each students(C) can work and learn independently(D).

5. Office(A) buildings, airport terminals, hospitalizations(B), and even private(C) homes have problems(D) with noise control.

6. Demographers investigate(A) the composition, distributed(B), changes(C), and movements(D) in a given population.

7. The idea(A) that learning is a lifelong(B) process has been expressed by philosophers and educations(C) throughout(D) the centuries.

8. Windy(A) contributes to erosion as it blows against(B) rocks, wearing the rocks(C) into tiny fragments(D).

연구 및 해답

1. (C) C는 타동사인 portraying의 목적어로서 부적합하다. violent→violence.
2. (A) money가 셀 수 없는 명사임에 착안할 것. the number→the amount.
3. (C) modifier와 명사의 관계에 관한 문제이다. 따라서 C를 for eight months로 고쳐야 한다.
4. (C) modifier와 명사의 관계에 관한 문제. each+단수명사임. each students→each student.
5. (B) 문맥상 B는 hospitals를 잘못 사용한 것이며 hospitalizations는 추상명사로서 **입원기간**의 뜻이다.
6. (B) 타동사인 investigate의 목적어로서 B는 부적합하다. 따라서 명사 형태인 distribution으로 고쳐야 한다.
7. (C) 동사 expressed로 미루어 보아 C를 educators로 고쳐야 한다.
8. (A) 형용사인 Windy는 주어 역할을 할 수 없으므로 A를 명사 Wind로 바꾸어야 한다.

1. The progress must be carefully controlled so that the company will not grow too fast.
   A B C D

2. As we read a mystery tale or an exciting adventure's story, our minds visualize automatically.
   A B C D

3. Doctor are discovering that there is a strong psychological component to chronic pain.
   A B C D

4. Science and technology are part of the knowledges of educated people.
   A B C D

5. Elephants have so long flexible trunks that they seem clumsy as they walk.
   A B C D

6. It has been estimated that in a few years, twelve percents of Canadians will be senior citizens.
   A B C D

7. Most of authorities agree that the movement's latest ban-the-bomb demonstrations will not lead to an immediate solution to the problem.
   A B C D

8. There are many art galleries in the city of Carmel.
   A B C D

연구 및 해답

1. (A) progress는 셀 수 없는 명사이므로 관사를 붙일 수 없다. The progress→Progress.
2. (B) 명사+명사 결합 구조에 관한 문제. adventure's story→adventure story.
3. (A) B를 is로 바꿀 수 없는 이유는 A의 Doctor는 셀 수 있는 명사이므로 문장속에서 관사를 붙이거나 복수형태로 나타내어야 하기 때문이다. 따라서 A를 Doctors로 고쳐야 한다.
4. (D) knowledge는 추상명사이다. knowledges→knowledge.
5. (A) so가 명사 앞에 놓이려면 부정관사 a가 필요하나 trunk는 복수형이므로 so를 such로 바꾸어야 한다.
6. (B) percent는 복수형태로 사용되지 않는다.
7. (A) Most of 다음에는 정해진 명사가 와야 하므로 A를 Most of the 로 고쳐야 한다.
8. (B) many는 주로 부정, 의문, 조건문에 사용된다는 점에 착안할 것. 따라서 B를 a lot of로 고쳐야 한다.

Ⅵ. Vocabulary

※ Choose the **one** word or phrase that has the same meaning as the **bold-faced** part.

1. Although a newspaper's primary function is to inform, special features are **usually** included for entertainment.
   (A) jointly (B) cautiously
   (C) commonly (D) intentionally

2. The oldest preserved manuscripts are those written on Papyrus, which were **found** in Egyptian tombs.
   (A) protected (B) hidded (C) sought (D) discovered

3. In case of emergency, please **follow** the orders of the train crew.
   (A) post (B) return (C) confirm (D) obey

4. Serious brain damage can **occur** after a person has stopped breathing for two or three minutes.
   (A) happen (B) return (C) continue (D) decrease

5. **Woods** are important in the conservation of water and wildlife.
   (A) swamps (B) canyons (C) creeks (D) forests

6. It is generally believed that the **principal** ancestor of the domestic cat is the Libyan desert cat.
   (A) chief (B) official (C) only (D) probable

7. The governor's **aim** is to increase state income.
   (A) promise (B) duty (C) proposal (D) goal

8. Medieval cities grew rapidly when they had **harbors** nearby.
   (A) merchants (B) castles (C) suburbs (D) ports

연구 및 해답

1. (C) special feature: 특종(특집)기사.
2. (D) preserved manuscripts: 보존된 사본(문서). Papyrus: (고대 이집트, 그리스 로마의)종이.
3. (D) in case of emergency: 비상시에는. train crew: 기차 승무원.
4. (A) 2~3분간 호흡을 중단하고 나면 뇌에 심한 손상이 올 수 있다.
5. (D) conservation: 보존 wildlife: 야생동물.
6. (A) domestic cat: 집고양이.
7. (D)
8. (D)

9. That is a big **load.**

(A) group (B) burden
(C) return (D) issue

10. It is made of **timber.**

(A) plastic (B) metal
(C) wood (D) concrete

11. The artist **captured** the girl's personality in his photograph.

(A) distorted (B) caught
(C) masked (D) flattered

12. The wings of most species of cranes are short but **powerful.**

(A) pliant (B) strong
(C) massive (D) fragile

13. Insect pests are among the **leading** causes of crop failure.

(A) expected (B) chief
(C) natural (D) least

14. Twins do not always display a noticeable **likeness.**

(A) compatibility (B) sensitivity
(C) fondness (D) resemblance

15. Soils are renewable resources that support all **mankind.**

(A) gentlement (B) humans
(C) structures (D) culture

16. X-ray are **basically** a form of radiation.

(A) fundamentally (B) definitely
(C) probably (D) frequently

연구 및 해답

9. (B)
10. (C)
11. (B) personality: 인물. 그 미술가는 자기 사진에 그녀의 인물을 담았다.
12. (B) crane: 두루미.
13. (B) insect pest: 해를 끼치는 곤충. crop failure: 흉작.
14. (D)
15. (B) renewable resources: 다시 새롭게 할 수 있는 자원.
16. (A) radiation: 방열, 방사.

17. The Depression in the United States **lasted** until the beginning of the Second World War.
(A) was avoided (B) continued
(C) had been restrained (D) deteriorated

18. I **admire** his work.
(A) recognize (B) exploit (C) tolerate (D) esteem

19. Many city dwellers are turning **vacant** lots into thriving garden.
(A) costly (B) empty (C) small (D) shady

20. The spear is one of the oldest **weapons** known to man.
(A) instruments (B) tools (C) arms (D) clubs

21. **Formerly**, in the United States, many nurses worked as private duty nurses rather than in hospitals.
(A) Previously (B) Strictly
(C) Officially (D) Periodically

22. In 1961, Wilma Rudolph, an Olympic gold medal winner, was named America's outstanding **amateur** athlete.
(A) woman (B) young
(C) volunteer (D) nonprofessional

23. Glass-fiber cables can carry hundreds of telephone conversations **simultaneously**.
(A) with safety (B) without distortion
(C) in little space (D) at the same time

24. When birds **migrate**, they sometimes fly in formation.
(A) grow new feathers (B) move from one place to another
(C) feel death is near (D) search for food and water

연구 및 해답

17. (B) the Depression: 1929년에 시작된 미국의 대공황.
18. (D)
19. (B) lot: 땅, 부지, 토지의 한 구획. thriving garden: 식물이 번성하는 정원.
20. (C) spear: 창.
21. (A) private duty nurses: (집단에 소속되지 않는)개인간호사.
22. (D) athlete: 운동선수.
23. (D) glass-fiber: 유리섬유. cable: 피복, 전선.
24. (B) in formation: 대형을 이루어서.

Chapter 4
Pronoun

Ⅰ. Goal

인칭대명사의 격변화 및 용법. 재귀대명사의 용법 및 관용적 표현. 지시대명사 및 부정대명사의 성질. one~the other, one~another~the third 등과 같은 표현이해. other와 another 용법 구분. one의 용법. cleft sentence(it be~that)에 관한 이해. 관계대명사의 종류, 격, 용법 및 생략. 관계대명사 that의 특별용법. 복합관계대명사. 관계대명사와 관계부사간의 차이. 유사관계대명사(as, but, than 등). 관계대명사 which와 what의 특별용법. 대명사의 기능(명사의 반복 회피장치). 선행사와 관계대명사 일치. 선행사와 동사의 수 일치. 관계절 구조의 특징.

Ⅱ. Basic Sentences

1. **She** was looking for the teacher. (주격)

2. **She** likes **her** teacher. (소유격)

3. He likes **her**. (목적격)

4. He looked at **himself** in the mirror. (재귀대명사)

   재귀대명사는 동일절 내에서만 적용된다.

   He likes **him**. (그 자신이 아닌 다른 사람)
   He likes **himself**. (바로 자기 자신)

   Mary thinks that [*herself / she] likes John.

위의 예에서 처럼 동일절이 아닌 다른 절에서는 재귀대명사화가 일어나지 않는다. 또한, 공간을 나타내는 전치사 about, above, beside, in front of 와 같은 전치사 다음에는 동일절 내에서도 재귀대명사가 사용되지 않는다.

He looked **about** [him. / *himself.]

Have you any money **on** [you? / *yourself?]

They placed their papers **in front of** [them. / *themselves.]

5. It is awfully hot.(비인칭 대명사)

6. It is true **that he is honest.**

   It은 that 이하를 가리킨다. **It be~that** 가주어, 진주어 구문.

7. It is easy **to swim across the stream.**

   가주어(it)는 진주어(to)이하를 받는다. 주어가 다소 길기 때문에 문미로 이동되었다.

8. It was she [**that** / **who**] met him at the park.

It be~that 강조구문

It be~that 구문에서 강조되는 내용이 사람이면, that 대신에 who(whom)의 사용이 가능하며, 사물일 때는 which, 시간일 때는 when, 장소일 때는 where가 각각 사용 될 수 있다.

9. The **climate** of Korea is different from [**that** of America. / **America's.**]

   대명사 that이 명사 The climate를 대신하여 사용되었다. 이 경우 대명사 that을 사용하지 않고 America's로 표현해도 무방하나 이 표현은 formal expression이 아니다.

   Brown's new **car** is a good **one.**

   대명사 one은 명사 car 대신에 사용되었다.
   그러나, one이 앞에 나온 명사 반복을 피하기 위해서 사용될 때 다음과 같은 제약이 있다.

첫째, 물질, 추상명사 대신에 사용할 수 없다.

John liked red **wine** better than white. (*white one)

둘째, one은 own 다음에는 사용될 수 없다.

He has **a car**. So, he wants to use [his own. / *his own one.]

셋째, 서수, 기수 다음에 나타날 수 없다.

When we have solved the first problem, we will go to **the second.** (*the second one)

넷째, 소유격 다음에 나타날 수 없다.

I will wear [her dress. / *her one. / hers.]

10. [Do you have **a book**? Yes, I have **one**. / I have **a book.** Where is **it**?]

대명사 one은 정해지지 않은 막연한 명사 대신에 사용되며, 대명사 it은 정해진 명사 대신에 사용된다.

11. **Both** of them **are** not rich.

대명사 both는 복수취급 된다.

12. **Those** who like borrowing dislike paying.

대명사 those는 '~사람들'이란 뜻을 가지며, 이 경우 반드시 수식요소가 동반되어야 한다. 반면에, they 혹은 them은 수식요소가 뒤따라오면 사용될 수 없다.

[Those / *They] who work hard deserve some reward.

He asked only [*them / those] he trusted to assist him.

13. Health is above wealth ; **this**(=wealth) can't give so much happiness as **that**(=health). this는 후자, that은 전자를 받는 대명사이다.

이러한 표현으로는, 전자를 언급하는 the former, the first, the one 등이 있고, 후자를 나타내는 the latter, the second, the other 등이 있다.

이러한 장치들은 문장의 의미와 구조의 애매성을 제거하는 기능을 지닐 뿐만 아니라, 문장의 구조를 더욱더 간략하게 만드는 역할을 담당한다.

When Mary visited her mother, **she** was angry.

위의 문장은 사용된 대명사(she)의 지시내용이 애매하다. 왜냐하면 대명사 she가 Mary와 her mother 중에서 어느 것을 지칭하는 가를 알 수 없기 때문이다.

이와 같은 형태가 갖는 애매성을 제거하기 위한 한 방편으로 the former, the latter등이 영어에 나타났다. 위의 문장에서 대명사 she 대신에 이와 같은 장치들 중의 어느 하나를 사용하면 그 애매성이 제거될 것이다.

한편, the former (latter)와 동사의 수일치 문제에 주의해야 한다. 전자 혹은 후자가 가리키는 내용 혹은 대상이 단수이면 단수동사, 복수이면 복수동사가 사용된다.

Of **pigs** and cows, the former [*is / are] the less valuable.

Did he **walk** or swim? The former [*seem / seems] more likely.

14. [**Such** poets **as** Milton are rare.
=Poets **such as**(=like) Milton are rare.]

15. [I have **two brothers; one** resembles Father and **the other** resembles Mother.
I have **three sisters; one** is in Pusan, **another**, in Taegu and **the third**, in Seoul.]

a) 2개(사람) 표시법 : one~the other

3개(사람) 표시법 : one~another~ [the third / the other]

4개(사람) 표시법 : [one~another~a third~ [the fourth / the other]
one~another~ [the others / the rest]]

b) some~ ┌ others
└ the others

정해지지 않은 수에 대해서, 일부는 some, 나머지는 others로 표시하며, 정해진 수에 대해서는, 일부는 some, 나머지들은 **the** others로 나타낸다.

There are many flowers in the garden; **some** are red and **others** are yellow.
There are **ten students**; **some** study German and **the others** study French.

16. ┌ Do you **know who** he is?
└ **Who** do you **think** he is?

간접의문문임. 간접의문문은 A라는 의문문이 다른 문장속에 내포된 형태를 말하는데, 이 때 의문문 그대로 내포되지 않고, **의문사+주어+동사** 순으로 매입된다.

또한, yes 혹은 no로 답할 수 있는 동사(see, know...)가 사용된 의문문에서는 의문사가 문중에 위치하지만, yes 혹은 no로 답할 수 없는 동사(think, believe...)가 사용된 의문문에서는 의문사가 문두로 이동된다.

I know ┌ *who is he.
└ who he is.
의문사 주어 동사

┌ Do you think?
└ Who is he?

→Do you think ┌ *who is he?
└ *who he is?

Who do you **think** he is?
(의문사 문두 이동)

┌ **Who** do you guess the man is?
└ **Can** you guess **who** the man is?

동사 guess가 **can**과 함께 사용될 때는 **Yes** 혹은 **No**로 답할 수 있는 형태이기 때문에 의문사가 문두로 이동되지 않는다.

17. ┌ Most of **the** students don't like English.
└ =Most students don't like English.

18. ┌ My wife, who lives in Seoul, is very beautiful.
└ My wife who lives in Seoul is very beautiful.

의미, 형태 일치 원리 참조.

19. The lady **who is** sitting there is our teacher.

관계대명사가 사용된 문장에서는 선행사와 관계대명사가 일치되어야 한다.

즉 선행사가 사람이면 관계대명사 who(whom, whose), 사물이면 which(whose, of which), 선행 사가 나타나지 않으면 what 혹은 복합 관계대명사 whoever(whichever)를 선택한다.

또한, 주격 관계대명사가 사용된 문장에서는 선행사 수와 동사의 수를 동일하게 한다. 위의 문장에서는, 선행사 The lady가 사람인 동시에 단수형태이므로 관계대명사 who와 단수동사 is가 옳게 사 용되었다.

He has **a dog** which **barks** furiously.

선행사 a dog이 사람이 아니고 사물에 해당되므로 관계대명사 which가 사용되었으며, 또한 그 선행사가 단수이므로 단수 동사 barks가 사용되었다.

He has **two dogs** which **bark** furiously.

선행사 two dogs가 복수이므로 동사 bark도 복수이다.

한편, 선행사가 사람일때도 관계대명사 who를 사용하지 않고 which를 사용하는 경우가 있는데, **모욕적인 뜻**을 반영한다. 즉

The lady **which** is sitting over there is my teacher.
(저기에 앉아있는 인간답지도 못한 사물과 같은 저 여자가 나의 선생이다.)

이러한 표현은 특정한 사회적인 상황에서만 가능하다. 우리는 formal expression에서는 이러한 표현이 무시된다는 점에 유념해야 한다.

20. The house ┌ **the windows of which** ┐ are broken is unoccupied.
│ =**of which the windows** │
└ =**whose windows** ┘

관계대명사의 소유격이 사용된 문장이다.

21. I know the man (**whom**) you met yesterday.

관계대명사 whom이 타동사 met의 목적어이므로 생략가능하다. 관계대명사가 타동사 혹은 전치사의 목적어로 사용될 때는 생략이 가능하다.

또한, **관계대명사+be**의 생략은 다음과 같은 경우에 가능하다.

The police rounded the men (who were) **known** to have been in the building at that time.
과거분사

The men (who were) **responsible** for the administration of the school refused to consider the
형용사
matter.

He spoke to the man (who was) **from** New York.
전치사

The man (who is) **standing** over there is my friend.
현재분사

the car
- that will be — repaired by that mechanic
- that is — being repaired by that mechanic
- that was — being repaired by that mechanic

22.
- He is the man **who** I think is honest.
- He is the man **whom** I think to be honest.

관계대명사가 사용된 문장의 특징중의 하나는 **관계대명사절의 내용과 그 선행사를 합치면 반드시 하나의 문장을 이루어야 한다**는 점이다. 다시 말하면, 관계대명사절 그 자체는 주어, 목적어, 보어 중에 어느 한 요소가 빠져 있다. 이 하나의 문장을 이루지 못하는 요소들과 선행사를 합치면 하나의 문장을 이루어야 한다는 것이다. 선행사가 문장을 이루기 위해서 관계대명사절의 어느 위치에 놓이느냐에 따라, 주격, 소유격, 목적격 관계대명사가 선택된다.

예를 들어, 위의 문장에서, 관계대명사절 내용은 **I think is honest, I think to be honest** 인데 각각 하나의 문장을 형성하지 못하고 있다. 전자가 문장을 이루려면 그 선행사(the man)가 is의 주어 위치에 놓여, I think the man is honest. 가 되어 문장을 이룬다.

이때 주어 위치에 놓여서 문장을 이루었기 때문에 주격 관계대명사 who가 선택되었으며, 후자는 선행사가 타동사 think의 목적어 위치에 놓여서, I think the man to be honest.라는 하나의 문장을 형성하게 된다. 이 경우에 선행사가 목적어 위치에 놓여서 문장을 형성하기 때문에 관계대명사 목적격(whom)이 선택되었다.

한편, 관계부사와 관계대명사의 차이점은 관계부사 이하는 그 자체로 하나의 완벽한 문장을 형성해야 한다는 점이다.

The day **when** he arrived in London was the last of December.

when이 관계부사로 사용되었다. 관계부사절 이하 **he arrived in London**이 하나의 완전한 문장을 형성하고 있다.

23. a) What I want **is** a book.
    b) What I want **are** books.

관계대명사 what은 선행사를 그 자체에 포함하고 있기 때문에 표면적으로 나타나지 않는다. 따라서 술어동사의 선택은 다음에 나타나는 명사의 수에 의해서 일반적으로 결정된다.

a)는 술부를 이루는 명사 **a book**이 단수이므로 단수동사 is가 사용되었고 b)는 술부를 이루는 명사 books가 복수이므로 복수동사 are가 사용되었다.

한편, 관계대명사 what이 사용된 문을 잘 관찰해 보면, what이하는 문장을 이루는 요소 중의 하나가 빠져있다는 사실을 알 수 있다.

즉 a), b) 두 문장 모두 타동사 want의 목적어가 빠져있다. 그러면 이 타동사의 목적어는 어디로 갔는가? 관계대명사 what을 **the thing(s) that**으로 풀어보면 a)는 술어동사 is가 단수이므로 그 선행사로 **the thing**을 b)는 술어동사 are가 복수이므로 그 선행사로 the things로 각각 생각해 볼 수 있는데 이들이 바로 타동사 want의 목적어이다. 이러한 관찰은 다음과 같은 문장을 잘 이해할 수 있게끔 해준다.

[*What / That] he is honest is true.

이 경우 what이 사용될 수 없는 이유는 관계대명사 what이하는 무엇인가 빠져있어야 하는데 'he is honest'가 완전한 하나의 문장을 형성하고 있기 때문이다. 따라서 what은 사용될 수 없고, 접속사 that이 선택되었으며 또한 접속사 that 다음에는 완벽한 하나의 문장이 나타남을 알 수 있다.

I know [*that / what] snow is like.

I know [that / *what] snow is like down.

24. She is the perfect accountant [*who / that / which] her predecessor was not.

선행사가 사람을 나타내는 명사 accountant이지만, 선행사가 be동사의 보어일 경우에는 관계대명사 that 또는 which만 가능하다.

Our chairman is no longer the financial wizard [that / which] he used to be.

25. [He is not the man **that** he was.
=He is not **what** he was.(그는 과거의 그가 아니다.)]

26. This is [**all** / **everything** / **the best** / **the only copy**] there is.

존재를 나타내는 절 즉, there is 그 자체는 위와 같은 선행사를 갖고서 관계대명사의 제한적 용법의 기능을 한다.

27. The first thing that he wanted was water.

관계대명사 that의 특별용법.

관계대명사 that은 다른 관계대명사와는 달리 제약성이 너무 강하여 이미 제한된 명사를 선행사로 취하는 계속적 용법에는 사용되지 않는다.

This is the very man [, *that / that] is very idle.

한편, 반드시 제한될 필요가 있는 명사 all, everything, anything 등과 같은 명사가 선행사로 나타나는 경우에는 제약성이 강한 that이 일반적으로 사용된다.

All that you have to do is (to) study hard.
I understand **everything that** you are saying.

28. Whatever you may do, you can't succeed without perseverance.

whatever가 복합관계대명사로 사용된 문장이다.

whatever는 부정의 문장에서, 명사 바로 뒤에 놓여 **전혀, 도대체**의 뜻을 지니기도 한다.

He has no sense **whatever.**
(그는 센스라곤 전혀 없다.)

29. ┌ There is **no one but** knows it.
└ =There is **no one that doesn't** know it.

but이 유사관계대명사로 사용되었다. 이 경우 but 이하는 부정의 뜻을 포함하게 된다. 또한 but 앞에는 부정을 나타내는 내용이 반드시 나타난다.

한편, than과 as도 유사 관계대명사로 사용되기도 하는데 이 경우 than은 선행사로 비교급을, as는 the same, as 혹은 such를 각각 취한다.

This **is the same** fountain pen **as** I lost yesterday.
The curio was **more** valuable **than** was supposed.

30. This is the place [**in which** / =**where**] he was born.

전치사+관계대명사는 관계부사로 대치될 수 있다.

31. *John **he** likes music.

불필요하게 대명사 he가 사용되어서 이중 주어가 사용된 문장이다. 대명사와 고유명사간에는 위에서와 같이 부분적인 동격을 형성할 수 없고, 다음과 같이 완전동격으로만 가능하다.

He, John, likes music.
완전동격

32. ┌ Here is a map of **France. It** is one of the largest countries of Europe.
└ **Korea** has been able to increase **her** exports so far.

국가명은 일반적으로 정치, 경제면에서는 여성, 지리적인 면에서는 중성 취급된다.

33. ┌ Her bravery was **such that** it astonished everyone.
│ =**Such** was her bravery **that** it astonished everyone.
└ =Her bravery was **such as** to astonished everyone.

such가 대명사로 사용되었다.

위 문장을 부사 so를 사용해서 다음과 같이 나타낼 수 있다.

She was **so** brave **that** she astonished everyone.

Ⅲ. Further Studies

A. some/any 용법 구분

a) some은 주로 긍정문에, any는 부정, 의문, 조건문에 사용된다.

I want **some** books.(긍정, 평서문)
Do you have **any** friend there?(의문문)
Scarcely [*some / any] of us had any experiences in sailing.

b) some, any 모두, 대명사로 사용되기도 한다.

I want **some of** them.
We didn't see **any of** the boys.

some, any 모두 부사로 사용될 수 있는데, 이 경우 some은 **다소, 얼마간**이란 뜻을 지니며, any는 비교급 또는 too와 함께 사용되어 **조금도 않다**는 뜻을 지닌다.

He seemed [**some** / =somewhat] annoyed.(구어체)

일반적으로 any가 부정, 의문, 조건에 사용되지만, 형태는 의문, 조건문이라 할지라도 말하는 사람의 심중에 긍정의 느낌이 강하거나 또는 어떤 일을 권유, 간청하는 경우에는 some이 사용된다.

Would you have **some** more coffee?(권유)
May I have **some** wine?(간청)

B. -one/ -body 구분

-one(someone, no one, anyone)은 공간적 그리고 심리적인 의미에서의 거리를 나타내 주거나 다소 확정적이고 제한된 집단 혹은 사람들을 지칭하기 위해서 사용되고, 반면에 -body(somebody, anybody, nobody)는 단순히 공간적인 거리만을 나타내 주는 문장에서 사용된다.

Everybody knows that Bombay is in Asia.
Everyone **here** will have heard of Bombay.

This present is for [someone / *somebody] very dear to me.

위의 문은 나에게 매우 소중한 사람 즉 심리적 요인이 포함되어 있기 때문에 somebody는 사용될 수 없다. 그러나 다음의 문장에서는 단순히 공간적인 거리만을 나타내기 때문에 anybody가 사용 되었다.

"Who should introduce the speaker?" I asked.
"Oh, [anybody / *anyone] ", he replied disinterestedly.

한편, everybody와 everyone은 of phrase의 수식을 받을 수 없다.

He has read [every one / *everyone / *everybody] of these books.

또한 none은 일반적으로 사람에 대해서 사용되지 않으며 사람에 대해서 언급할 경우에 none of 명사 혹은 no one, nobody 형태가 자주 사용된다.

None of us know how to treat her.

[No one / *None / Nobody] could imagine a great woman painter.

C. 관계대명사 제한적, 계속적용법의 제약

관계대명사 제한적용법은 선행사가 이미 확정된 명사일 때는 사용될 수 없는데 그 이유는 이미 제한되어 있는 확정명사를 또 다시 제한적용법을 사용하여 제한시킬 필요가 없기 때문이다.

한편, 계속적 용법은 선행사로 each, all, every, any, some 등과 같은 양화사가 포함된 비확정명사가 나타날 수 없다.

그 이유로서는, 관계대명사의 계속적용법은 선행사와 관계절 사이에 완전동격을 이루어야 하기 때문이다. 그러므로 선행사로 반드시 확정명사가 와야 한다.

a) This is **my car**, which I bought last month.
　　확정명사

*This is my car which I bought last month.
This is the car which I bought last month.

b) **His young daughter**, who lives in New York is an actress.
　　확정명사

*His young daughter who lives in New York, is an actress.

c) **John**, who is from South, hates cold weather.
　　확정명사

*John who is from South, hates cold weather.

d) Mary plays **the piano**, which I find impressive.
　　확정명사

*Mary plays the piano which I find impressive.

e) **Paris**, which I love is a beautiful city.
　　확정명사

*Paris which I love is a beautiful city.

f) I won't see [**any person** (비확정명사) / **any one** (비확정명사)] [who / *, who] has not an appointment.

g) **Every book** (비확정명사) [which / *,which] is written to deceive the reader should be banned.

h) **Any man** (비확정명사) [who / *, who] is a member can do that.

i) **All the members** (비확정명사) [who / *, who] wish to attend the party should be here at five.

관계대명사의 제한적 용법에서, 그 선행사로서 이미 확정되어 있는 정해진 명사가 올 수 없는 이유는, 이미 확정되어 있는 명사를 또 다시 제한한다는 것은 무의미하기 때문이다.

즉, d)에서 the piano가 확정명사인 이유는 관계대명사절의 수식을 받은 후에 **a piano**가 **the piano**로 바뀐 것이 아니라, 관계대명사절의 수식을 받기 이전에 이미 확정된 명사(the piano)로 나타나기 때문이다. 이에 반하여, 비확정명사가 선행사로 사용된 문장들(f~i)은 이들을 확정시킬 필요가 있으므로 관계대명사 제한적 용법이 사용되어야 한다.

D. 관계대명사 which의 용법

다른 관계대명사들이 선행사로 명사를 취하는 것과는 달리, 관계대명사 which는 구, 절, 명사, 형용사 모두를 취한다는 것이 관계대명사 which의 특징이다.

I had forgotten **to draw the curtain**, which I usually did.
선행사

She was **proud**, which Mary never was.
선행사

You say **money is everything**, which I believe is wrong.
선행사

I **found the book on my desk**, which was quite unexpected.
선행사

E. 부정관계절

부정관계절이란 부정사와 관계대명사가 동시에 사용된 절을 말한다. 이 구조의 특징은 관계대명사 앞에 전치사가 있을 경우에만 가능하다는 점이다. 부정관계절은 formal, standard, written expression에서는 사용이 기피된다.

*He is looking for something **that to do**.
부정관계절

(전치사가 관계대명사 앞에 놓여 있지 않기 때문에 엄격한 의미에서는 부정관계절로 간주할 수 없음)

He is looking for something **to do**.
부정사(형용사)

He is looking for something **that he should do**.
관계대명사(형용사)

*This is a good place **in which to live.**(구어체에서는 사용가능)
*This is a good place **which to live in.**
This is a good place **to live in.**
부정사(형용사)
This is a good place **which we should live in.**
관계대명사(형용사)

그 이유는 위의 예에서 우리가 관찰할 수 있는 것처럼, 부정관계절은 동일한 의미 기능을 지니고 있는 부정사(형용사)와 관계대명사(형용사)가 중복 사용되어 구조적인 잉여성을 보여주기 때문이다.

F. It be -that 강조구문의 제약

이 구문은 다음과 같은 제약을 지니고 있다.
첫째, 보어로 사용된 어구와 something, anything, nobody, someone 등과 같은 비확정명사를 강조할 수 없다.

*It was **a spy** that Mary was.(a spy는 was의 보어)
*It is **a teacher** that she is.(a teacher는 is의 보어)
*It is **haughty** that he is.(haughty는 is의 보어)

*It was **nobody** that I met yesterday.
*It was **something** that he told me.
It was **something new** that he told me.

이와 같은 명사가 신정보인 수식요소를 동반하여 좀 더 구체적인 명사로 전환될 때는 사용이 가능하다.
둘째, 구정보를 제공하는 since나 as절을 강조할 수 없다.

It is [because / *since / *as] you are lazy that you lost your job.

셋째, 간접목적어를 강조할 수 없다.

*It was **John** that he gave the book.
It was John that he gave a book to.
It was to John that he gave the book.

G. 대명사 that/one 용법 구분

대명사 one은 일반적으로 단수, 셀 수 있는 명사 대신에 사용되며, 대명사 that은 셀 수 없는 명사 대신에 사용된다.

This book is more interesting than [the one / *that] I read last week.

book이 단수 보통명사이므로 that은 사용될 수 없다.

The weather in this city is similar to [that / *the one] in my hometown.

명사 weather가 추상명사이므로 대명사 one은 사용될 수 없다.

한편, 복수명사에 대해서는, those 혹은 the ones 모두 사용 가능하다.

The students in this class have to work harder than [those / the ones] in his class.

The blonde girls I saw were older than [the ones / those] you were dancing with.

그러나, 전치사구 **of+명사**의 수식을 받는 경우에는 단수, 복수명사를 막론하고 that(those)만 사용 가능하다.

The life expectancy of blacks in 1850 was shorter than [that / *the one] of white Americans.

The songs of Bob Dylan are more popular than [those / *the ones] of Leonard Cohen among young people.

Ⅳ. Structure

1. Pasteurization is a heating process _______ bacteria in milk.
   (A) kills (B) that kills (C) that it kills (D) that kills it

2. _______ in a cell that enable complicated chemical reactions.
   (A) It is the enzymes (B) the enzymes are
   (C) The enzymes (D) Because the enzymes

3. Almost one-third of Alaska is forest-covered, ______ contains the two largest national forests in the United State.
   (A) in the state (B) when the state
   (C) in which the state (D) and the state

4. Seminole Indian warriors wore egret feathers ______ hair.
   (A) in (B) there (C) in their (D) were in

5. There are several geographical areas in the United States ______ have a semitropical climate.
   (A) those (B) whose (C) that (D) they

6. The Little White House in Warm Springs was the Georgia home of President Franklin D. Roosevelt, ______ there on April 12, 1945.
   (A) who died (B) died (C) while died (D) he died

7. ______ the human body to age is a matter of constant debate.
   (A) What causes (B) Does it cause
   (C) What does it cause (D) Whatever it is causes

8. Nancy Ward, _____, was the legendary "Pocahontas of the West."
   (A) was a Cherokee leader (B) whom a Cherokee leader
   (C) a Cherokee leader (D) of a Cherokee leader

연구 및 해답

1. (B) A는 두 문장을 연결시켜 주지 못하며, C와 D는 각각 it이 불필요하다.
2. (A) It~that 강조구문.
3. (D) 접속사 and가 두 개의 문장을 연결해 주고 있다. C는 관계대명사절로서 부적합하다.
4. (C) warriors가 복수명사이므로 C가 옳다. A는 명사 hair가 막연한 의미가 되기 때문에 정답으로 부적합하다.
5. (C) 동사 have로 보아 관계대명사 주격이 적합하다.
6. (A) 선행사가 사람이므로 A가 옳다. B와 D는 두 문장을 연결해 주지 못해서 답이 될 수 없다.
7. (A) cause A to. What(S) causes(V) the human body(O) to age~(O.C)
8. (C) 동격명사에 관한 문제. 문장의 주어 Nancy Ward와 동격이 될 수 있는 형태를 선택한다.

1. No rules exist for the ______.
   (A) events of a story are presented in order
   (B) order in which the events of a story are presented
   (C) story's events in the order in which they are presented
   (D) events are presented in the order of the story

2. Through microscopes people can see objects that ______ to the naked eye.
   (A) invisible (B) the invisible
   (C) are invisible (D) are the invisible

3. Among the hardier wheat species, ______ grow especially well in the dry soil of mountainous region.
   (A) a few (B) while a few (C) except a few (D) do a few

4. A logarithm is _____ in algebra as an exponent.
   (A) known that (B) known what it is
   (C) what is known (D) what it is known

5. Do you know the woman _____ was hurt in the accident?
   (A) which (B) who (C) whom (D) whose

6. A number is an abstraction _____ no physical existence.
   (A) has (B) that has (C) to have (D) which it has

7. It is a widely held theory _____ the ancestral prototype of the flowering Asterales was a woody plant, perhaps a small tree.
   (A) where (B) until (C) while (D) that

8. That city is still _____.
   (A) a good place in which to live (B) a good place to live
   (C) a good place to live in (D) a good place which live

연구 및 해답

1. (B) B는 관계대명사가 사용되어 두 개의 문장을 올바르게 연결해주고 있다. the events of a story are presented in the order.
2. (C) visible: 볼 수 있는, audible: 들을 수 있는, invisible: 볼 수 없는. that이 관계대명사 주격으로 사용되었다.
3. (A) 문장의 주어가 필요하다.
4. (C) 관계대명사 what은 선행사 그 자체를 포함한다.
5. (B) 선행사가 사람이고 다음에 동사가 나오기 때문에 주격이 적합하다.
6. (B) 수식 요소 즉 관계대명사절이 적합하다. C도 부정부사구로서 수식기능을 갖지만 to-부정사는 미래의 일, 일시적 현상을 기술할 때 사용된다는 점에 유의하라.
7. (D) 대명사 it은 that이하를 가리킨다.
8. (C) 부정관계절이 사용된 A는 standard, written expression에서 사용되지 않는다.

1. The project is a huge undertaking, and I doubt whether he will be able to do all the work by ______.
   (A) him (B) himself (C) he (D) his
2. _____ that is found is valuable.
   (A) Not every pearl (B) Every pearl that is not
   (C) It is not every pearl (D) When not every pearl
3. Characters in realistic literature tend to be more complex than _____.
   (A) romantic literature (B) those in romantic literature
   (C) those are romantic literature (D) romantic literature in
4. Venus is perpetually covered by thick, opaque clouds _____ the planet's surface from view.
   (A) that they shield (B) the shield is
   (C) they shield (D) that shield
5. Gromwell is a weedlike plant _____ along the sides of roads.
   (A) often that grows (B) grows often that
   (C) grows that often (D) that often grows
6. With the start of the penny papers in the 1830's the number of people ______ a newspaper rose considerably.
   (A) regularly reading (B) were reading regularly
   (C) regularly reading what (D) who reading regularly
7. A vacuum is a space that _____ matter in it.
   (A) minus (B) lacking (C) not having (D) has no
8. Nearly all trees have seeds that fall to the earth, take root, and eventually ______.
   (A) generate new seeds (B) new seeds generated
   (C) by generation new seeds (D) new seeds generated there

연구 및 해답

1. (B) 재귀대명사 용법에 관한 문제. by oneself: 혼자서.
2. (A) that이 관계대명사 주격이므로 is found의 주어가 될 수 있는 형태가 와야 한다.
3. (B) 비교구문에서 비교되는 대상간에는 parallelism을 이루어야 한다. 따라서 A는 답이 될 수 없다. B의 those는 characters를 받는다.
4. (D) A는 they가 불필요하며, B, C는 두 문장을 연결시키지 못한다. 관계대명사절 구조의 특징은?
5. (D) 선행사가 주격인 것으로 보아 관계대명사 주격이 와야 한다.
6. (A) people(who were) regularly reading.
7. (D) 문맥상 관계대명사의 주격이 와야 하므로 동사의 구실을 못하는 B, C는 답으로 부적합하다. 또한 A는 의미상 답이 될 수 없다. 관계대명사절 구조의 특징에 착안할 것.
8. (A) 관계대명사 that 이 주격으로 사용되었고 접속사 and 앞, 뒤에는 동일한 구조가 나타난다.

1. ______ are afraid of snakes.
   (A) Most of people (B) More of people
   (C) Most people (D) The most people

2. The houses of the rich are much larger than _____ of the poor.
   (A) one (B) them (C) those (D) that

3. A number of suggestions were made at the meeting, _____ were not practical.
   (A) most of which (B) most of them
   (C) one of which (D) one of them

4. The work will be completed in _____ five days?
   (A) other (B) the other (C) another (D) the others

5. Do you know ______ ?
   (A) what time the movie starts
   (B) what does the movie start
   (C) what is the time the movie start
   (D) what time starts the movie

6. Those of us who wish to stay in shape should get ______ blood pressure checked regularly.
   (A) his (B) one's (C) our (D) their

7. Although he will be away on a world tour during my visit, he has referred me to a good friend of _____.
   (A) he (B) him (C) he's (D) his

8. The trumpter swan is probably the heaviest flying bird _____ is.
   (A) it (B) there (C) what (D) each

연구 및 해답

1. (C) A는 Most of the 이면 옳음.
2. (C) 앞에 나온 복수 명사 The houses를 받을 수 있는 대명사는? B는 수식요소가 뒤따를 때 사용이 불가능하다.
3. (A) B는 run-on sentence임. A와 C는 관계절로서 두 문장을 연결시켜주나, C는 동사가 were이므로 수 일치를 위반하고 있다.
4. (C) another+수사+복수명사.
5. (A) 간접의문문에서 어순은?
6. (C) 본문의 주어는 Those of us 이다. 이 경우 **근접원리**에 따라 us가 동사의 수와 소유격 형태를 결정한다.
7. (D) 이중 소유격 구조임.
8. (B) bird (that) there is. Basic Sentences 26번 참조.

Ⅴ. Written Expression

1. Private radio stations in the United States are supported(A) by the money received(B) from advertisers whose(C) buy time to broadcast sales(D) messages.

2. The leaves of the yucca are usually point(A), stiff, and narrow(B), with(C) sawlike or fibrous edges(D).

3. Heart Like a Wheel is the movie biography(A) of Shirley Muldowney, a waitress(B) from Schenectady, New York, whom(C) became a successful(D) hot-rod driver.

4. The adder is a snake has(A) a relatively(B) stout body, a short tail(C), and a flat head(D).

5. Zoologists have determined that(A) each deer usually has(B) many mates in(C) the(D) lifetime.

6. Aara Mayo, a physician(A) and surgeon, helped establish(B) the New Orleans hospital who(C) became(D) her name.

7. Subject bibliographies vary-in(A) size, and method(B), according to(C) the purpose for which it is(D) designed.

8. An internationally famous ballerina(A), Maria Tallchief demonstrated(B) that quality of the ballet in the United States could equal those(C) of the ballet in Europe(D).

연구 및 해답

1. (C) 동사 buy로 보아 주격 관계대명사가 와야 한다. whose→who. D는 명사와 명사 결합구조의 예외에 속함.
2. (A) be동사인 are의 보어가 되려면 A가 형용사가 되어야한다. point→pointed.
3. (C) whom→who.
4. (A) a snake와 has를 연결하는 관계대명사가 필요하다.
5. (D) the→its.
6. (C) 선행사가 사물이므로 who를 which 혹은 that으로 고쳐야 한다.
7. (D) subject bibligraphies의 대명사로서 it은 옳지 못하다. 따라서 D를 they are로 고쳐야 한다.
8. (C) 명사 quality가 단수이므로 C를 that으로 고쳐야 한다.

1. Vegetable oil is an oil that come from seeds, flowers, or fruits.
A B C D

2. The term "social interaction" refers particularly to contact between persons what depend on each other.
A B C D

3. Edward Albee's early plays are marked by themes associated with the theater of the absurd, in whom characters suffer from an inability to communicate meaningfully.
A B C D

4. Theodore Kenneth Laweless, a physician, became known for him work in the field of dermatology.
A B C D

5. The period during when people learned to smelt iron is called the Iron Age.
A B C D

6. One takes about six months for a person to master the techniques of typing.
A B C D

7. Most of we know that conductors direct their orchestras with a baton, but how many are aware that they also direct with their faces, hands, and shoulders?
A B C D

8. This kind of bread is different from that.
A B C D

연구 및 해답

1. (B) 관계대명사의 선행사 an oil이 단수임에 착안할 것. come→comes.
2. (D) 관계대명사의 선행사가 persons 이므로 D를 who로 고친다.
3. (A) 관계대명사의 선행사가 the theater of the absurd이다. whom→which.
4. (C) 소유격과 명사의 관계는 수식어와 피수식어의 관계이다. for him→for his.
5. (A) 전치사 during이 있기 때문에 관계부사 when은 부적합하다. when→which.
6. (A) It takes+시간~to+동사 : ~하는데 ~시간이 걸리다. One→It.
7. (A) 전치사 of 다음에 목적격이 와야 한다. 따라서 A를 of us로 바꾼다.
8. (D) 명사 bread가 보통명사로 전용되었으므로 D를 that one으로 고쳐야 한다.

1. Many flowers have smells that attract the birds or the insects that help fertilize those.
A B C D

2. Because their use dead matter as food, mushrooms hasten the return of nutrients to the soil.
A B C D

3. Tenant farmers are those they either rent a farm and work it for themselves or work the
A B C
farm for the owner and receive payment.
D

4. Garlic is an herb grown for his pungently flavored bulb, which is used to season foods.
A B C D

5. Ella Grasso was the first woman governor in the United States to be elected on her own
A B
merit, not as a replacement for the husband.
C D

6. Benjamin Banneker's aptitude in mathematics and knowledge of astronomy enabled himself to
A B C
predict the solar eclipse of 1789.
D

7. People which live in a metropolitan area often have little feeling of political unity among
A B C D
themselves.

8. Culture and society are so interdependent that they do not occur without each another.
A B C D

연구 및 해답

1. (D) 타동사 fertilize의 목적어가 필요하다. 따라서 D를 them(many flowers)으로 고친다. 대명사 those는 수식어가 있을 때만 사용가능하다.
2. (A) 동사 use로 보아 A를 주격으로 고쳐야 한다. their→they.
3. (A) 선행사가 사람을 나타내는 주격이기 때문에 관계대명사도 주격이어야 한다. they→who.
4. (A) 대명사(his)가 잘못 사용되었으며, garlic은 중성명사임. his→its. season : (음식) 양념을 치다.
5. (D) 본문의 내용상 Ella Grasso의 husband 이므로 D를 her로 바꾸어야 한다.
6. (C) 본문의 주어는 Benjamin Banneker이 아니라 aptitude와 knowledge이다. 따라서 himself를 him으로 고쳐야 한다.
7. (A) 선행사가 사람이다. which→who.
8. (D) another→other. each other.

1. Our urge (A) to classify different life forms and give us (B) names seems (C) to be as old (D) as the human race.

2. Observing involves (A) not only looking and listening (B), but also thinking (C) about that (D) you see and hear.

3. None of these reference materials have (A) the information (B) that he has been (C) looking for (D).

4. Playing jokes on (A) April Fool's Day is a common practice in many regions, although none (B) knows how (C) the tradition began. (D)

5. One (A) of the most (B) important aspects (C) of an office management are (D) personnel management.

6. The fax that (A) Mr. Gerald sent it (B) from (C) Toronto is incomplete (D).

7. Hundreds (A) of wildlife refuges have been established throughout (B) North America to provide (C) animals with a safe place in which to live (D).

8. He gave me several (A) reasons, (B) only a few of them (C) were valid. (D)

연구 및 해답

1. (B) 본문의 내용상 B는 life forms를 가리키므로 them으로 고쳐야 한다. '각기 다른 생명체를 분류하고 그들에 이름을 부여하려는 욕망은~'.
2. (D) 관계대명사의 선행사가 없으므로 D를 what 으로 바꾼다.
3. (A) 본문의 주어는 단수동사를 요하는 None이다. have→has.
4. (B) none은 none of 명사 형태로 사람 혹은 사물에 대해서 사용된다. 사람에 대해서 지칭하는 경우 일반적으로 no one 혹은 nobody가 사용된다. no one과 nobody의 구분에 대해서는 대명사 **Further Studies** 참조할 것. none→nobody 혹은 no one.
5. (D) 본문의 주어가 One 임에 착안할 것. are→is. **비간섭원리** 참조.
6. (B) 관계절의 특징에 관한 문제. B의 it이 불필요하다.
7. (D) 부정관계절에 관한 문제. D를 to live in 으로 고쳐야 한다.
8. (C) Run-on sentence임. C를 접속 기능을 지닌 which로 바꾼다.

Ⅵ. Vocabulary

※Choose the **one** word or phrase that has the same meaning as the **bold-faced** part.

1. Seasonal variations in tides are due **mainly** to the gravitational pull of the moon.
   (A) merely (B) mostly (C) likewise (D) somewhat
2. In 1777 publisher Mary Katherine Goddard printed the first copies of the Declaration of Independence that **included** the names of the signers.
   (A) questioned (B) discovered
   (C) deciphered (D) contained
3. After many of unsuccessfully **endeavoring** to form his own orcherstra, Glenn Miller finally achieved world fame in 1939 as a big band leader.
   (A) requesting (B) trying (C) offering (D) deciding
4. By 1900, many municipalities had begun to **restrict** the use of automobiles in order to ensure pedestrian safety.
   (A) test (B) limit
   (C) standardize (D) prohibit
5. Nitrogen is the most plentiful gas in the **atmosphere.**
   (A) water (B) earth (C) body (D) air
6. The government has decided to make **a shift** in policy.
   (A) an alteration (B) a fact
   (C) a controversy (D) an upheaval
7. The movement toward equality of rights had some **antecedents** that helped the cause of aspiring women.
   (A) elements (B) procedures (C) precedents (D) justification
8. Food must be **moist** in order to have a taste.
   (A) appetizing (B) nutritious (C) damp (D) chewed

연구 및 해답

1. (B) variation : discrepancy, difference, disagreement, inconsistency.
2. (D) include : contain, comprise, cover, enclose.
3. (B) endeavor : try, effort, strive, attempt, labor, struggle.
4. (B) restrict : confine, limit, restrain, bound, cramp.
5. (D) plentiful : abundant, ample, affluent, opulent, bountiful.
6. (A) shift : alteration, change, controversy, dipute, argument, quarrel.
7. (C) antecedent : 선례.
8. (C) appetizing : 맛있는. nutritious : 자양분이 많은.

9. The Crab nebula, a striking formation in the constellation Taurus, may be the most thoroughly **investigated** object of modern astrophysical science.
(A) scrutinized (B) admired
(C) repudiated (D) invested

10. Can this be a **duplicate** of the document?
(A) summary (B) revision
(C) outline (D) copy

11. The new critics **concurred in** their emphasis on dealing with the next directly.
(A) behaved wrongly in (B) united in
(C) acted sheepishly in (D) rebelled with

12. Devaluation is an official decrease in the par value of a nation's **currency.**
(A) money (B) taxes (C) prices (D) wealth

13. We cannot accurately **predict** how much of the carbon dioxide released by factories as waste will remain permanently in the atmosphere.
(A) surmise (B) foretell (C) verify (D) swear

14. Cape Hatteras is a **projecting** piece of land at the entrance of Pamlico Sound, North-Carolina.
(A) sandy (B) hilly (C) protruding (D) promising

15. Although research has shown that asparagus does contain many important nutrients, it is not, as it was once regarded, **a panacea.**
(A) an anomaly (B) a delicacy
(C) a life-form (D) a cure-all

16. In North America, the first canoes were constructed from logs and **propelled** by means of wooden paddles.
(A) carved (B) decked
(C) driven forward (D) carried upright

연구 및 해답

9. (A) investigate : search, explore, examine, inspect, scrutinize.
10. (D) duplicate : an exact copy of something.
11. (B) concur : agree, be of the same opinion, cooperate.
12. (A) currency : money, coin, bank notes, cash.
13. (B) predict : foresee, foretell, forecast.
14. (C) project : protrude, stick out, bulge.
15. (D) panacea : a cure-all.
16. (C) propel : drive, push, impel, stimulate.

17. Since the opening of the St. Lawrence Seaway in 1959 made Milwaukee a major port, both its **population** and area have increased greatly.
(A) popularity (B) accessibility
(C) number (D) level of culture
18. Because of its unusual **properties,** cork is useful for many purposes.
(A) qualities (B) benefits (C) styles (D) merchandise
19. This theory covers the whole **realm** of science.
(A) experiment (B) background
(C) field (D) reality
20. You should be a **thrifty** housewife.
(A) frugal (B) stingy (C) cheerful (D) careful
21. His reasoning was **fallacious.**
(A) logical (B) obvious
(C) misleading (D) sensible
22. All depends on the charmer's **dexterity** and his knowledge of the snake's disposition.
(A) wisdom (B) exactitude (C) skillfulness (D) genius
23. It was not money that lured the **adolescent** husbandman to the cities, but the gay life.
(A) expensive (B) economic (C) growing (D) matured
24. His natural intelligence and his experience enabled him to **cope** with the problem.
(A) grow (B) play (C) deal (D) stay
25. The theory that business could operate totally without the aid of government has proved to be an **erroneous belief.**
(A) authentic concept (B) illusion
(C) argument (D) asset

연구 및 해답

17. (C) population : inhabitants, people.
18. (A) property : quality, nature, characteristic, feature, type.
19. (C) realm : kingdom, region, field, sphere.
20. (A) thrifty : saving, economical, frugal.
21. (C) fallacious : misleading, erroneous.
22. (C) dexterity : skill, cleverness, exactitude : exactness.
23. (C) adolescent : growing from childhood to manhood or womanhood. husbandman : farmer.
24. (C) cope : face, put up, struggle.
25. (B) illusion : deception, delusion, trick.

Chapter 5
Article

Ⅰ. Goal

부정관사 (a, an)와 정관사 (the)용법. 관사의 위치 및 생략. 부정관사의 정관사에로의 전환. 관사와 명사의 관계. a kind(sort)of ~와 관사.

Ⅱ. Basic Sentences

1. I have **a** book. He has two books.

2. He is **an** honest man.

   honest의 첫 음이 모음이기 때문에 부정관사 an이 사용되었다.

3. I write to her twice **a** week. (a=per)

   부정관사 a(n)은 **마다, 어떤, 같은 하나**의 등과 같은 뜻을 지닌다.

4. The cow is **a** useful animal.

   useful의 첫 음이 자음이다

5. He felt **the patriot** rise within himself.

   the+단수보통명사=추상명사. the patriot : 애국심

6. He is paid **by the month.**

   계량, 측정의 단위에는 정관사 the가 사용된다.
   by the day (week, year)

7. That is **the highest** building in Seoul.

최상급 앞에는 정관사 the가 사용된다.

8. **The** sooner, **the** better.

일반적으로 최상급 앞에는 the를 사용하나, **비교급** 앞에는 정관사를 사용할 수 없다. 그러나 다음과 같은 경우에는 비교급 앞에 정관사 the가 사용된다.

첫째, **the 비교급 of the two, the 비교급~the** 비교급 등과 같은 구문에서는 비교급 앞에 the가 사용된다.

The more he has, **the more** he wants.
The family prefers **the more** isolated one **of the two houses.**

둘째, 이유를 나타내는 전치사(구)나 접속사 앞에서는 비교급 앞에 정관사 the가 사용된다.

I love him **all the more** for his faults.
(for his faults: 이 유)

She became **the worse** for drinking.
(for drinking: 이 유)

셋째, 비교의 대상이 뚜렷하지 않은 절대 비교급에서는 비교급 앞에 정관사 the가 사용된다.

Using telescopes, astronomers have gained **the more accurate information** about the Universe.

the younger generation
the higher education

9. He looked me **in** [the / *my] face

신체일부를 나타내는 말 앞에는 정관사 the가 사용된다.
이 경우, 정관사 the는 소유격의 의미를 지니게 되는데, 이 문장에서 소유격 my가 사용되지 않는 이유는 me와 의미의 중복현상을 초래하기 때문이다.

He **caught** me **by the** hand.
He **patted** me **on the** head.

10. It is **a kind of** plant.

king(sort) of 다음에는 관사가 사용되지 않는다.

What kind of [*a / ∅] book did you buy?

kind(sort) of 다음에 관사가 사용되지 않는 이유는 kind(sort) of가 일종의 관사류에 속하기 때문이다.

11. He became **chairman** of the meeting.

어떤 모임의 의장은 오직 한명이므로 chairman은 일종의 고유명사와 같은 성질을 지니게 된다. 따라서 부정관사 혹은 정관사가 사용되지 않는다.

12. **Woman as she was,** she could do so heavy a task.

Woman as she was는 **As(Though) she was a woman**에서 a woman을 강조하기 위해 문두로 이동되어 파생된 양보 절인데 이 경우 부정관사 a가 생략된다. 부정관사 a는 발음상 어감이 좋지 못하므로 영어문장의 첫머리에서는 대표단수(A dog~)와 같은 표현을 제외하고는 극히 제한적으로 사용된다. 혹 사용된다 하더라도 모국어 화자들은 부정관사 a를 [ə]로 발음하지 않고 [ei]로 발음하는 경향이 있다.

A Study on English Euphemism
[ei]

13. He goes to **school** by bus.

church, prison, school, hospital 등과 같은 명사가 건물 본래의 목적으로 사용될 때는 추상명사의 의미를 지니기 때문에 일반적으로 관사없이 사용된다.

14. He came here **by bus.**

by+무관사+교통표시. by train(bus, airplane)
cf) in+관사+교통표시
in a bus

15. **Such a hard work** cannot be done in **so short a time.**
관사의 위치. 인접원리 참조.

16. **Both the** brothers passed the exam.

exactly (double, both, all, 분수) the+명사
one-third the time

17. He played **the violin** yesterday.
He played **baseball** yesterday.

악기 명 앞에는 정관사 the가 사용되나, 운동경기 명 앞에는 정관사 the가 사용되지 않는다. 그 이유는 악기는 우리 눈으로 관찰할 수 있을 뿐만 아니라 손으로 만질 수 있기 때문이며, 운동 경기명은 우리가 형체를 감지할 수 없는 추상명사이기 때문이다. 이와 유사하게 음악 music 앞에도 정관사 the가 붙지 않는다.

My hobby is listening to **music.**

18. **A poet and novelist is** present.
(한 명)

A poet and a novelist are present.
(두 명)

19. I want **the** loaf of bread on the table.

빵 한 덩어리는 a loaf of bread인데, 형용사구 on the table의 한정을 받기 때문에 the loaf of bread가 된다.

20. The junior college had its beginnings in the United States **during the 1890's.**

연대 앞에는 정관사 the가 사용된다.
그러나 연도 앞에는 정관사 the가 사용되지 않는다.

He got married **in 1980.**

21. Who will act **as spokesman?**

자격을 표시하는 as 다음에 나타나는 명사에서는 일반적으로 관사가 생략되는 경우도 있고 그렇지 않는 경우도 있다.

As a politician, I can't accept your argument.
As [*a / ∅] president, I can't accept your argument.

한 때에 한 사람에 의해서만 수행될 수 있는 직위 혹은 위치에서는 관사를 생략한다.

22. 18th century **furniture** / the furniture of the 18th century
18th century **morality** / the morality of the 18th century

서수 다음에 불가산 명사가 나타나는 경우 정관사 the가 생략된다.

Ⅲ. Further Studies

A. 부정관사 a와 an

부정관사 a는 다음에 오는 단어의 첫 음이 모음일 경우에 an으로 바뀐다. 이것은 발음을 편리하게 하기 위한 수단이다. 인간의 성대기관은 모음 혹은 자음을 연속적으로 발음하는 것 보다 **모음+자음**을 발음하는 것이 편리하도록 만들어져 있다.

My husband is doing [*a / an] MSC in civil engineering.

MSC의 첫 음이 모음/e/이다.

a university	an MP
a useful animal	an SOS
a young man	an LP gas
a European	an heir
a one-man band	an honest man
a horse	an 'X'
	a(n) historical event
	a(n) hotel
	a(n) herb

B. 관사와 학교명

지역명을 본 딴 학교명은 다음 두 가지 방법으로 사용된다.

[Chicago University
=The university of Chicago]

[London University
=The university of London]

이처럼 지역 명을 본따서 만들어진 학교명은 the를 붙여서 나타낼 수 있는 이유는 장소 혹은 지역은 거의 누구나 알 수 있는 구체적인 대상이기 때문이다.

그러나, 인명이나 그 외의 것을 본 딴 학교명 Yale University, Keimyung University는 각각 The University of Yale, The University of Keimyung로 나타낼 수 없는데, 그 이유는 본 딴 명사가 추상적이고 학교를 소유할 수 있는 대상도 아니기 때문이다.

C. 관사와 추상명사

Knowledge와 같은 추상명사 앞에는 일반적으로 부정관사가 나타날 수 없다. 그러나 'A Knowledge of Foreign Language'에서 처럼 추상명사 앞에 부정관사가 사용된 예들을 우리는 흔히 관찰할 수 있다. 추상명사의 의미가 말해 주듯이 knowledge와 같은 명사는 관사의 사용이 불가능하고 복수형태로도 사용되지 않는다. 따라서 추상명사 앞의 부정관사 a는 one의 의미로 해석할 것이 아니라 some의 약한 의미로 이해하는 것이 바람직하다.

Ⅳ. Structure

1. "Do you usually take a vacation?" "Yes, I like to go away ________."
   (A) one time the year (B) once a year
   (C) one time in a year (D) once in year
2. No matter how ___________ it is not necessarily worthless.
   (A) dry a desert may be (B) a desert may be dry
   (C) may a desert be dry (D) a desert dry may be
3. __________ sacrifice it was, no one but him would ever know.
   (A) Such a great (B) A greater
   (C) How great a (D) As great
4. He earns fifty dollars ____________ week.
   (A) in (B) by (C) for (D) a
5. The greater the demand, ____________ the price.
   (A) higher (B) high (C) the higher (D) the high
6. What did you do when ____________ ?
   (A) he's making a noise (B) he makes noise
   (C) he made noise (D) he made a noise
7. The crane is ________ of the wading birds.
   (A) the tallest (B) the tallest that is
   (C) which the tallest is (D) which the tallest
8. ____________ more to be pitied than blamed.
   (A) Uneducated are (B) Uneducated is
   (C) The uneducated are (D) The uneducated is

연구 및 해답

1. (B) once a year : 1년에 한번.
2. (A) How+형용사+관사(a)+명사. **인접원리** 참조.
3. (C) How+형용사+관사(a)+명사. How great a sacrifice it was는 감탄문으로서 타동사 know의 목적어이다.
4. (D) 부정관사의 용법.
5. (C) the 비교급~, the 비교급 구문.
6. (D) He's는 He is 혹은 has의 축약형이므로 A는 주절의 시제가 과거이므로 부적합하다.
   make a noise.
7. (A) the 최상급 of 복수명사로 최상급 구문이다.
8. (C) the+형용사가 복수보통명사의 뜻으로 사용되었다.

1. By studying fossils, palenotologists learn ________ forms of life thrived during various periods of the Earth's history.
   (A) from (B) so (C) the (D) what
2. She crossed both ways by ________ .
   (A) a ship (B) the ship (C) ships (D) ship
3. Vitamin C, discovered in 1932, __________ first vitamin for which the molecular structure was established.
   (A) the (B) was the (C) as the (D) and the
4. In the United States, ________ gold rush of 1849 was an important cause of the opening of the West.
   (A) the (B) although the
   (C) with the (D) and the
5. "My father is very strict ." "I think ________ ."
   (A) quite strict father he is (B) he is quite strict father
   (C) he is a father quite strict (D) he is quite a strict father
6. More has been learned since 1945 about chemical changes in the body than in all human history before _________ time.
   (A) in (B) the (C) which (D) that
7. He turned on __________ .
   (A) television (B) radio
   (C) a television set (D) the television
8. "As a rule, the workers in this plant are paid __________ ."
   (A) by an hour (B) by the hour (C) by a hour (D) by hours

연구 및 해답

1. (D) 부사구 By studying fossils 에 착안할 것. What이 의문형용사로 사용되었다.
   learn (what forms of life thrived~.)
   V S V
2. (D) by + 교통수단.
3. (B) 서수앞에는 the를 붙인다. 본문에는 동사가 빠져있다.
4. (A) of 1949의 수식을 받고 있으므로 gold 앞에 the가 필요하며, gold rush와 함께 본문의 주어가 될수 있는 요소이어야 한다.
5. (D) quite (such, rather)+a+형용사+명사.
6. (D) that이 과거의 시간을 나타내는 지시형용사로 사용되었다.
7. (D)
8. (B) by the day (week, hour, month).

Ⅴ. Written Expression

1. Institutions(A) of higher learning get(B) their funds from a variety(C) of source.(D)

2. Some(A) glaciers move less(B) than an(C) inch in(D) day.

3. A epiphyte(A) is a plant(B) without any(C) roots in the soil.(D)

4. Gauze is a thin, open-weave clothes(A) made(B) of cotton, silk, rayon, or(C) synthetic fibers.(D)

5. Magazines provide(A) the(B) wide variety(C) of information(D) and entertainment.

6. Facial(A) expressions and hand gestures play(B) a(C) essential part in the communication between two people.(D)

7. The resistance(A) of insulators(B) is so great(C) for practical purposes they do not conduct electricity at all.(D)

8. Vaccines can provide protections(A) from infection for(B) an extended(C) amount of time.(D)

연구 및 해답

1. (D) a variety of 다음에는 복수형 명사가 온다. source → sources.
2. (D) in a day.
3. (A) A→An. epiphyte의 첫 음이 모음이다.
4. (A) 앞에 부정관사 a가 있는 것으로 보아 A를 cloth(천)으로 고친다.
5. (B) a wide variety of는 막연한 수량의 개념을 나타내는 관용적 표현이다. the→a.
6. (C) essential의 첫 음이 모음이므로 a를 an으로 바꾼다.
7. (B) 부사구 for practical purposes로 보아 정해진 것이므로 B를 the insulators로 고쳐야 한다.
8. (A) protection은 추상명사이므로 관사를 붙이거나 혹은 복수형으로 표시할 수 없다.

1. All the blood in the body passes through the heart at least twice the minute.
A B C D

2. Relatively young as an educational institution, the junior college had its beginnings in the
A B C
United States during 1890's.
D

3. Paul said he would be happy to teach the children tennis, though he certainy did not
A B
regard himself as a expert.
C D

4. The discovery of kerosene and the invention of a glass chimney made possible a greatly
A B C
improved lamps.
D

5. The first person believed to have used a series of photograph to produce an illusion of
A B C D
movement was Coleman Sellers.

6. Marine biology, the study of oceanic plant and animals and their ecological relationships
A B
has furthered the efficient development of fisheries.
C D

7. Rayon is an synthetic material produced from wood pulp or short cotton fibers.
A B C D

8. Doctors tell us that stress related illnesses from stomach ulcers to heart attacks are the
A B C
biggest cause of death and disability in 1990's.
D

연구 및 해답

1. (D) twice a minute : 1분에 두 번.
2. (D) 연대 앞에는 정관사 the를 붙인다.
3. (D) expert의 첫음이 모음이므로 a를 an으로 고친다.
4. (D) 부정관사 a가 있으므로 D를 단수 명사로 바꾸어야 한다. lamps→lamp.
5. (B) a series of 다음에는 복수명사가 온다. photograph→photographs.
6. (B) plant는 가산명사이며 animals로 보아 B를 plants 고쳐야 한다.
7. (C) synthetic의 첫음이 자음이다. an→a.
8. (D) 연대표시 앞에는 정관사 the를 붙여야 한다.

Ⅵ. Vocabulary

※ Choose the **one** word or phrase that has the same meaning as the **bold-faced** part.

1. **Neighboring** states often sign trade agreements with one another.
   (A) Peaceful (B) Friendly (C) Adjacent (D) Developing
2. **Relatively** young as an educational institution, the junior college had its beginnings in the United States during the 1890's.
   (A) Extremely (B) Relevantly
   (C) Comparatively (D) Really
3. Deems Taylor was **distinguished** both as a music critic and as a composer.
   (A) inventive (B) classified (C) different (D) eminent
4. Charles Wilson Peale is generally considered the most **gifted** of the Philadelphia colonial artists.
   (A) talented (B) presented (C) eccentric (D) sophisticated
5. The economy of Dallas, Texas, is strong and **diversified.**
   (A) inflated (B) stable (C) varied (D) well-regulated
6. As both a religion and social force, Puritanism has had **a widespread** influence in the United States.
   (A) a disturbing (B) a complex
   (C) an annoying (D) a far-reaching
7. There were many **half-formed** plans for improving the northern waterway before 1792.
   (A) small-scale (B) well-supported
   (C) initial (D) incomplete
8. Some physicists have proposed that sunspots and solar wind have **negligible** effects on the earth's weather.
   (A) undetermined (B) insignificant (C) unusual (D) indisputable

연구 및 해답

1. (C) adjacent : 이웃의, 인접한. sign trade agreements : 무역협정을 조인하다.
2. (C) 교육기관으로서 비교적 연도가 짧은 전문대학은….
3. (D) (뛰어난). music critic: 음악 비평가. composer : 작곡가.
4. (A) 천부의 재능이 있는.
5. (C) 다양한.
6. (D) Puritanism : 청교(주의). far-reaching : 멀리까지 미치는.
7. (D) waterway : 수로, 항로.
8. (B) sunspot : 태양흑점. solar wind : 태양풍.

9. Insects live in **complex** ecological systems.

(A) amazing (B) confused

(C) complicated (D) intriguing

10. Many doctors and nurses were **utterly** convinced of the medicine's strength.

(A) hardly (B) finally

(C) completely (D) rapidly

11. He managed to keep **an earnest** expression on his face even though he wanted to smile.

(A) a pleasant (B) a neutral

(C) a serious (D) an annoyed

12. Living things consist of **minute** structures called cells.

(A) numerous (B) variable

(C) diverse (D) tiny

13. The company issues **an annual** report every March.

(A) a yearly (B) a comprehensive

(C) a financial (D) a product

14. A newborn kangaroo climbs **steadfastly** up to its mother's stomach.

(A) blindly (B) falteringly

(C) determinedly (D) speedily

15. Vice-President Lyndon Johnson became President of the United States following the death of John. F. Kennedy and was **subsequently** elected to a full term in 1964.

(A) duly (B) finally

(C) later (D) therefore

16. There are numerous manuals available with instructions on how to **fix** a bicycle.

(A) control (B) ride

(C) repair (D) steer

연구 및 해답

9. (C) 곤충은 복잡한 생태학상의 체계 속에서 살고 있다.
10. (C) Medicine's strength : 약품의 효능.
11. (C) managed to keep an earnest expression : 용케도 엄숙한 표정을 지었다.
12. (D) minute : 미소한, 미세한.
13. (A) issue : 발생하다, 간행하다.
14. (C) steadfastly : 단호하게, 확고하게.
15. (C) 뒤에, 이어. was elected to a full term: 완전한 임기를 맡도록 선출되었다.
16. (C) manual : 편람, 안내서.

17. Maine is **justly** famous for its beautiful lakes and ponds.
  (A) only (B) rightfully
  (C) legally (D) simply
18. Structurally, the **inside** of early Christian churches was simple.
  (A) layout (B) design
  (C) interior (D) content
19. **A grown up** often watches the play of a young child wistfully.
  (A) An adolescent (B) An adult
  (C) A parent (D) A sibling
20. **Ahead of** other parts of the nation, the territory of Wyoming granted women the vote in 1869.
  (A) Preceding (B) Preventing
  (C) Opposing (D) Urging
21. The limited funding provided by the Humphrey-Hawkins bill will **modify** plans for employing youths.
  (A) reproduce (B) repeal
  (C) change (D) circulate
22. The author of the "History of the People in the United States" **stressed** the social and economic aspects of the country's past.
  (A) negated (B) defended
  (C) emphasized (D) exaggerated
23. Commercial banking plays a **key** role in the United States economy.
  (A) legal (B) classic
  (C) tight (D) central

연구 및 해답

17. (B) 당연히.
18. (C)
19. (B) wistfully : 그리워하면서, 동경의 눈으로.
20. (A) 앞서서. territory : 영토.
21. (C) Humphrey-Hawkins 법안에 의하여 조달되는 제한된 자금 때문에 젊은이를 고용하는 계획은 수정될 것이다. limited funding : 제한된 자금. bill : 법안.
22. (C) aspect : 면모.
23. (D) play a key role : 중추적 역할을 하다.

Chapter 6
Adjective

Ⅰ. Goal

형용사의 기능(명사수식, 서술적 용법). 형용사들간의 순서. 전치 및 후치수식 형용사. 한정적 및 서술적 용법으로만 사용되는 형용사. 형용사가 사용된 동등, 열등, 우월비교 및 최상급 구문. the 비교급~the 비교급. 최상급, 비교급 형태에 예외가 적용되는 형용사. 동일인 및 동일 사물 비교에 관한 이해. 비교급을 사용할 수 없는 형용사(round, unique). than을 사용하지 않는 비교구문. alike, like, same 간의 구분. 사람이 주어가 될 때 서술적으로 사용 될 수 없는 형용사(difficult, easy). 절대비교급.

Ⅱ. Basic Sentences

1. He is **happy**. (보어)
   He is a **happy** man. (명사수식)

   형용사의 기능 : 보어, 명사 수식

2. I will tell you something **new.**

   -ing로 끝나는 명사를 수식하는 경우에는 형용사가 후치한다.
   Further Studies 참조

3. Alfred was a king **anxious for his people's welfare.**

   형용사가 일반적으로 다른 요소를 동반하고 있을 때는 구체적이고 특정적인 의미로 바뀌기 때문에 명사뒤에 놓인다.

4. She is a woman **clever, wise and beautiful.**

   수식요소 clever ~ beautiful이 다소 길므로 명사뒤에 놓인다.

5. We thought of all the subjects **available.**

(형용사의 최상급, all, every, only)+명사구조에서는 일반적으로 형용사가 명사에 후치한다.

all means **possible**
all the accomodation **available**
the best style **possible**

6. She is a **mere** child.

mere는 제한적으로만 사용되는 형용사이다.

이 부류에 속하는 형용사로는 wooden, earthen, right(오른쪽의), elder, upper, spare, only, inner, former, latter, sheer, sole, utmost, certain, entire, very, main, thorough, precise, drunken 등이 있다.

He is **asleep.**

형용사 asleep는 서술적(보어)으로만 사용되는 형용사이다.
이 부류에 속하는 형용사로는 absent, afraid, alike, ashamed, awake, aware, alive, content, fain, wont, unable, worth, liable, fond, glad, bound 등이 있다.

7. He is the greatest artist **alive.**

형용사 alive는 명사 뒤에 위치하여 서술적으로 사용되는 형용사이다.
an artist (who is) alive
이 부류에 속하는 형용사로는 worth, ablaze, present(출석한) 등이 있다.

the members (who are) **present**
a man **worth** a million
the door **ajar**

8. Look at **those two large old** stone buildings.

형용사류가 여러개 겹쳐서 명사를 수식하는 경우는 **전치한정사(all, both, half) + 한정사(a, the, this, that, 소유격) + 서수(first, second) + 기수(one, two…) + 대소(large, small) +성질(kind, clever…) + 연령(old, new) + 색(blue, black…+ 분사(ing, P.P) + 기원양식 (Chinese, Korean) + 명사에서 온 형용사(economic, photographic)**의 순서로 놓인다.

five large blue shoes
기수 대소 색

those first three beautiful old Korean houses
한정사 서수 기수 성질 연령 기원양식

9. This is **more** interesting book **than** that.

우등비교 : **more~than**

John is **as** clever **as** Jane.

동등비교 : **as~as**

John is **not so(as)** clever **as** Jane.

열등비교 : **not so(as)~as**

John is **not as** tall **as** Mary. (구어체)
John is **not so** tall **as** Mary. (문어체)

한편, 다음의 문장에서는 so가 사용되면 어린아이가 늙었다는 뜻이 내포되어 비문법적이다.

Her baby is not [*so / as] old as I thought.

10. She is **the most beautiful** girl in this room.
최상급 구문

11. **The wisest man** does not know everything.

최상급이 문두에 사용될 때는 흔히 양보의 뜻을 지닌다.
The wisest man : 아무리 현명한 사람이라도

12. Jane is **the taller of the two.**

the 비교급 of the two 구문. 이 경우 비교급 앞에 the가 사용된다.

13. **the higher (lower)** class
the younger (older) generation
the weaker sex

절대 비교급. 양자를 막연하게 구분하여 정도가 다소 높은 쪽 혹은 낮은 쪽으로 나타내는 것을 말한다. 이 경우 보통 정관사 the가 사용된다.

14. His work **is superior** to mine.

라틴어에서 들어온 superior, junior, prefer, preferable, senior 등과 같은 단어의 비교급 구문에서는 than 대신에 to가 사용된다.

15. She is **more** clever **than** wise.

동일인, 동일사물을 비교하는 경우는 단어의 음절수에 관계없이 more를 붙여 비교급을 만든다.

She is [*kinder / more kind] than polite.

예외) It is [*more bad / worse] than good.

16. Tooth decay is [**the most common** / = **the commonest**] disease of humans.

형용사 common, clever, gentle, hollow, angry, friendly, costly, polite, simple, obscure, quiet, handsome, narrow 등은 more(most)혹은 ____er(est)를 붙여서 비교급(최상급)을 나타낼 수 있다.

17. You will understand it **easier if you consult the dictionary.**

비교급 다음에 if-절과 같은 요소가 나타날 때는 일반적으로 than이 생략된다.

18. **The more** he has, **the more** he wants.

the 비교급+A, the 비교급+B 구문.
이 경우 A와 B는 동일한 구조를 취한다.

The hungrier they became, **the harder** they worked.

19. [He is **not** clever **any more than** she is.
= He is **no more** clever **than** she is.]

그는 그녀와 마찬가지로 영리하지 않다.

20. This book is **worth reading.**

- be worth [-ing / 명사]
- = be worthy of+명사
- = be worth while to [명사 / -ing]

The car isn't worth repairing.
=It isn't worth repairing the car.
= * The car isn't worth repairing it.
= * The car isn't worth to be repaired.

21. **The rich** are not always happy.

the+형용사는 복수 보통명사 혹은 추상명사의 뜻을 지닌다.

the rich (=rich people)
the poor (=poor people)] 복수 보통명사

The emotionally disturbed and mentally handicapped need the aid of society.

the true(=truth)
the beautiful(=beauty)] 추상명사

22. Mary is older than Jane **is.**
Mary is older than Jane.

James enjoys the theater more than Susan.
James enjoys the theater more than Susan **does.**
*James enjoy the theater more than Susan **enjoys.**

타동사의 목적어는 그 동사가 역시 생략되지 않으면, 생략이 불가능하다. 그러나 위의 경우에서처럼 대동사 do가 사용될 때는 생략이 의무적이다.

Ball-point pens reguire a thicker ink than [fountain pens.
= fountain pens do.
= do fountain pens.]

한편, 목적어 그 자체가 비교급일 때, 동사의 생략이 의무적이지 않다.

James knows **more** about the theater than Susan [**knows.** / Susan **does.** / Susan.]
목적어

23. Sally has [*the / a] better radio than Daniel.

비교급을 나타내는 항목 ; er, more, less는 비교구문에서 **정관사+명사**에 사용될 수 없다.

24. If you sit down and listen, I will explain [*all the / the whole] situation.

all은 셀 수 있는 단수명사와는 거의 사용되지 않고 주로 복수보통명사와 결합한다.

[**All the walls** have been painted green.
=**The whole wall** has been painted green.]

반면에, whole은 주로 단수명사와 결합한다.

25. This is [* many / * more / much / even / still / far] better than that.

better가 비교급이므로 그 앞에 비교급 more가 다시 사용되면 이중비교급이 되어 비문법적이 된다. 이 경우 비교급(better)을 강조하기 위해서는 그 앞에 much (even, still, far)등을 사용한다.

그러나, 다음의 경우에서처럼, **more+복수명사**의 형태를 취하는 경우에는 이들 요소들이 사용될 수 없고 many가 사용된다.

The interested reader will find [many / * much / * even / * far] **more examples** discussed in the book.

또한, **more(less)+물질, 추상명사 형태**에서는 much가 일반적으로 사용된다.

They reguire [much / * many / * still / * far] more [money. / water.]

Walking is [* more / ∅] preferable [* than / to] taking a bus.

preferable이 비교급이므로 그 앞에 다시 비교급 more을 사용할 수 없다. 또한 preferable은 라틴어에서 들어온 단어이기 때문에 than 대신에 to를 사용한다.

26. He has [* such many / * such much] [books. / money.]

He has [so many / so much] [books. / money.]

such와 many(much)는 결합될 수 없다. 이 경우 so가 사용된다.

27. It is very [considerate / * considerable] of you to do so.

의미가 비슷한 형용사간의 의미 구분

- considerate : 사려심이 깊은, 동정심이 많은
- considerable : 중요한, 상당한

- successful : 성공한, 좋은 결과의
- successional : 연속적인(세습, 상속)
- successive : 잇따른, 계속되는 (시간, 기간)

- sensible : 지각있는
- sensitive : 민감한, 감수성이 예민한
- sensuous : 감각적인

- respectable : 존경할 만한
- respectful : 공손한, 존경받는
- respective : 별개의, 각각의(individual)

credible : 신용할 수 있는
creditable : 명예로운, 칭찬할 만한
credulous : 남을 쉽게 믿는

desirable : 바람직한, 호감이 가는
desirous : 원하는, 열망하는

imaginative : 상상력이 풍부한
imaginary : 상상의, 가상의
imaginable : 상상할 수 있는

28. a **very religious** man : 신앙심이 깊은(형용사)
 *a **very religious** difference : 종교상의 차이(명사에서 온 형용사)

명사에서 온 형용사, dramatic, criminal, commercial, human, civil, bodily 등은 비단계적인 성격을 띠므로 정도 표시 부사 very의 수식을 받을 수 없다.

a **very civil** reply : 공손한 대답(형용사)
*a **very civil** right : 시민의 권리(명사에서 온 형용사)

29. **old** Mrs. Fletcher
poor Charles
beautiful Spain

감정을 나타내는 old, beautiful, dear, poor, historic, sunny 등과 같은 형용사는 고유명사 앞 에 놓여서 사용될 수 있다.

그러나 제한이 강한 수식요소 this, that은 고유명사 앞에 놓일 수 없다.

*This Alexander
*That Paris

30. a hundred (thousand, million) books
an estimated 40 **passengers**
a startling 6,500 **tons** of valuable cargo

형용사 total, estimated, startling 등은 부정관사와 함께 사용되어 복수명사를 취한다.

Ⅲ. Further Studies

A. like 와 alike, like 와 as 구분

형용사 like는 목적어를 필요로 하지만 alike 는 목적어를 필요치 않는다.

We are **alike.**
He is **like** **his father.** (목적어)

We know [**what** / * that] it is **like.**

like의 목적어는 what 이다.

We know [that / * what] they are all alike.

명사 what이 아무런 기능을 못하므로 접속사 that이 사용된다.

like는 주로 서로 다른 사람(사물)간의 **비슷한** 뜻으로 사용되며, as는 주로 같은 사람(사물)간에 **~으로서, ~처럼**의 뜻으로 사용된다.

[Tom can't sing **like Mary**. (Tom ≠ Mary)
He ran off **like a shot**. (He ≠ a shot)]

[This box will serve **as a table.** (This box = a table)
He was famous as **an educator.** (He = an educator)]

B. 비교급, 최상급 형태로 사용할 수 없는 형용사

His diving form is [* more perfect / much better] than mine.

You will have to make the curves [* rounder. / round.]

형용사 round, perfect, unique, complete 등은 이들이 지니는 특수한 의미 때문에 비교급(최상급) 형태로 사용되지 않는다.

C. -thing와 형용사의 위치

I will tell you ┌ something **important.**
└ * **important** something.

My purse contains ┌ nothing **valuable.**
└ ***valuable** nothing.

-thing로 끝나는 명사(something, anything, nothing)등을 수식하는 형용사는 전치수식이 불가능하고 후치수식만 가능하다. 일반적으로 전치수식은 영구적, 본질적, 일반적인 내용을 표현해 주며, 후치수식은 일시적, 우연적, 특정적인 것을 나타내 준다. 우리가 이러한 사실을 안다면, -thing으로 끝나는 명사를 수식하는 경우, 왜 형용사가 후치되어야 하는가에 대한 이유를 설명할 수 있게 된다.

즉, -thing명사는 어떤 확정된 대상이 아니므로 전치수식 의미가 지니는 어떤 일반적인 특징을 가질 수 없다. 따라서 후치수식 의미가 갖는 일시적인 특정성만을 부여할 수 밖에 없다. 전치수식과 후치수식간의 의미 차이에 대해서는 **수식원리**를 참조하라.

D. 제한적으로 사용할 수 없는 형용사류

a가 붙은 형용사, asleep, alive, awake, aware 등과 형용사류에 속하는 일부 단어들은 일반적으로 전치수식이 불가능하고 서술적으로만 사용된다. 그러나, 부사를 수반하면 다음과 같이 제한적으로 사용이 가능하다.

┌ The baby is **asleep.**
└ **the half - asleep** baby

┌ The people are **alive.**
└ **the really - alive** people

┌ The woman is **ill.**
└ **the deadly - ill** woman

the [*arrived / newly - arrived] immigrant

a [*sold / recently - sold] car

the [*mentioned / above - mentioned] article

a [*described / carefully - described] man

E. 비교구문에서 형용사의 전치와 후치

[He is a man **more clever** than Mary.
*He is a **more clever** man than Mary.]

비교의 대상이 동일성일 때는 형용사의 전치, 후치수식이 모두 가능하나, 그렇지 않을 경우에는 후치수식만 가능하다.

위의 경우에서는, He(남성)와 Mary(여성)은 동일성이 아니기 때문에 후치수식만 가능하다. 그러나 다음의 예는 동일성이 서로 비교되고 있다.

[She is a **taller** woman than Mary.
She is a woman **taller** than Mary.]

Ⅳ. Structure

1. Ball-point pens require _________ than fountain pens do.
   (A) the thicker the ink　　(B) an ink and thicker
   (C) a thicker ink　　(D) the ink is thicker
2. A square meter is _________ a square yard.
   (A) than slightly larger　　(B) slightly larger than
   (C) larger than slightly　　(D) slightly than larger
3. Especially important to many people _________ .
   (A) legislation against pollution
   (B) is legislation against pollution
   (C) it is legislation against pollution
   (D) legislation is against pollution
4. Could you tell me where I might find a _________ restaurant?
   (A) tasty　　(B) delicious　　(C) good　　(D) spicy
5. The experience we have had with that company has always been _________ .
   (A) displeased　　(B) unpleasant
   (C) disproportionate　　(D) unwilling
6. My car looks _________ since I washed it.
   (A) more　　(B) more good　　(C) more better　　(D) better
7. The life span of a sunfish is short, _________ ten years.
   (A) more seldom than　　(B) more than seldom
   (C) seldom more than　　(D) seldom than more
8. The stronger _________ magnet, the greater the number of lines of magnetic force.
   (A) of　　(B) the　　(C) is the　　(D) is of the

연구 및 해답

1. (C) require가 타동사이며 다음에 than이 있다는 점에 착안할 것.
2. (B) 부사 slightly가 형용사인 larger 앞에 놓여야 한다.
3. (B) 본문은 형용사구가 문장의 앞으로 이동되어 도치된 문장임.
4. (C) 명사 restaurant의 수식어로 A, B, C는 부적합하다.
5. (B) A는 주어가 사람일 때만 사용가능한 형용사이다.
6. (D) good의 비교급은 better이다. C는 more가 불필요함.
7. (C) seldom more than ten years: 10년도 채 못되는.
8. (B) the 비교급+A, the 비교급+B 구문임. 이 경우 A,B는 같은 형태가 되어야 한다.

1. The final will be __________ the midterm.

(A) alike (B) same (C) like (D) similar

2. This new soap is not much __________ the others that I have tried.

(A) different (B) different from

(C) different with (D) different that

3. Using new telescopes, astronomers have gained __________ information about the universe.

(A) more accurate (B) more accurate than

(C) the more accurate (D) than more accurate

4. An invertebrate is an animal with __________ spine.

(A) no (B) not (C) none (D) and no

5. The gross surface features of the Moon __________ to the unaided eye.

(A) visibly (B) visible

(C) to have been visible (D) are visible

6. Microscopes make small things appear larger than __________ .

(A) really are (B) are really

(C) are they really (D) they really are

7. Liberals tend to favor __________ do conservatives.

(A) more than immediate social change

(B) change more immediate than social

(C) more immediate social change than

(D) social change more than immediate

8. That man drank __________ wine.

(A) many (B) much (C) a lot of (D) several

연구 및 해답

1. (C) 목적어 the midterm 이 있는 것으로 보아 C가 적합하다. D는 similar to 이면 답으로 가능함.
2. (B) be different from. be different **with** : 경우에 따라 다르다.
3. (C) 비교의 대상이 구체적으로 나타나지 않으므로 절대비교급 형태인 C가 옳다.
4. (A) spine이 명사이므로 형용사가 와야 한다. B, C는 각각 부사, 대명사이다.
5. (D) 형용사 visible이 are의 보어로 사용되었다. 본문에는 동사가 빠져 있다.
6. (D) than they are really large.
7. (C) 비교구문에서는 비교되는 대상을 확인할 것. A, B, D는 모두 비문법적이다. 또한 타동사 favor의 목적어가 요구된다.
8. (C) wine은 셀수 없는 명사이므로 much 혹은 a lot of 모두가 답이 될 수 있으나, 일반적으로 전자는 부정문, 의문문에 주로 사용되고, 후자는 긍정문에 주로 사용된다.

1. Elected to the United States House of Representatives in 1968, Shirley Chisholm quickly gained ___________ as an outspoken advocate of the interests of the poor.
   (A) national attention (B) attention national
   (C) national as attention (D) as national attention
2. In a progressive economy, production tends to expand __________ consumption.
   (A) than more rapidly (B) more than rapidly
   (C) rapidly more than (D) more rapidly than
3. It is not really _____ to begin immediately.
   (A) necessary (B) nonsensical
   (C) urgent (D) considered
4. X-rays are to pass through objects and thus make ______ details that are otherwise impossible to observe.
   (A) it visible (B) visibly (C) visible (D) they are visible
5. Many modern novels have _______ recognizable plot.
   (A) no (B) not (C) none (D) never
6. It is thought that _______ two fingerprints are identical.
   (A) nor (B) no
   (C) none (D) never
7. The newlyweds have bought _______ new furniture and clothing.
   (A) many (B) no
   (C) a lot of (D) never
8. A depressed man sometimes wishes himself _______.
   (A) died (B) dead (C) die (D) death

연구 및 해답

1. (A) 형용사는 일반적으로 명사 앞에 위치하여 명사를 수식한다. C, D 모두 as를 삭제해야 한다.
2. (D) 우등비교 구문의 형태는 more+원급+than이다.
3. (A) 형용사의 정확한 의미를 파악하는 문제임. C는 to 이하의 내용과 의미가 중복됨.
4. (C) make의 목적보어(형용사)가 필요하다. 목적어가 길기 때문에 목적보어와 목적어의 순서가 도치되었다.
5. (A) no=not a. 따라서 plot이 셀 수 있는 명사이므로 B는 not a 가 되어야 한다.
6. (B) nor는 접속사이며, none은 대명사이다. 또한 never는 부사이다.
7. (C) furniture가 셀 수 없는 명사이며 본문은 긍정문이라는 점에 착안할 것.
8. (B) wish, keep, leave 등과 같은 동사들은 목적보어로 형용사를 취한다.

1. I was surprised __________ to use the computer.
   (A) how easy it was (B) how it was easy
   (C) it was how easy (D) how easy was it
2. The issues are different, but the tasks are __________.
   (A) important (B) the same
   (C) qualified (D) assigned
3. Of the 300 languages that were once spoken by Native American people, an estimated _______ today.
   (A) exist (B) 150 exist
   (C) there are 150 (D) existing are 150
4. Flour is necessary for __________ kinds of cooking.
   (A) mostly (B) every
   (C) almost all (D) most all
5. Nancy envied the way her brother could make __________ more friends than she.
   (A) many (B) much
   (C) rather (D) a bit
6. The professor gave us __________ that we couldn't go to the ball game.
   (A) such many assignments (B) such few assignment
   (C) so many assignments (D) so little assignment
7. Our team has __________ school system of these towns.
   (A) the largest second public (B) the second largest public
   (C) the public largest second (D) the second public largest
8. They add __________ less contamination to a vacuum than the best diffusion pumps.
   (A) much (B) even
   (C) no (D) hardly

연구 및 해답

1. (A) **인접원리**에 따라 부사 how와 형용사 easy는 인접해야 하므로 형용사 easy가 앞으로 이동된 표현이다.
2. (B) 접속사 but 다음에는 앞 문장과 상반된 내용이 와야 한다는 점에 착안할 것.
3. (B) 형용사 **Basic Sentences 30**번 참조.
4. (C) every는 단수명사와 결합하며 D는 most를 삭제해야 한다.
5. (A) 비교급을 수식하는 요소들로는 far, even, still, much등이 있으나, more+복수명사일 경우에는 many가 사용된다. 한편, more(less)+물질, 추상명사 형태에는 much가 사용된다. much more contamination.
6. (C) 접속사 **Further Studies** 참조. assignment는 셀수 있는 명사임.
7. (B) 형용사 어순에 관한 문제. 형용사 **Basic Sentences 8**번 참조.
8. (A) 5번을 참조할 것.

V. Written Expression

1. A rabbit <u>moves about</u>(A) <u>by hopping</u>(B) on its hind legs <u>which</u>(C) are much longer and <u>more strong</u>(D) than its front legs.

2. Citrin, also called vitamin P, <u>affects</u>(A) the capillary <u>walls,</u>(B) making <u>them</u>(C) less <u>potentially</u>(D) to hemorrhage.

3. Even <u>though</u>(A) body language is <u>repeatedly</u>(B) ignored or misread, nonverbal communication is <u>still</u>(C) less <u>complication</u>(D) than verbal communication.

4. Squirrels <u>break open</u>(A) the shells <u>of nuts</u>(B) <u>with</u>(C) their <u>before</u>(D) teeth.

5. <u>Adult</u>(A) <u>great</u>(B) blue herons <u>stand</u>(C) four feet <u>tallest</u>(D).

6. From a <u>youngest</u>(A) age, children begin <u>a continuous</u>(B) process of evaluating <u>themselves</u>(C) in light of the opinions and comments of <u>those</u>(D) around them.

7. <u>The most</u>(A) <u>logic way</u>(B) for states <u>to avoid</u>(C) new taxes is <u>to introduce a lottery.</u>(D)

8. <u>By destroying</u>(A) harmful germs, disinfectants <u>stop</u>(B) decay from <u>becoming</u>(C) progressively <u>worst.</u>(D)

연구 및 해답

1. (D) more strong → stronger.
2. (D) D를 동사 make의 보어가 될 수 있는 형용사 potential로 고쳐야한다.
3. (D) complication →complicated.
4. (D) front teeth : 앞니. back teeth: 어금니. before→front.
5. (D) 척도, 무게 등을 표시하는 형용사는 명사에 원급의 형태로 후치된다. tallest→tall.
6. (A) 최상급(youngest)가 잘못 사용되었다. youngest→young.
7. (B) logic은 명사이므로 명사인 way 앞에 놓일 수 없다. logic→logical.
8. (D) 문맥상 D를 비교급으로 고쳐야 옳음. worst→worse.

1. A dry white wine is the most perfect drink to have with any fish dish.
(A: A / B: the most perfect / C: to have / D: fish dish)

2. Games and recreation provide a release from tension and make people both more willing and fittingly to resume their daily routines.
(A: from / B: make / C: both / D: fittingly)

3. New automobiles are designed to run on low-octane fuel containing little or none lead.
(A: New / B: designed / C: on / D: none)

4. Good puzzles provide an excellent way to explore the realm of thought abstract best known to mathematicians.
(A: Good puzzles / B: an excellent / C: thought abstract / D: mathematicians.)

5. Eating at home is more preferable to going out for dinner.
(A: Eating / B: more preferable / C: to / D: going)

6. Mercury is the most small planet in the solar system and the closest to the Sun.
(A: the most small / B: in / C: solar system / D: to)

7. Thousand of gold prospectors rushed to California between 1897 and 1899.
(A: Thousand / B: rushed / C: to / D: between)

8. As children learn to function on their own, they become less dependence on their parents.
(A: on their / B: dependence / C: their / D: parents.)

연구 및 해답

1. (B) 형용사 perfect 은 특수한 의미 때문에 비교급 최상급 구문에 사용될 수 없다.
2. (D) 동사 make의 목적보어로 D는 부적합하다. fittingly→fitting.
3. (D) little or no : 거의 없거나 전혀 없는. D를 no로 고쳐야 한다.
4. (C) 형용사 abstract가 명사 thought 앞에 놓여야 한다.
5. (B) 형용사 preferable은 그 자체 more의 뜻을 가지고 있으므로 more를 삭제하거나 much로 바꿔야한다.
6. (A) 형용사 small은 단음절어이다. most small→smallest.
7. (A) thousand, hundred, billion 등은 복수형을 사용하지 않으나 막연히 많은 수의 개념을 나타낼 때는 thousands of, hundreds of, billions of의 형태로 사용된다. Thousand→Thousands.
8. (B) be(become)dependent on=depend on. dependence→dependent.

1. Expected[A] noises are usually[B] more tolerable[C] than unexpected ones of the alike[D] magnitude.

2. African elephants are larger, fiercer, and difficulter[A] to tame[B] than[C] Asian elephants.[D]

3. Two circles are externally[A] tangent when they lie on[B] opposition[C] sides of line tangent to both of them.[D]

4. Food seasoning plays an important[A] role in the cooking[B] customs of much[C] cultures in[D] the world.

5. Most animals with ribs and backbones[A] are able to twist and bend[B] their bodies, but[C] tortoises are differently[D].

6. A[A] loudspeaker functions on the same principle[B] that the telephone receiver does[C], but is more larger[D] and louder.

7. Geese are[A] cautious, intelligently[B], and difficult[C] for hunters to catch[D].

8. The style[A] of a play derives from the specify[B] material and degree[C] of realism incorporated[D] into its dialogue.

연구 및 해답

1. (D) 형용사 alike는 서술적으로만 사용된다. alike→same.
2. (A) difficulter→more difficult.
3. (C) sides가 명사이므로 C를 형용사로 고쳐야 한다. opposition→the opposite.
4. (C) cultures가 복수형인 것으로 보아 much를 many로 고쳐야 옳음.
5. (D) are의 보어가 되려면, 형용사형이어야 한다. differently→different.
6. (D) more larger는 이중 비교임. 따라서 more를 삭제해야 한다.
7. (B) be동사인 are의 보어가 필요하다. 따라서 B를 형용사인 intelligent로 고쳐야 한다.
8. (B) material은 명사임. 따라서 B를 형용사인 specific으로 고쳐야 한다.

Ⅵ. Vocabulary

※ Choose the **one** word or phrase that has the same meaning as the **bold-faced** part.

1. The microscope enables scientists to distinguish **an incredible** number and variety of bacteria.

   (A) a selected　　(B) a verifiable
   (C) an unbelievable　　(D) an unavoidable

2. The western region of the United States has **widespread** mineral deposits.

   (A) precious　　(B) beneficial
   (C) remarkable　　(D) extensive

3. When **squashed**, the stem and leaves of the jewelweed exude a juice that will soothe some skin irritations.

   (A) boiled　　(B) aged　　(C) crushed　　(D) chopped

4. Vermont has the lowest percentage of **metropolitan** residents of any state in the United States.

   (A) city　　(B) apartment
   (C) county　　(D) permanent

5. Laboratory technicians must be trained to handle delicate instruments **gingerly**.

   (A) adeptly　　(B) firmly　　(C) cautiously　　(D) confidently

6. **Vast** amounts of money are being invested in the local market.

   (A) Enormous　　(B) Constant
   (C) Unknown　　(D) Sufficient

7. Achievement has been one of the **foremost** values of the United States society.

   (A) fundamental　　(B) strong
   (C) distinguished　　(D) leading

연구 및 해답

1. (C) incredible : unbelievable, doubtful, questionable, unconvincing.
2. (D) widespread : broad, extensive, ample, spacious.
3. (C) squash : crush, press, mash, suppress.
4. (A) metropolitan : city, civic, urban, municipal.
5. (C) gingerly : 주의깊게, 조심스럽게.
6. (A) vast : large, immense, great, enormous, huge, colossal, gigantic, mammoth.
7. (D) foremost : first, chief, leading, main, principal, primary.

8. An understudy performs when the lead singer's voice becomes **hoarse.**
   (A) fatigued (B) thin
   (C) famous (D) rough
9. I was surprised and **outraged** to see that she had gone ahead with her plans without consulting us first.
   (A) excited (B) unhappy
   (C) angered (D) relieved
10. He tried to **mitigate** her anger in vain.
   (A) soften (B) instigate (C) understand (D) check
11. **Punctuality** is imperative in your new job.
   (A) Being efficient (B) Being courteous
   (C) Being on time (D) Being cheerful
12. The ideal listener has been humorously described as a person who **applauds** vigorously.
   (A) plays (B) attends
   (C) responds (D) claps
13. During the colonial period, it was **prohibitively** expensive to ship anything across the Appalachian Mountains.
   (A) momentarily (B) forbiddingly
   (C) strangely (D) tolerably
14. The Boston Museum of Fine Arts **exhibits** many fine paintings.
   (A) preserves (B) restores
   (C) displays (D) purchases
15. Gunpowder was used extensively in firearms **prior to** 1900.
   (A) in (B) around (C) from (D) before

연구 및 해답

8. (D) hoarse : rough, gruff, harsh, husky.
9. (C) outrage : anger, wrath, fury.
10. (A) mitigate : make less severe, lessen, soften, relieve.
11. (C) punctual : prompt, exact, precise.
12. (D) applaud : approve, praise, cheer, hail, acclaim, clap.
13. (B) prohibit : forbid, bar, ban, deny, prevent.
14. (C) exhibit : show, demonstrate, display, present.
15. (D) prior : earlier, before, previous, former.

16. The history of human resources management is marked by **persistent** enlargement of the reponsibilities of personnel administrators.
   (A) alarming (B) fantastic (C) hasty (D) steady
17. It was not **poverty**, but rather a concern for simplicity that kept Puritan churches unadorned.
   (A) theology (B) hunger for power
   (C) frontier conditions (D) lack of money
18. In the book Autobiography of Values, the aviation hero Charles Lindbergh reveals his **paradoxical** and often sobering thoughts on life.
   (A) contradictory (B) poignant
   (C) mystic (D) paramount
19. Automobile experts have shown that halogen headlights **penetrate** thick for more effectively than traditional incandescent headlights and thus help to reduce accidents.
   (A) dissolve (B) perceive (C) touch (D) pierce
20. The old woman is too **feeble** to cross the street without her nephew's help.
   (A) tried (B) weak (C) timid (D) blind
21. Samuel Morse's painting ability has been **obscured** by his other accomplishments.
   (A) revealed (B) hidden (C) exposed (D) popularized
22. Your mood seems very **meditative** this evening.
   (A) gleeful (B) thoughtful
   (C) desperate (D) stern
23. It is useless to attempt to **flee** from every danger ; some risks must be taken.
   (A) hide oneself (B) run away
   (C) protect oneself (D) stay away

연구 및 해답

16. (D) persist : continue, endure, go on, persevere.
17. (D) poor : needy, impoverished, destitute.
18. (A) poignant : moving, keen, touching, affecting, impressive.
19. (D) penetrate : pierce, enter, perforate.
20. (B) feeble : weak, powerless, frail.
21. (B) obscure : indistinct, unclear, faint, dim, vague, dark.
22. (B) meditate : think, reflect, consider, contemplate.
23. (B) flee : run away, disappear.

Chapter 7
Adverb

Ⅰ. Goal

부사(절)의 종류, 부사의 위치(빈도부사, 양태부사). very와 much 용법. already, yet, still간의 용법구분, 부사와 형용사의 관계. 부사의 기능 : (동사, 부사, 형용사, 문장) 수식. 조건, 시간 부사절에 관한 이해. 부사문두 이동으로 인한 주어와 동사의 어순 도치. 주의해야 할 부사의 용법(ago, before). 부사류의 어순.

Ⅱ. Basic Sentences

수식 원리는 부사의 기능을 잘 설명해 준다. (Chapter 1 참조)

1. He runs **fast**. 부사→동사 수식

2. He runs **very** fast. 부사→다른 부사 수식

3. He is a **very** diligent man. 부사→형용사 수식

4. **Happily** he did not die. 부사→문장 수식

5. She went skating on the river by taxi everyday last week.
   (on the river: 장 소 / by taxi: 방법 / everyday: 짧은시간 / last week: 긴시간)

부사류가 여러개 겹칠 때는 일반적으로 **장소(좁은 장소 + 넓은 장소)+방법+시간(짧은 시간+긴 시간)**순서로 놓인다.

She said that her son went to school slowly everyday.
(to school: 장소 / slowly: 방법 / everyday: 시간)

6. ┌ They made an early start.
                              형용사
   └ They started early.
                              부사

부사와 형용사의 관계

7. **Only slowly** did he understand it.

부사가 문두에 위치할 때는 일반적으로 주어, 동사의 어순이 도치된다.

Here comes the bus.
동사 주어

Down came the shower.
동사 주어

그러나 주어가 대명사일 때는 어순 도치 현상이 일어나지 않는다.

Here ┌ *is it.
     └ it is.

Here ┌ *are you.
     └ you are.

타동사가 사용된 문장에서 부정의 뜻을 포함하고 잇는 부사 only, scarcely, little 등이 문두로 이동되면, 부정부사+do동사+주어+동사의 어순이 된다. 이 경우 do가 사용되는 이유는 타동사와 목적어를 인접시키기 위해서이다.

Never did I see such a beatiful woman.
타동사 목적어

타동사와 그 목적어가 인접해 있다.

*Never saw I such a beautiful woman.
타동사 목적어

타동사 saw와 목적어 such~ woman이 I에 의해서 분리되어 비문법적인 문장이 된다.

그러나, 조동사가 포함된 문장에서는 do동사가 사용되지 않는다.

Never again **will** I make that mistake.

8. She is clever **enough** to solve the problem.

부사 enough 는 다른 부사와는 달리, 형용사, 부사 뒤에 놓인다.

He is a [**very** clever / *clever **very**] boy.

It is [***enough** good. / good **enough.**]

그러나 enough가 형용사로 사용될 때는 명사 앞 뒤 모두에서 수식이 가능하다.

There is **enough** room in the hospital.
We have water **enough.**

한편, 명사가 관사없이 형용사적으로 사용된 경우 enough는 언제나 명사 뒤에 놓인다.

You are [fool enough / * enough fool] to borrow from him.

한편, enough는 주로 부정사와 결합된다.

He isn't strong enough [to walk. / * for walking.]

9. [He was content to wait patiently outside the door.
* He was content to wait outside the door patiently.]

부정사를 수식하는 부사(부사구 제외)는 일반적으로 부정사 바로 뒤에 놓인다. 즉 양태부사인 patiently가 부정사 to wait 바로 뒤에 위치해야 한다.

10. However (부사) [hard (부사) he may study, he will fail in the test.
*he may study hard, (부사) he will fail in the test.]

부사와 부사간에는 인접해 놓인다. **인접원리** 참조.

11. ┌ He often goes to the music hall.
　　　빈도부사
　　└ He plays tennis from time to time.
　　　　　　　　　빈도부사

빈도부사는 일반적으로 일반동사 앞, be 동사와 조동사 다음에 놓인다. 그러나 빈도 부사가 다소 길 때는 **문미비중원리**에 의해서 문미로 이동된다.

한편, 조동사와 be 동사가 함께 사용된 문장에서는 빈도부사를 조동사와 be동사 사이에 놓는다.
There will always be a sea of trouble in life.

12. I **still** can not remember it.

still은 빈도부사의 위치와 동일하나, 부정, 평서문에서의 부사 still의 위치는 부정하는 말 앞이다.

13. ┌ a) I will tell her if I [∅ / * will] meet her tomorrow.
　　└ b) I don't know if they [will / *∅] come here tomorrow.

조건과 때를 나타내는 부사절에서는 **미래동사** 대신에 현재동사가 사용된다.

a)는 부사절이므로 현재동사 meet가 옳다. 한편, b)는 if이하가 부사절이 아니라 명사절로서 타동사 know의 목적어이다. 따라서, 부사 tomorrow로 보아 문장의 시제가 미래이므로 미래동사가 사용되어야 한다.

14. ┌ a) He explained the event clearly.
　　　　　타동사　　목적어　　부사
　　└ b) He explained clearly what he had observed during the discussion.
　　　　　타동사　부사　　　　　　목적어

타동사를 수식하는 부사는 타동사의 목적어 다음에 놓인다. 그 이유는 타동사와 목적어를 분리할 수 없기 때문이다. b)에서 부사 clearly가 타동사 explained의 목적절 what이하 다음에 놓이지 않고 앞에 놓인 이유는 목적절이 다소 길어서 문미로 이동되었기 때문이다.

15. ┌ He died 5 years **ago.**
└ I had met him **before.**

부사 ago는 현재 시점에서 **~전에**의 뜻을 지니며, 부사 before는 과거시점에서 **~전에** 뜻을 갖는 다.

16. Only if it rains, ┌ **will** I **stay** home.
└ * I **will stay** home.

only if가 문두에 나타나면, 어순도치 현상이 일어난다.

┌ I will stay home, ┐ **only if** it rains.
└ * Will I stay home ┘

그러나 문두에 나타나지 않을 경우에는 도치 현상이 일어나지 않는다.

17. ┌ a) I have **not** a friend.
│ b) I have **no** friend.
└ c) I have **none.**

not은 부사, no는 형용사, none은 대명사류에 속한다. a)에서 부사 not은 형용사류인 부정관사 a를 수식하며, b)에서 형용사 no는 명사 friend를 수식하며, c)에서 대명사류 none은 타동사 have의 목적어로 사용되었다.

18. ┌ John has ┌ **scarcely** ┐ **ever** gone to bed after midnight.
│ └ **hardly** ┘
└ John has ┌ * **scarcely** ┐ **never** gone to bed after midnight.
└ * **hardly** ┘

scarcely(hardly)는 부정의 뜻을 포함하므로 부정을 나타내는 빈도부사 never와 함께 사용될 수 없는데, 그 이유는 double negatives(이중부정)가 되기 때문이다. formal expression에서의 이중부정은 극히 제한적으로 사용된다.

I can't see ┌ * nothing. (Black English)
└ anything.

또한, 부정부사 hardly(scarcely)가 현재완료시제의 문장에 사용될 때는 반드시 부사 ever와 함께 사용된다.

John has [* scarcely / * hardly / scarcely ever / hardly ever] gone to bed after midnight.

19. [**Only** I went to school.
I **alone** went to school.

부사 only는 강조하는 말 앞에 위치하고, alone은 뒤에 위치한다.

20. [a) Everyone speaks well of Mary.
b) Mary is [*spoken **well** / **well** spoken.] of.

분사(현재, 과거)를 수식하는 부사는 분사 앞에 놓인다. 따라서 부사 well이 분사 spoken 앞으로 이동되었다.

이와 마찬가지로 다음의 문장 a)를 분사구문으로 고치면 b)처럼 된다.

a) If we speak strictly, we are lost.

b) [* Speaking **strictly**, / **Strictly** speaking,] we are lost.

부사 strictly가 현재분사 speaking 앞으로 이동되었다.

21. We hoped to see Veronica [on Monday. / Monday. / next Monday. / on the following Monday. / * on next(last) Monday. / on Monday next.]

next와 last 앞에는 전치사 on이 사용되지 않는다.

Ⅲ. Further Studies

A. much too와 too much 구분

much too 다음에는 형용사 혹은 부사가 나타나며, too much 다음에는 주로 명사, 부사구 등이 오거나 공요소가 온다.

It is **much too** late.
He is **much too** honest.
Don't drink **too much** water.
That is **too much** for me.

B. 부사 slow 와 slowly 구분

slow는 informal expression에서, slowly는 formal expression에서 각각 사용된다.

slow - informal
slowly - formal

부사 slow는 go, walk, drive 등과 주로 사용된다.

He drove [slow / slowly] round the corner.

He was eating [slowly. / slow.]

C. 때나 조건을 나타내는 부사절과 시제

때나 조건을 나타내는 부사절에서는 미래시제 대신에 현재시제가 사용되는데, 그 이유는 주절의 동사나 다른 어구가 미래를 나타내고 있기 때문이다.

I will be happy **when he** [***will be** / **is**] **back home.**

다음의 문장에서는, 부사절이 아닌 명사절, 형용사절로 각각 사용되었기 때문에 현재시제가 사용되지 않고 미래시제가 사용되었다.

a) I don't know **if it** [**will** / *∅] **rain tomorrow.**

b) The time will come **when we** [**will** / * ∅] **win the game.**

a)에서는 if 이하의 절이 타동사 know의 목적어로 사용된 명사절이며, b)에서는 when 이하가 명사 the time을 수식하는 형용사절이다.

그러나, 조건을 나타내는 부사절의 경우에도 주어의 의지를 나타내는 경우나 **if절이 주절행위의 결과**가 될 때는 will이 사용된다.

If he'll pay, I'll go with him.
If you'll help us, we can finish easily.
If you will help me, we shall soon finish it.
(=Please help me;we shall soon finish it.)

위의 경우는 주어의 의지를 나타내므로, will이 사용되었다. 이 경우, **~해 주시면**으로 번역한다.

If it will make you happier, I will stop smoking.

주절의 행위가 if 절에 직접적으로 영향을 끼치고 있기 때문에 현재 시제가 사용되지 않는다.

D. very much/much 용법

very much는 긍정문에, much는 부정문에 사용된다. 그 이유는 좋은 뜻은 보다 강하게, 나쁜 뜻은 보다 약하게 표현되기 때문이다.

He loves you [
very much.
a great deal.
* much.
so much.
*too much. (too는 부정의미를 내포하기 때문)
]

Thank you [
very much.
* much.
]

He doesn't love you [
much.
* very much.
]

Ⅳ. Structure

1. ________ great disparity in what is known about the different sense modalities.
   (A) A (B) It is a (C) There is a (D) That there is
2. A gnat lays its eggs on water, ______ they float from one to several days before they hatch.
   (A) how (B) where (C) why (D) what
3. The bowl-shaped form of the kettledrum _______ half of an enormous eggshell.
   (A) looks rather like (B) looks like rather
   (C) that looks like rather (D) that looks rather like
4. Southwest of Omaha, Nebraska, ______, the state's educational and governmental center.
   (A) where does Lincoln lie (B) where Lincoln lies
   (C) Lincoln lies (D) lies Lincoln
5. Of the two houses the family prefers ________.
   (A) the most isolated one (B) the one isolated more
   (C) the more isolated one (D) the isolated one more
6. _________ boxer is knocked down and cannot rise within ten seconds, he loses the match.
   (A) There is a (B) That (C) If a (D) A
7. Although ____________ about the exact nature of the various elements in the human brain that is not understood, the sequence of the brain's actions is well defined.
   (A) much being (B) much (C) much will (D)there is still much
8. After fifteen years in this department, he is _________ doing the same work.
   (A) already (B) once (C) yet (D) still

연구 및 해답

1. (C) 본문은 주어가 있으나 동사가 없으며, 유도부사(there)가 이끄는 문장에서는 주어와 동사의 어순이 도치된다.
2. (B) 명사 (water)로 보아 장소를 나타내는 관계부사가 적합하다.
3. (A) look like :처럼 보이다. rather는 부사로서 like를 수식한다.
4. (D) 부사구가 문두에 사용되면 주어와 동사의 어순이 도치된다. Lincoln과 the state's educational and governmental center는 동격이다.
5. (C) the 비교급 of the two.
6. (C) 다음에 주어와 동사가 나타나므로 접속사가 적합하다. 본문의 주부와 술부는 he loses the match 이므로 그 앞은 수식요소가 적합하다. B는 명사절을 이끌므로 부적합하다.
7. (D) 접속사인 Although 다음에는 주어+동사가 와야 한다. 유도부사(there) 때문에 어순이 전도된다.
8. (D) still 은 긍정문, 부정문에 모두 사용된다. 특히 부정 평서문에서는 조동사 앞에 위치한다. 문의 내용상 D가 적합하다.

1. _________ many different kinds of maps.
   (A) So have (B) So are (C) There have (D) There are
2. _________, quicksand looks like powder.
   (A) Dry (B) It is dry (C) When dry (D) When is it dry
3. John and I like to watch the games on TV because we can see more _______ than we could from a seat in the stadium.
   (A) clear (B) clearly (C) clearness (D) clearer
4. Rarely ________ for more than a few seconds once they enter the Earth's atmosphere.
   (A) while meteors blaze (B) meteors that blaze
   (C) do meteors blaze (D) blaze meteors
5. _________, all machines are combinations of simpler machines such as the lever, the pulley, and the inclined plane.
   (A) How complex is not a matter of
   (B) The matter is complex if no
   (C) It does not matter if the complexity
   (D) No matter how complex
6. The coarser the sediment, _________.
   (A) where the beach is steeper and narrower
   (B) and the steeper and narrower the beach
   (C) the beach is steeper and narrower
   (D) the steeper and narrower the beach
7. _________ or more chemical elements unite, they form a compound.
   (A) When two (B) Two such (C) Two of (D) Whereas two
8. Water vapor ________ in the air.
   (A) always present is (B) present is always
   (C) present always is (D) is always present

연구 및 해답

1. (D) 본문내에 주어는 있으나 동사가 없다. 존재를 나타내는 유도부사와 be 동사가 필요하다.
2. (C) when(it is) dry. 빈칸에는 수식요소가 와야 한다. 본문에는 부사절(구)이 적합하다.
3. (B) 동사(see)를 수식할 수 있는 형태로 부사가 적합하다.
4. (C) 부정을 나타내는 부사가 문두에 오면 do 동사가 사용되어 어순이 도치된다.
5. (D) No matter how+형용사 : 아무리 ~ 일지라도.
6. (D) the 비교급, the 비교급.
7. (A) 본문의 주절은 they form ~이다. 또한 다음에 주어와 동사가 나타나므로 부사절을 이끄는 요소가 적합하다.
8. (D) 빈도부사 always는 be 동사 뒤에 놓인다.

1. __________ do not have webbed feet, gallinules are excellent swimmers.
   (A) They (B) That they
   (C) Even though they (D) It is when they
2. __________ the Atlantic Ocean crosses the equator, the trade winds cause a flow of water to the west.
   (A) Where (B) And (C) That (D) At
3. The element vanadium ________ as a metal.
   (A) occurs no (B) occur (C) nothing occurs (D) never occurs
4. The greater an object's mass, the more difficult it is ________.
   (A) to speed it up or slow it down
   (B) it speeds up or slows down
   (C) than speeding it up or slowing it down
   (D) than speeding up or slowing down
5. Not ________ on dry land.
   (A) are all valleys (B) valleys all are
   (C) valleys are all (D) all valleys are
6. David may _______, but we must go at once.
   (A) stay lately (B) stay a little
   (C) have stayed very late (D) stay late
7. The cost is _________ much for me.
   (A) so much (B) very much (C) too much (D) much too
8. _________ as consumers' goods and producers' goods, the principal distinction is one of ownership.
   (A) In the classification of economic goods
   (B) In classified economic goods
   (C) The economic goods that classify
   (D) Economic goods are classified

연구 및 해답

1. (C) 주절이 S+V를 갖춘 완전한 문장이며, 종속절과 대조를 이룬다.
2. (A) 장소를 나타내는 부사절이 적합하다.
3. (D) no는 형용사, nothing 은 명사임. 빈도부사는 일반동사 앞에 놓인다. 본문에는 동사가 빠져있다.
4. (A) it ~ to. the 비교급 ~the 비교급.
5. (D) not all은 부분부정을 나타낸다. not은 부사임.
6. (D) B는 stay a little longer이면 답으로 가능하다.
7. (D) too much+구 혹은 명사. much too+형용사. (much=way) too much.
8. (A) 주절이 S+V를 갖춘 완전한 문장이므로 C, D는 적합하지 못함. 또한 B에서 전치사는 동명사를 목적어로 취하기 때문에 classifying으로 고쳐야 한다.

1. Not until the 1960s, ________ at Hugnes Research laboratories build the world's first working laser.
   (A) Theodore Mainman (B) while Theodore Mainman
   (C) did Theodore Mainman (D) Theodore Mainman did
2. After the oil embargo, no longer _________ gasguzzling cars as the cost of gasoline increased.
   (A) people could afford (B) that people could afford
   (C) could people afford (D) could afford
3. I will go home for vacation as soon as I ________ my exam.
   (A) will finish (B) finish (C) am finishing (D) finished
4. The reason why I resent you is ________.
   (A) due to your dishonesty (B) because that you are not honest
   (C) that you are dishonest (D) because you are dishonest
5. I think it's ________ to go for a walk.
   (A) much too hot (B) very much hot
   (C) too much hot (D) very much heat
6. Under no circumstances, ____________ unlocked.
   (A) must the door be left (B) the door must be left
   (C) must be left the door (D) the door be left
7. ___________ a slight difference in the time it takes for a sound to reach each other.
   (A) There will be always (B) There always will be
   (C) There will always be (D) Always will there be
8. __________ I know, he is honest.
   (A) As long as (B) So long as (C) As much as (D) So far as

연구 및 해답

1. (C) Not until the 1960s 와 같은 부정부사(구)가 문두에 놓이면 어순 도치 현상이 발생한다.
2. (C) 1번과 동일 문제임.
3. (B) 때를 나타내는 부사절에서의 시제는?
4. (C) the reason과 because (since, due to)가 함께 사용되면 의미 중복현상을 초래한다.
5. (A) much too 다음에는 형용사가 오며, too much 다음에는 부사구 혹은 공요소가 온다.
6. (A) 부정요소가 문두에 놓이면 어순은?
7. (C) 조동사와 be 동사가 함께 사용된 표현에서의 빈도 부사의 위치는 조동사와 be 동사의 중간이다.
8. (D) so (as) long as는 조건을, so (as) far as는 한계, 범위를 각각 강조한다.

V. Written Expression

1. Middle class values are generally normally the dominant values in a society.
(A: Middle class / B: generally normally / C: values / D: a society.)

2. Most talc is used in ceramics and roofing because it resists fire good.
(A: Most / B: used / C: because / D: good.)

3. Because magnesium is such plentiful in sea water, it is available to most of the countries that want to use it.
(A: Because / B: such / C: available to / D: most of)

4. Practical all of the Bering Sea water comes from the Pacific Ocean.
(A: Practical / B: all / C: water / D: from)

5. Recent, the elderly man in the wheelchair hired a young man as a companion.
(A: Recent / B: in the / C: hired / D: companion.)

6. A detailed map of the mining camp was handed out and the directions for getting there were repeated very clear.
(A: A detailed / B: for getting / C: there / D: very clear.)

7. Inevitable and maybe unfair comparisons are likely to be made between the sales manager in Oakland and his counterpart in Fargo.
(A: maybe / B: to be / C: and his / D: counterpart in Fargo.)

8. Barrett had to lie on his left side all night, and the pain from the wrenched shoulder became some worse.
(A: had / B: left / C: from / D: some)

연구 및 해답

1. (B) generally와 normally는 의미 중복을 초래한다. 어느 하나를 삭제해야 한다.
2. (D) 동사 resists를 수식하기 위해서는 D를 well로 바꾼다.
3. (B) 원급 즉 형용사 plentiful을 수식하기 위해서는 very가 적합하다.
4. (A) 영어에서 all을 수식할 수 있는 한정사는 없으므로 A를 Practically로 바꾼다.
5. (A) Recent는 형용사이며 그 다음에 명사가 없으므로 문장수식 부사형인 Recently로 고쳐야 옳다.
6. (D) very clear → very clearly.
7. (A) maybe와 are likely to 간에 의미 중복을 초래한다. 따라서 maybe를 삭제해야 한다.
8. (D) worse가 형용사이므로 D를 somewhat(부사)으로 고친다.

1. Earlier (A) or later, all lakes are influenced (B) by eutrophication, process in which lake sediment lowers the depth (C) of the water and drains oxygen from it. (D)

2. Of nearly approximately (A) 5,000 stars visible (B) to the naked eye (C), only several (D) hundred have proper names.

3. A desert area that has been (A) without water (B) for six years will (C) still bloom when rain will come (D).

4. In true hibernation (A), an animal's body temperature (B) drops approximately practically (C) to the temperature (D) of the air.

5. The creation (A) of the mobiles extremely greatly (B) extended the limits (C) of the art of sculpture. (D)

6. A chemical element is a substance that (A) cannot be broken (B) down chemical (C) into simpler (D) substances.

7. The sizes (A) of atoms vary regularize (B) throughout (C) the periodic system (D).

8. According (A) to many schools, sociology must necessity (B) be concerned with the problems of justice, especially (C) in matters pertaining (D) to government and economics.

연구 및 해답

1. (A) sooner or later : 조만간에, 언젠가는. Earlier→Sooner.
2. (A) A의 두 부사는 서로 유사한 의미를 지니므로 어느 하나를 삭제해야 한다.
3. (D) 때나 조건을 나타내는 부사절에서는 미래시제 대신에 현재시제를 쓴다. will come→comes.
4. (C) C의 practically는 불필요하다.
5. (B) B에는 의미가 유사한 부사가 중복 사용되었으므로 어느 하나를 삭제해야 한다.
6. (C) 동사 be broken으로 보아 C를 부사 chemically로 고쳐야 한다.
7. (B) regularize→regularly.
8. (B) necessity→necessarily.

1. Fog appears in many (A) the same (B) way that a cloud appears (C) around a steaming (D) kettle.

2. Preserved (A) in rock, the bones of dinosaurs and tracks made (B) by these animals occur in many parts of the world and undoubtedly (C) attracted attention before long (D) they were understood.

3. When to burn (A), a gram of coal yields (B) fewer (C) than 10,000 calories of heat. (D)

4. When (A) dried (B) slowly and natural, (C) raisins are high in iron and other minerals (D).

5. The discovery (A) of x-rays in 1985 by W. C. Roentgen (B) was (C) pure (D) accidental.

6. Charles Whitman, director of the Marine Bilogical Laboratory at Woods Hole for two decades, (A) wrote frequently (B) on anatomy (C), evolution, and animal behaviour. (D)

7. In their paintings (A), artists (B) of the Fauve school applied colors freely, (C) expressively, and brilliance. (D)

8. Does anyone this days (A) really doubt (B) that the computer is an innovation (C) of revolutionary proportion? (D)

연구 및 해답

1. (A) much the same : 거의 같은.
2. (D) long before : 오래전에. before long : 곧.
3. (A) when은 접속사이므로 S+V가 필요하다. when it is burned.
4. (C) 접속사 and가 두 개의 부사를 연결하고 있다. natural→naturally. when(they are)dried~.
5. (D) accidental은 형용사이므로 그 앞에는 부사형이 옳다. pure→purely.
6. (B) 빈도부사는 일반동사 앞, be혹은 조동사 뒤에 놓인다.
7. (D) 접속사 and가 세 개의 부사를 연결하고 있다. applied가 동사임에 착안할 것.
8. (A) these days : 요즘, 근래에.

Ⅵ. Vocabulary

※ Choose the **one** word or phrase that has the same meaning as the **bold-faced** part.

1. The **kidnapping** of pets has become a national problem.
   (A) abduction (B) poisoning (C) desertion (D) abuse

2. Andre Watts gave **a dazzling** interpretation of Beethoven's Emperor' Concerto.
   (A) an intriguing (B) a faithful
   (C) an ornate (D) a brilliant

3. William Faulkner's stories reflect his Mississippi **upbringing.**
   (A) education (B) cousins (C) visits (D) accent

4. The **onset** of sleep is determined by many factors.
   (A) quality (B) beginning (C) style (D) function

5. **Infectious** diseases may be spread by viruses and bacteria.
   (A) Childhood (B) Deadly (C) Contagious (D) Genetic

6. In 1974 Henry Aaron broke Ruth's **monumental** lifetime record of 714 home runs.
   (A) archaic (B) deadly
   (C) conspicuously great (D) genetic

7. True cedars, members of the pine family, are **stately** trees one hundred twenty to one hundred fifty feet tall.
   (A) great (B) evergreen (C) national (D) majestic

8. Wild pigs are fierce and courageous fighters and charge with little or no **provocation.**
   (A) protection (B) incitement (C) assistance (D) warning

연구 및 해답

1. (A) kidnap, abduct : 유괴하다. pet : 애완동물.
2. (D) dazzling interpretation : 황홀한 연주.
3. (A) upbringing : 교육, 양육.
4. (B) onset : 착수, 시작.
5. (C) contagious : 접촉, 전염성의.
6. (C) monumental : 기념의, 불후의.
7. (D) cedar : 히말라야 삼목. stately : 장엄한, 위엄있는.
8. (B) fierce : 사나운, 격렬한. charge : 습격하다, 돌격하다.

9. The members of Aaron Burr's family were noted for their passionate and **headstrong** temperament.
   (A) intellectual (B) stubborn (C) witty (D) steadfast
10. He could not say no to the request because he is a **meek** person.
   (A) humble (B) aggressive (C) practical (D) patient
11. Only **sovereign** states are able to make treaties.
   (A) constitutional (B) powerful
   (C) legitimate (D) independent
12. The Salk vaccine is a major factor in the fight to **eradicate** polio.
   (A) completely destory (B) carefully disguise
   (C) legitimate (D) contain
13. It was **stifling** last week.
   (A) cold (B) crowded (C) deserted (D) hot
14. The cost of living in nearly every country in the world has **skyrocketed** in the past ten years.
   (A) increased slowly (B) leveled off
   (C) grown steadily (D) risen rapidly
15. The accordion is a **portable** musical instrument of the reed-wind variety.
   (A) a versatile (B) an easily transportable
   (C) an inexpensive (D) a highly popular
16. The appalachians stretch south from the St. Lawrence valley, **dwindling** away in Alabama.
   (A) eventually disappearing (B) meandering off
   (C) bending sharply (D) spreading out

연구 및 해답

9. (B) …열정적이고 완고한 기질로 유명하다.
10. (A) 온순한.
11. (D) sovereign : 주권을 갖는, 독립된. treaty : 조약. constitutional : 타고난, 선천적인.
12. (A) Salk vaccine : (소아마비 예방용), 소오크 왁찐. eradicate : 박멸하다, 근절하다. polio : 소아마비.
13. (D) stifling : 숨막히는, 무더운.
14. (D) skyrocket : (물가가) 갑자기 오르다.
15. (B) reed-wind variety : 갈대 피리류.
16. (A) dwindle : 점점 작아지다.

Chapter 8
Gerund

Ⅰ. Goal

동명사의 기능(명사적 성질, 동사적 성질). 동명사의 의미상 주어. 동명사를 목적어로 취하는 동사. 동명사를 사용한 관용적 표현. 동격 명사절 : noun of -ing=noun+주어+동사. have difficulty (in) -ing. spend~(in) -ing. 동명사의 부정표시법. 동명사와 부정사의 의미차이(The Bolinger Principle). 전치사+동명사 구조. to(전치사)+동명사. 동명사와 명사의 성질 구분.

Ⅱ. Basic Sentences

1. **Feeding** the animals is forbidden here. (주어)

2. She could not bear **seeing** the children suffer from hunger.

   타동사 bear의 목적어로 동명사 seeing이 사용되었다.

3. His hobby is **collecting** stamps. (보어)

4. The **singing** of carols is an ancient Christmas custom.

   동명사의 명사화 : 행위 혹은 동작이 강조되어 명사보다 더 생동감을 준다.
   명사는 추상적인 사고를 의미하나 동명사는 구체적인 행위를 나타낸다.

   I like her ┌ song. (정적임)
   └ singing. (동적임)

   Plans are worthless but **planning** is invaluable.

5. He insisted on **my paying** the money.

   동명사의 의미상 주어는 **소유격**이다.

6. Be polite **in speaking** to others.

동명사 speaking이 전치사 in의 목적어로 사용되었다.

7. He will **go climbing.**

go ~ing : ~하러 가다.

8. ┌ His illness **kept him from going** there.
└ His illness **forbade him to go** there.

•keep (prevent, stop, abstain, disable, dissuade, discourage)+A(목적어)+from ~ing
: A로 하여금 ~못하게 하다.
•forbid+A(목적어)+to동사 : A가 ~하는 것을 금지하다.
I forbade her to join the party.

9. ┌ a) **The fact of** [**his being honest** / **his honesty**] is known to everybody.
└ =b) **The fact that he is honest** is known to everybody.

전치사 of는 동격을 나타낸다.

전치사의 목적어로 명사나 혹은 동명사가 올 수 있는 데, 다음과 같은 문에서는 동명사가 목적어로 나타나면, 비문법적인 문장이 된다.

It is a matter of [debate / *debating] among others.

전치사 of의 목적어로, 명사 debate와 동명사 debating 모두가 적합하나 위의 문에서는 동명사 debating은 사용될 수 없다. 그 이유는 debating이 타동사이므로 그 다음에 목적어가 요구되나 목적어가 될 수 있는 어구가 없기 때문이다. among others는 부사구에 불과하다. 한편, 명사 debate는 다음에 목적어가 나타날 필요가 없을 뿐만 아니라 이 문장에서는 논쟁에 대한 추상적인 사고를 언급하므로 위 문장에서 사용이 가능하다.

10. I **had a hard time in finding** her.

have(get) [a hard time / trouble / difficulty / a struggle] (in) -ing: ~하는 데 애먹다.

We had difficulty **with** math.

그러나 동사가 나타나지 않고 명사가 올 경우에는 전치사 with가 사용된다.

11. He **spends** most of the time **in reading** magazines.

- spend(waste, idle away)~(in)-ing: ~하면서 시간을 소비하다(보내다).
- sit ~(in) -ing: ~하면서 앉아 있다.

12. **Not having received** an answer, I sent a messenger.

동명사를 부정하기 위해서 동명사 앞에 not 혹은 never가 사용된다.

13. ┌ I remember **posting** the letter.
└ I remember **to post** the letter.

타동사 remember는 목적어로 동명사 혹은 부정사를 모두 취할 수 있다. 그 이유는 동사 remember가 ~을 **기억하다** 혹은 **~명심하다**는 두 가지 뜻을 지니기 때문이다. 전자의 경우에는 동명사가 목적어로 와야 하며, 후자의 경우에는 부정사가 목적어로 나타나야 한다. **볼린져 원리** 참조.

┌ a) I regret **not working** harder while young.
└ b) I regret **not having worked** harder while young.

b)는 a)의 강조형태로서 두 문장은 동일한 의미를 내포한다.

14. ┌ He **was on the verge of being** drowned.
└ = He was just about to be drowned.

┌ be on the [point / edge / top / brink] of -ing
└ =be just about to+동사

막 ~하려는 순간(찰나)에 있다.

15. I enjoyed [**studying** / ***to study**] with Miss Smith.

동사 enjoy는 목적어로 동명사를 취한다. **볼린져 원리** 참조.

16. I regret [**doing it.** / *to do.]

타동사 regret가 **후회한다**는 뜻을 지니는 경우는 동명사를 목적어로 취한다. **볼린져 원리** 참조. 이 경우 의미를 강조할 시에는 완료 시제를 사용한다.

I regret [telling / having told] you.

17. [He began **to cry**. i.e.) He didn't cry before.
He began **crying**. i.e.) He cried before.]

동사 begin는 동명사 혹은 부정사를 목적어로 취한다. 그러나 주어가 무생물일 때는 동명사는 목적어로 사용되지 않는다.

As she left the house, it began [**to rain.** / ***raining.**]

18. He is such a nice man that you **cannot** [**avoid** / **help**] **liking** him.

can't avoid -ing는 주로 구어체에서 사용된다.

19. [I **came near suffocating** with dust.
= I **liked to suffocate** with dust.]

came near -ing = liked to+동사 : ~할 뻔 했다.

20. [It **is worth waiting** for big chances.
= It **is worth while** [**to wait** / **waiting**] for big chances.
= Big chances **are worthy of waiting** for.]

21. [The house [**wants** / **needs**] **painting.**
= The house [**needs** / ***wants**] **to be painted.**]

사물이 주어일 때, want to be+p.p 구문은 사용되지 않는다.

Ⅲ. Further Studies

A. 동명사의 의미상의 주어

동명사의 의미상 주어는 소유격으로 표시된다.

Would you mind [my / *me] opening the door?

구어체에서는 목적격이 사용되기도 하나 문어체에서는 사용되지 않는다. 한편, 능동적인 뜻을 지니고 있는 어휘적 명사는 소유격으로 나타내어도 되고, 그렇지 않아도 된다.

It ended in [the doctor's / the doctor] being sent for.

어휘적 명사가 무생물일 때는 동명사의 주어를 소유격으로 나타내지 않는다.

We were glad of [the examination / *the examination's] being over.

Never a day passed without [something / *something's] presenting itself.

B. To(전치사)+동명사 구조

전치사 (to)와 동명사 구조를 취하는 표현은 다음과 같다.

be subject to, be open to, be opposed to, be close to, be devoted to, object to, look forward to, be(get)used to, what do you say to, with a view to, devote (apply) oneself to, take to, agree to, fall to, come near to, come down to, be equal to, adhere to, be committed to, be dedicated to, contribute to, resort to.

이와 같은 표현에서 to는 to-부정사의 to가 아니라 전치사이므로 그 다음에는 동명사 혹은 명사 상당어구가 와야 한다.

I **object to being** criticized so stupidly.

We **are open to smoking** in the room.

He is opposed to getting married.
Summer is close to putting an end.

┌ He was devoted to studying.
└ =He devoted himself to studying.

┌ We were applied to studying German.
└ =We applied ourselves to studying German.

The theory is subject to criticism.
I am looking forward to seeing her.
He isn't used to walking.

What do you say to playing baseball?
He took to writing after he retired from the college.
I agree to sharing the profits.
He invests in bonds with a view to building a school.

I am ┌ equal ┐ to doing the task.
     └ =equivalent ┘

She fell to drinking.
He came near to achieving the goal.
He had come down to begging.

비교 To(부사)+동사구조

be apt to, fail to, be certain to, happen to, be likely to, appear to, tend to, prove to, be going to, turn out to, be forced to, be impelled to, be bound to, be compelled to.

C. 동명사와 부정사의 의미차이

동명사와 부정사의 의미차이에 대해서는 볼린져 원리를 참조하라.

I like ┌ to swim.
       └ swimming.

부정사가 목적어로 나타나면, (지금 날씨가 더워서) 나는 수영하고 싶다는 일시적인 뜻을 지니게 되나 동명사가 목적어로 나타난 문장은 전에 수영을 해보니까 좋더라. 따라서 나는 수영을 좋아한다와 같은 일반적인 뜻을 지닌다.

Ⅳ. Structure

1. A refractory is any nonmetallic material or object that can withstand high temperatures __________ becoming soft.
   (A) and not (B) neither (C) but (D) without
2. The paramecium swims rapidly _______ hairlike cilia.
   (A) by beating (B) its beating
   (C) of the beating (D) the beaten
3. The wind has almost stopped ________.
   (A) being windy (B) to blow (C) blown (D) blowing
4. Please don't leave without ________ the lights.
   (A) you turn off (B) turning off
   (C) to turn off (D) you'll turn off
5. Some type of instrument ________ has been known to painters since the early Stone Age.
   (A) for applying paint (B) applying paint
   (C) is for applying paint (D) for applying paint, it
6. You will be punished if you ______ paying your taxes.
   (A) obey (B) invade (C) evade (D) demand
7. Would you mind _________ here?
   (A) me to smoke (B) my smoking
   (C) me smoking (D) smoke
8. My roommate lost a lot of weight _________ every day.
   (A) to exercise (B) for exercising
   (C) for exercise (D) by exercising

연구 및 해답

1. (D) without ~ -ing : ~없이, ~하지 않고.
2. (A) by ~ ing : ~함으로써.
3. (D)
4. (B) 전치사 without 다음에 명사 상당어구가 요구된다.
5. (A) for는 용도, 목적을 나타내는 전치사이다.
6. (C) evade는 동명사를 목적어로 취한다. 문장의 내용상 C가 적합하다.
7. (B) mind는 동명사를 목적어로 취한다. 동명사의 의미상 주어는 소유격으로 표시된다.
8. (D) by~ -ing : ~함으로써.

1. She ________ help thinking that she had seen him somewhere before.
   (A) cannot (B) could not
   (C) must not (D) might not
2. ________ all night in the rain caused him to catch a cold.
   (A) He worked (B) Him to work
   (C) He working (D) His working
3. He has a hard time _______ English.
   (A) of speaking (B) speak (C) speaking (D) to speak
4. Most of them have spent their time _______ playing basketball.
   (A) by (B) on (C) in (D) at
5. I am considering ________ your offer.
   (A) to accept (B) accepted
   (C) accepting (D) to be accepting
6. When overcome by excitement, people may have trouble ________.
   (A) clearly think (B) thinking clearly
   (C) clear thinking (D) to think clearly
7. We object to ________ the responsibility for a blunder we have not committed.
   (A) be assumed (B) assume
   (C) have assumed (D) assuming
8. Man has looked forward to _______ a country with birds and animals.
   (A) having seen (B) to be seen
   (C) seeing (D) see

연구 및 해답

1. (B) can't help ~ -ing. 종속절의 과거완료시제로 미루어 보아 주절의 시제가 과거형이어야 한다.
2. (D) 동명사의 의미상 주어는 소유격이다. 본문의 동사는 caused 이므로 그 앞은 문장의 주어가 되어야 한다.
3. (C) have [a terrible struggle / difficulty / trouble / a hard time] (in) ~ -ing: ~하는 데 애먹다.
   cf) have difficulty with+명사
   We had difficulty with mathematics.
4. (C) spend ~ (in) -ing.
5. (C) consider는 동명사를 목적어로 취한다. **볼린져 원리**의 예외에 속하는 동사임.
6. (B) When (they are) overcome~.
7. (D) 동사구 object to에서 to는 전치사임에 착안할 것.
8. (C) look forward to -ing. 본문의 시제가 현재완료이므로 A는 답이 될 수 없다.

1. The technique of recording, classifying, and ______ is known as accounting.
   (A) an enterprise's transactions summary
   (B) the summarizing of an enterprise's transactions
   (C) transactions of an enterprise are summarized
   (D) summarizing the transactions of an enterprise
2. One difficulty ________ the components of economic movements is that those components are not completely independent of one another.
   (A) of isolation (B) will isolate (C) in isolating (D) be isolated
3. The director enjoyed ________ his former employee.
   (A) hearing from (B) to hear from (C) to hear about (D) heard about
4. I often think ________ to Europe.
   (A) to go (B) of going (C) by going (D) travel
5. Hawks serve an important purpose in the scheme of nature ________ on destructive rodents, such as mice and rats.
   (A) by preying (B) in order that preying
   (C) that they prey (D) than to prey
6. "What did they struggle for?" The two men resisted ________ it.
   (A) to examine (B) examining (C) examine (D) by examine
7. He has forgotten ________ me before.
   (A) to see (B) seeing (C) see (D) by seeing
8. ________, meteorologists hope to learn how to keep its damage to a minimum.
   (A) Lightning studied by (B) Lightning is studied by
   (C) The study of lightning (D) By studying lightning

연구 및 해답

1. (D) 전치사 of의 목적어가 요구된다. 접속사 and는 동명사를 서로 연결하고 있다.
2. (C) 다음에 목적어가 있는 것으로 보아 동사의 성질을 지닌 동명사가 적합하다.
3. (A) enjoy는 동명사를 목적어로 취한다.
4. (B) think of : ~에 대해서 생각한다.
5. (A) prey on : 포식하다. by -ing : ~함으로써.
6. (B) resist는 동명사를 목적어로 취한다.
7. (B) forget+to 부정사 : 미래의 사실. forget+동명사 : 과거의 사실.
8. (D) by~ -ing : ~함으로써.

Ⅴ. Written Expression

1. The embarrassed(A) professor pleaded not guilty to(B) the charge of drive(C) while intoxicated.(D)

2. Because(A) he was greatly(B) troubled(C) by his conscience, Hamlet was incapable to kill(D) the king.

3. There was(A) no(B) record of his agree(C) to the(D) plan.

4. By facing(A) a problem before(B) it becomes insurmountable,(C) we can take a giant step toward resolve(D) it.

5. Someone with perfect pitch(A) is able to identify(B) a tone without(C) hearing a second tone for to compare.(D)

6. Some members of(A) the committee were opposed to use(B) the club members'(C) money to redecorate the meeting(D) hall.

7. I was appreciative of(A) all his efforts,(B) especially of him(C) doing that(D) one job for me.

8. I am going(A) to(B) America for learning(C) English next year.(D)

연구 및 해답

1. (C) 전치사 of의 목적어가 필요하다. 실제로 운전한 행위를 나타내므로 동명사가 적합하다. drive→driving. B의 not은 부정사를 부정함. not(to be) guilty.
2. (D) be incapable of+동명사. to kill→of killing.
3. (C) 전치사 of의 목적어가 필요하다. agree→agreement 혹은 agreeing.
4. (D) 전치사 toward의 목적어가 필요하다. resolve→resolving.
5. (D) for가 전치사 이므로 D를 comparison으로 고쳐야 한다.
6. (B) 전치사 to의 목적어가 필요하다. be opposed to ~에서 to는 전치사이다.
7. (C) him→his. 동명사의 의미상 주어는 소유격으로 표시된다.
8. (C) for+동명사 구조는 formal, written expression 에서는 부사로 사용되지 않고 형용사 기능을 갖는다. 따라서 C를 to learn으로 고쳐야한다. 부정사 **Further Studies** 참조.

1. Some of the questions that scholars ask seem [A] to the world to be scarcely [B] worth to ask, [C] let alone [D] answering.

2. Banks are differentiated [A] from other financial institutions [B] by their principal functions of [C] accepting deposits and to make loans. [D]

3. A major issue [A] at the constitutional Convention of 1787 was the decision [B] concerning the manner [C] of election [D] the president.

4. No doubt you have always had [A] expectations, [B] and I desire that [C] you continue expect. [D]

5. I look forward to meet [A] you at [B] your [C] earliest [D] convenience.

6. When [A] and by whom [B] the islands of the West Indies were first settled is a matter of debating [C] among [D] archaeologists.

7. The mountains [A] and canyons of [B] Utah are excellent [C] places for hunting and to fish. [D]

8. Long [A] before the dawn [B] of recorded [C] history humans celebrated to harvest [D] their crops.

연구 및 해답

1. (C) be worth ~ -ing.
2. (D) 전치사 of의 목적어가 되어야 한다. D의 to make를 making으로 고쳐야 한다.
3. (D) 다음에 목적어(the president)가 있으므로 D를 동사적 성질을 지니고 있는 electing 으로 고쳐야 한다.
4. (D) expect→expecting. 볼린져 원리 참조.
5. (A) look forward to에서 to 는 전치사임. meet→meeting.
6. (C) 다음에 목적어가 없으므로 동사적성질을 지니고 있는 동명사는 부적합하다. debating → debate.
7. (D) 전치사 for 다음에 목적어가 와야 한다. D를 fishing로 고친다. parallelism 문제.
8. (D) 동사 celebrated는 동명사를 목적어로 취한다. D를 havesting 혹은 the harvest of로 고쳐야 한다.

1. Acquire (A) education is the principal way of gaining status in a culture that generally stresses (B) achievement (C), skilfulness, and upward (D) mobility.

2. As I had (A) finished to read (B) the newspaper, I began to think (C) about the (D) terrible accident reported in the paper.

3. It is impossible to take a walk (A) in the country with an average townsman (B) without amazing (C) at the vast continent (D) of his ignorance.

4. A micropyle is (A) a tiny open (B) in several kinds (C) of biological structures. (D)

5. Him (A) not agreeing to accept (B) the proposals outlined (C) by the committee is baffling. (D)

6. I recall (A) that I had (B) a terrible struggle to find (C) anything antireligious (D) in the school libraries.

7. Cowboys in movies (A) never come to have any (B) trouble to drawing (C) guns out (D) of their holsters.

8. Fra Diavolo, an Italian bandit, whose (A) real name was Michele Pezza, was executed (B) in Naples in 1806 for having tried inciting (C) Calabria to insurrection. (D)

연구 및 해답

1. (A) 문맥상 Acquire education이 주어가 되어야 한다. Acquire→Acquiring. Acquring education ~ " 교육을 받는 것은 ~.
2. (B)
3. (C) be amazed at : 놀라다. without amazing→without being amazed.
4. (B) 형용사 tiny로 보아 B를 opening으로 고쳐야 한다.
5. (A) 동명사의 의미상 주어는 소유격이다. Him→His.
6. (C) to find→(in) finding.
7. (C) to drawing→(in) drawing.
8. (C) try [to-부정사 : 애쓰다. / 동명사 : 시험삼아 해보다.]

   inciting→to incite.

Ⅵ. Vocabulary

※ Choose the **one** word or phrase that has the same meaning as the **bold-faced** part.

1. The huge **edifice** is under construction.
   (A) building (B) citizen hall
   (C) gymnasium (D) hotel

2. She follows orders well, but she seldom **initiates** action.
   (A) relates (B) introduces (C) starts (D) infuriates

3. Using extremely different decorating schemes in adjoining rooms may result in **discord** and a lack of unity in style.
   (A) compromise (B) disharmony
   (C) disillusion (D) anxiety

4. They refused to **intervene** in the quarrel.
   (A) take the blame for (B) compromise in
   (C) intercede in (D) back away from

5. The graduate students will **convene** in the Student Union.
   (A) converge (B) meet (C) summon (D) rage

6. Soy protein can serve as a nutritious **substitute for** meat.
   (A) by-product of (B) substance in (C) coating for (D) replacment for

7. Hemp, a harsh, **stiff** fiber, comes from a plant that grows in both hot and mild climates.
   (A) sticky (B) rigid (C) dense (D) woven

8. An ordinary rubber ball dipped in liquid oxygen for a few moments will **shatter** if thrown against a wall.
   (A) fall to the ground (B) break into pieces
   (C) bounce (D) twist

연구 및 해답

1. (A) edifice : building, structure, construction.
2. (C) initiate : start, begin, originate, lead.
3. (B) discord : disagreement, difference, dispute, conflict.
4. (C) intervene : come between, intercede, mediate.
5. (B) convene : gather, meet, assemble.
6. (B) substitute : replace, change, exchange, switch.
7. (B) stiff : rigid, firm, tight, inflexible, tough.
8. (B) shatter : destroy, smash, fragment, break.

9. Composer Philip Glass created **singlehandedly** a new musical genre with both classical and popular appeal.
   (A) by himself (B) at one time
   (C) manually (D) boldly

10. Dorothy Gish's career **surged** in 1918 when she made a film for the American motion picture producer.
   (A) surfaced (B) divided
   (C) raised controversy (D) swept forward

11. Weight lifting is the gymnastic sport of lifting weights in a **prescribed** manner.
   (A) vigorous (B) popular
   (C) certain (D) careful

12. The **fragrance** of cedarwood seems to render it offensive to insects.
   (A) bark (B) hardness (C) scent (D) texture

13. Immigrants entering the United States at the turn of the century often encountered living conditions **radically** different from those they had left behind.
   (A) apparently (B) drastically
   (C) admittedly (D) tragically

14. The National Science Foundation **disseminates** information relating to scientific resources.
   (A) records (B) discounts (C) obtains (D) disperses

15. **Cruel** treatment of inmates instigated a riot in one of the Indiana prisons.
   (A) tolerant (B) reliable (C) brutal (D) dubious

16. Of all the wild dogs, none is more closely related to **domesticated** dog than the wolf.
   (A) ordinary (B) tame (C) faithful (D) hunting

연구 및 해답

9. (A)
10. (A) surge : whirl, gush, flow, ruch.
11. (C) prescribed : given, certain.
12. (C) fragrant : perfumed, odorous, aromatic.
13. (B) radical : extreme, utmost.
14. (D) disseminate : disperse, scatter, distribute.
15. (C) cruel : mean, brutal, ruthless.
16. (B) domestic : tame.

17. Although it appears to be a biography, Malcolm Lowry's book, "Under the Volcano," is **utterly** subjective and contrived.
(A) absolutely (B) nonetheless (C) somewhat (D) strikingly

18. Most of the streets of Manhattan were laid out **systematically**, making it easy for people to find their way.
(A) methodically (B) accurately
(C) clearly (D) geometrically

19. Although the work needs to be done more **exhaustively**, efforts have been made to collect the songs and ballads of the American Revolution.
(A) precisely (B) selectively (C) frantically (D) thoroughly

20. Useful drugs are made from inorganic substances or plant and animal **byproducts**.
(A) materials (B) derivatives
(C) chemicals (D) ingredients

21. Ice skates manufactured **entirely** of iron were first sold in the 1800's.
(A) mainly (B) successfully (C) solely (D) routinely

22. Setting and costumes are not **extraneous** accessories, but rather constituents of the ballet's expressive medium.
(A) main (B) successful (C) foreign (D) routine

23. The North American desert, a vast belt of inhospitable terrain, stretches **erratically** down the western side of the continent.
(A) endlessly (B) irregularly
(C) ominously (D) longitudinally

24. There were no failures on the final test, but on the midterm there were failures **galore**.
(A) exciting (B) plentiful (C) free (D) professional

연구 및 해답

17. (A) utter : complete, total, absolute, thorough.
18. (A)
19. (D)
20. (B)
21. (C) solely : only, wholly, totally.
22. (C) extraneous : foreign, unrelated, unessential.
23. (B) erratic : eccentric, odd, queer.
24. (B) galore : plentiful, abundant, ample, bountiful.

Chapter 9
Infinitives

Ⅰ. Goal

부정사의 기능(주어, 목적어, 보어, 수식). 부정사의 의미상 주어. 원형부정사. 분리부정사. 대 부정사(pro-infinitives). 독립 부정사. 단순부정사 및 완료부정사. be-to 부정사. 감정을 나타내는 형용사+to 부정사=to one's+추상명사. 부정사의 관용적 표현. 부정사의 부정.

Ⅱ. Basic Sentences

*The Bolinger Principle은 부정사의 기저적인 의미양상을 잘 설명해 준다.
Chapter 1참조.

1. To see is to believe.
   (주어) (보어)

2. I want to **drink** water.(타동사 want의 목적어)

3. I have no pen to **write with**.(명사수식:형용사)

4. He works hard to **succeed**.(동사수식:부사)

5. You had better **go** now.

   [had better(best, rather) / would better(rather)] +동사원형

6. I saw him [enter / entering] the room.

지각동사는 목적어가 동사의 행위의 주체가 될 때 원형동사 혹은 현재분사가 온다.
볼린져 원리 참조.

I made him **do** that.

사역동사도 목적어가 행위의 주체일 때 목적보어로 원형동사 혹은 현재분사가 오나 현재분사가 사용된 표현은 informal하다.

7. It is difficult **for me** to master English.
   It is kind **of you** to do so.

부정사의 의미상 주어는 대상에 대해서는 for+목적격으로 표시되며, 사람의 성질에 대해서는 of+목적격이 사용된다.

8. a) He is difficult to please.
   =b) It is difficult to please him.

a)는 타동사 please의 목적어(him)이 주어로 이동된 문장이며 b)와 같은 뜻을 지닌다.

He is impossible to deal with.
=It is impossible to deal with him.

Mary is fun to be with.
=It is fun to be with Mary.

Mary is a pleasure to teach.
=It is a pleasure to teach Mary.

*John is easy to master English.

위의 문장이 비문법적인 이유는 타동사 master의 목적어가 English이며 is easy의 주어로 사람인 John이 부적합하기 때문이다.

9. a) He **hoped to see** the show yesterday.
   b) I **had hoped to see** the show yesterday.
   =I **hoped to have seen** the show yesterday.

a)는 그가 어제 영화를 봤는지의 여부를 알 수 없는 경우를 언급하고, b)는 나는 어제 영화를 보고 싶었으나 보지 못했음을 의미한다.

그러나 had [hoped / expected / intended] to+동사와 같은 표현은 구어체에서 주로 사용되며 formal expression 에서는 사용이 기피된다.

10. I tried **to completely understand** the problem.

분리부정사가 사용된 문장. **분리부정사**란, to+do(be) 사이에 부사가 사용된 형태를 말한다. 그런데, 분리부정사는 외래요소(독일어)의 영향을 받아 영어에 들어온 것이기 때문에 formal expression에서는 사용되지 않는다.

11. **Strange to say**, the light went out of itself.

독립부정사 표현

to begin with	: 우선 (=above all)
to be sure	: 확실히 (=surely)
strange to say	: 이상한 얘기지만
to say nothing of	: ~은 말할 것도 없이

12. I tried **closing** the window.
i.e.) I closed the window.
I tried **to close** the window.
i.e.) I didn't close the window.

동사 try는 두가지 의미, 즉 **~하려고 애쓰다. 시험삼아 해보다**를 지니고 있기 때문에 동명사 혹은 부정사를 목적어로 취할 수 있다. 전자의 경우에는 부정사가 목적어로 나타나며, 후자의 경우에는 동 명사가 목적어로 온다. **볼린져원리** 참조.

13. a) I **had** him **run** fast.
i.e) He ran.
b) I **caused** him **to run** fast.
i.e) He didn't run.

a)의 문장에서, 동사 had는 강제성을 지니고 있는 사역동사이므로 사실 그가 달렸음을 의미하고 b)는 동사 cause(권하다, ~하도록 하다)의 뜻을 지니므로 그가 실제 달리지 않았음을 나타낸다.

14. [**To my surprise,** I found her gone.
= I was surprised to find her gone.

to one's+감정(의혹,경악)명사 : ~하게도

15. We **are to** meet at the post office. (예정)

be-to 부정사는 **예정, 의무, 운명, 가능** 등과 같은 뜻을 지닌다.

16. She was **too** surprised **to** speak.

too~to : 너무 ~해서 ~못하다.

17. [It seems that she was rich.
=She seems **to have been** rich.

완료부정사

18. I warned him **not to be** late.

부정사의 부정은 부정사 앞에 not이나 **never**가 사용된다.

19. [a) **To wait** would have been a mistake.
*b) **To wait** has been a mistake.

부정사 to wait가 조건을 나타내는 문에 사용되었다.
이 경우 가정법 형태가 와야 한다. b)는 가정법 시제가 나타나지 않았기 때문에 비문법적인 문장이다.

20. [They **try and see** us everyday.
=They **try to see** us everyday.

그러나 시제가 표시된 다음과 같은 문장에서는 위와 같이 나타낼 수 없다.

[*He tried and saw us then.
≠He tried to see us then.

[*He tries and sees us every day.
≠He tries to see us every day.

21. He is too ill to rise, [let alone / *still more / still less / *not to mention / *to say nothing of / *not to speak of] go to school.

let alone과 still more(less)는 명사, 형용사, 동사, 부사 등을 모두 연결할 수 있으나 not to mention, to say nothing of, not to speak of는 명사 연결만 가능하다. 한편, still more는 긍정문, still less는 부정문에 사용된다. 위의 문장은 부정의 뜻을 포함하고 있으므로 still more는 불가능하다.

Ⅲ. Further Studies

A. 부정사와 주어 명시

To get well, [*a) an operation is necessary. / b) he needs an operation.]

To get well로 보아 주절의 주어로서, 사물 **an operation**은 주절의 주어로서 불가능하며, 사람이 주어로 나타나야 한다. 따라서 **a)**는 비문법적이다.

To write effectively, [*a) practice is necessary. / b) you need practice.]

위의 예에서와 마찬가지로, **To write effectively**를 할 수 있는 주체가 주절의 주어로 나타나야 하나 **a)**는 사물 **practice**가 주어로 나타났으므로 비문법적인 문장이다.

B. 대부정사

원형동사의 반복을 피하기 위해서 to를 사용하여 부정사를 대신하는 것을 **대부정사**라 한다. 이렇게 사용되는 것들로는 다음과 같은 것들이 있다. 이 경우 be동사를 포함하는 경우 be동사까지 표시한다.

want to, wish to, like to, love to, hope to, try to, have to, ought to, need to, used to, be able to, be going to

After studying hard to become an accountant he discovered that it was not what

he **wanted** [*to do. / to.]

I am not rich nor do I **wish to** [be. / *∅.]

I didn't mean to take a taxi, but **I had to** as I was late.

Would you like to come with me? -Yes, **I'd love to** [*do. / ∅.]

He wanted to go but **he wasn't able to.**

Have you fed the dog? No, but **I'm just going to.**

C. to의 생략

부정사구가 and로 연결되는 경우 두 번째 부정사구에서의 to는 일반적으로 생략하는 것이 바람직하다.

Good writing involves the ability to punctuate sentences and **(to) conjugate** verbs.

I intend to sit in the garden and [**write** / (to) write] letters.

I want you to stand beside me and [**hold** / (to) hold] the torch.

한편, 비교구문의 경우는 to를 사용하는 것이 더 바람직하다.

It is easier to say too little than (to) say too much.
It is easy to do it right as (to) do it wrong.
It is nicer to go with someone than (to) go alone.

D. 원형부정사

a) 조동사 다음에는 원형부정사가 사용된다.

[He swims.
He can [*swims.
swim.]]

He need not come.

b) 직접동사(지각, 사역동사); see, hear, feel, watch, let, make, have, bid의 능동적인 목적어의 보어로 원형 부정사 혹은 현재분사가 사용된다. 그러나 수동태 구문에서는 to가 다시 회복된다.

[We saw him [come.
coming.]
=He was seen [to come.
coming.]]

c) 소수의 관용적 표현, had better(best, rather), would better(rather) 다음에는 원형 부정사가 나타난다.

[You had better [see
*to see] the doctor.
=You do well to see the doctor.]

I would rather [stay
*to stay] at home than go out in the rain.

d) **do** 혹은 **can't**와 함께 사용된 than, but except 다음에는 **원형부정사**가 나타난다.

She **did** nothing but **complain.**

There is nothing to **do** but **wait.**

I can't **do** otherwise than **obey** him.

She **did** nothing else than **laugh.**

┌ He can't but **choose** to go.
└ =He **can't** choose but **obey.**

I **did** everything except **ask** him to go.

She was willing to **do** anything except **tell** me her name.

What had they **done** except **say** sarcastic things?

He does nothing except **eat and drink.**

What could I **do** but **accept** his conditions?

My dog **does** everything but **speak.**

한편, **do** 혹은 **can't**와 함께 사용되지 않을 때는 than, except, but 다음에 **to+**동사가 나타난다.

I have no ambition except **to be** rich.

┌ There was nothing for it but **to obey.**
│ =There is no choice but **to obey.**
└ =I have no [choice / alternative] but **to obey.**

We have no other choice but to **surrender.**

Nothing remains but **to die.**

All I wanted **was** to help him.

All I wanted to do **was** (to) help him.

E. 주어로서의 동명사와 부정사

동명사와 부정사 모두 문장의 주어로 사용이 가능하나, 부정사가 문장의 주어가 되는 경우에는 가주어 it와 함께 사용하는 것이 보다 더 일반적인 표현이 된다. 동명사의 경우에는 가주어 it와 때때로 사용되나 이 표현은 formal expression에서는 극히 제한적으로 사용된다.

[**Riding with a drunk driver** is dangerous.
=It is dangerous **riding with a drunk driver.** -informal]

[**To ride with a drunk driver** is dangerous.
=It is dangerous **to ride with a drunk driver.** -formal]

[To find / Finding] the house wasn't difficult. →It wasn't difficult [to find / finding] the house.

F. for+동명사구조

For+동명사 구조는 형용사구로서 명사뒤에 나타나서 **~하기 위한**이라는 뜻을 갖는다.
a device **for settling the problem** (그 문제를 해결하기 위한)
한편, 이 구조는 부사구, 즉 (~하기 위해서)로는 사용되지 않고, 대신에 부정사구가 사용된다.

[*For settling / To settle] the problem, we must take a giant step.

Ⅳ. Structure

1. __________ grows less with age.
   (A) The ability to hear (B) To hear that ability
   (C) To hear the ability (D) Hearing the ability
2. It is very stupid _________ to make such a mistake.
   (A) your (B) you (C) for you (D) of you
3. Leading educators insist that good writing involves much more than just the ability to punctuate sentences and _________ verbs.
   (A) conjugate (B) conjugates (C) conjugating (D) conjugation
4. He is too ill to rise, __________ go to school.
   (A) let alone (B) not to mention
   (C) much more (D) to say nothing of
5. Having received over eighty percent of the vote, Jane M, Byrne became the first woman __________ elected mayor of Chicago.
   (A) who she (B) she was (C) was so (D) to be
6. In 1970 the dynamic Kate Barnard became Oklahoma's first commissioner of charities and corrections, the first woman _________ to state office in the United States.
   (A) was elected (B) to be elected (C) elected her (D) and elected
7. Over the centuries, various theories have been advanced ________.
   (A) the origin of alphabetic writing is explained
   (B) of explaining the origin of alphabetic writing
   (C) the explanation of the origin of alphabetic writing
   (D) to explain the origin of alphabetic writing
8. John said that he had run in order _________.
   (A) that he catch the bus (B) that he can catch the bus
   (C) to catch the bus (D) to the bus he could catch

연구 및 해답

1. (A) 본문의 주어가 와야 한다. B,C는 내용상 부적합하다.
2. (D) 부정사의 의미상주어는 for+목적격이나 형용사 stupid에 착안할 것.
3. (A) 접속사 and가 본문에서 두 개의 부정사를 연결하고 있다.
4. (A) 부정사 **Basic Sentences** 21번 참조할 것.
5. (D) 문맥의 내용상 the first woman을 수식하는 부정사가 적합하다.
6. (B) Oklahoma's first commissioner와 the woman이 서로 동격관계에 있음에 착안할 것.
7. (D) 주절은 S+V를 갖춘 문장이다. D는 부정사의 부사적 용법으로 목적을 나타낸다.
8. (C) A,B는 시제일치상 부적합하다.

1. They found the plan difficult ________.
   (A) to be carried out (B) to carry out
   (C) being carried out (D) carrying out
2. Is it necessary _________ the book immediately?
   (A) for him to return (B) that he returns
   (C) his returning (D) to him return
3. _________ to think of Edgar Allan Poe's poetry as being more music than meaning.
   (A) Mistakenly (B) It is a mistake
   (C) A mistake is (D) A mistake it would be
4. After studying hard to become an accountant, he discovered that it was not what he wanted ________ .
   (A) to do (B) that (C) doing (D) to
5. The dealer wants ________ his cars very quickly, so he's offering special low prices.
   (A) to sell (B) selling (C) for selling (D) to selling
6. After Kathy heard the sad news, she did nothing but ________ all day long in her room.
   (A) have cried (B) crying (C) to cry (D) cry
7. One purpose of yawning may be __________ a person by stretching the muscles and helping the blood to circulate.
   (A) by awakening (B) that awakening
   (C) to awaken (D) awaken
8. In radio and television ________ impossible to draw the line between news and entertainment programs.
   (A) frequently (B) are frequently
   (C) it is frequently (D) where they are frequently

연구 및 해답

1. (B) easy, good, difficult 등과 같은 형용사에 연결되는 부정사는 능동형으로 하며, 동명사는 사용되지 않는다.
2. (A) B는 that he (should) return으로 고쳐야 한다.
3. (B) It ~to 구문이다. C는 신정보 A mistake가 문두에 나타나 마치 A mistake(실수)를 정의하는 것처럼 보이나 그 다음의 내용은 그렇지 못하다.
4. (D) **Further Studies** 참조할 것.
5. (A) want는 부정사를 목적어로 취한다.
6. (D) 전치사 but 앞에 did 가 있으므로 but 다음에는 원형부정사가 와야 한다.
7. (C) be동사의 보어가 될 수 있는 형태가 와야 한다. to awaken~: 부정사의 명사적 용법으로서 보어로 사용되었다.
8. (C) to draw 이하에 착안할 것.

1. Families with young children need houses, not flats, so that the children have _______.
   (A) to play in (B) gardens to play
   (C) gardens to play in (D) to live in

2. Human nature is not a machine ________ after a model.
   (A) building (B) build
   (C) to have been built (D) to be build

3. This is the book ________ to read.
   (A) your (B) you (C) for you (D) of you

4. The capacity of a locomotive had a part _________ .
   (A) that train determined (B) in determining the size of a train
   (C) to determine train size (D) the size of a train is determined by

5. John longed _________ her once more.
   (A) seeing (B) for seeing (C) sight of (D) to see

6. The use of small airplanes enables Maine's forestry department to survey the forests, _______ their crops, and tourists to reach remote areas of the state.
   (A) potato farmers dusting (B) and potato farmers dust
   (C) potato farmers to dust (D) and dusting potato farmers

7. "Have you gone to see a doctor?" "No, but _________ ."
   (A) I go (B) I'm going to see
   (C) I go to see (D) I'm going to

8. The primary reason why the Constitution requires a census every ten years ________ a basis for the apportionment of representatives among the states.
   (A) it is providing (B) is to provide
   (C) and it provides (D) while providing

연구 및 해답

1. (C) 동사 have의 목적어가 와야 한다. play in : ~안에서 놀다.
2. (C) 본문의 내용상 완료 수동형이 요구된다.
3. (C) 부정사의 의미상 주어는 for 목적격으로 표시된다.
4. (B) have(play) a role (part) in : 역할을 하다.
5. (D) long은 부정사를 목적어로 취한다. long for 다음에는 구체적인 명사가 와야 하므로 B는 답으로 부적합하다.
6. (C) 접속사 and는 enable A to ~를 서로 연결하고 있다. dust : 살충제를 살포하다.
7. (D) 대부정사적 표현에서는 부정사의 반복을 피하기 위해서 to만 사용한다.
8. (B) 본문의 주어는 The primary reason 이나 동사가 없다. 부정사가 is의 보어로 사용되었다.

Ⅴ. Written Expression

1. Connecticut's early (A) settlements were built beside (B) rivers and streams where waterfalls were (C) utilized to powerful (D) the mills.

2. When inflation is rampant, (A) many families find it difficult (B) to maintaining (C) the lifestyle to which they are accustomed. (D)

3. For twelve years, (A) Spanish censorship did not allow (B) Lorca's name to be mentioned or his (C) works from being (D) published.

4. Charles Ives had a superb talent to blending (A) the sounds and musical motifs of (B) everyday life (C) into (D) his symphonies.

5. Certain jets have duplicate sets of engine (A) instruments in order for the pilot (B) and the flight engineer sees that (C) engines are running. (D)

6. Inland canals are used to shipping (A) farm and factory goods (B) to nearby (C) towns or (D) seaports.

7. She and I would (A) walk in the garden in (B) the summer twilight while (C) we waited for father ride (D) in from the railroad.

8. Giraffes have eyes (A) that allow them seeing (B) in all directions without twisting (C) their heads. (D)

연구 및 해답

1. (D) 부정사의 형태는 to+동사원형임. powerful→power.
2. (C) it(가목적어)~to~(진목적어). maintaining→maintain.
3. (D) allow A to 구문임. from being→to be.
4. (A) 부정사의 형태는 to+동사원형이다. to blending→to blend.
5. (C) for the pilot and the flight engineer는 부정사의 의미상 주어이다.
6. (A) to는 부정사의 to이다. A의 shipping을 ship 로 고쳐야 한다.
7. (D) for father는 부정사의 의미상 주어이다. ride→to ride.
8. (B) allow A to. seeing→to see.

1. The badger is a clumsy creature, unable to climb trees, swim, or moving very fast.
   A(clumsy) B(unable) C(trees) D(moving)

2. Silversmithing was one of the first industries to be establishment in the American colonies.
   A(one) B(the first) C(industries) D(establishment)

3. For overcoming the stiffness of his legs, Jones regularly took long hikes on Mount Adams, the great peak of the Cascades.
   A(For overcoming) B(regularly) C(long) D(great)

4. The senator's legislative record was too liberal for please his constituents; moreover, they did not like his choice of a running mate.
   A(was too liberal) B(for please) C(moreover) D(his choice)

5. Modern advertizing is as frequently used to promote ideas and positions as it is to sale products.
   A(frequently) B(promote) C(positions) D(sale)

6. The purpose of inductive logic is to inferring general laws from particular occurrences.
   A(The purpose) B(inductive logic) C(to inferring) D(particular occurrences.)

7. No bank keeps enough cash paying all its depositors in full at one time.
   A(No) B(enough) C(paying) D(in full)

8. The function of the brain and other parts of the central nervous system is to receive signals from the sense organs, to coordinate them, and responds to them.
   A(other parts) B(signals from) C(coordinate them,) D(and responds)

연구 및 해답

1. (D) 접속사 or이 부정사를 연결하고 있다. moving→move.
2. (D) establishment→established.
3. (A) for+동명사 구조는 형용사로만 사용된다는 점에 착안할 것. For overcoming → To overcome.
4. (B) too~to, for please→to please. constituents: 유권자들.
5. (D) is used to promote와 같은 구문이 필요하다. sale→sell.
6. (C) to inferring→to infer.
7. (C) enough~ to 부정사 구문. C를 to pay로 고쳐야 한다.
8. (D) to receive~, to coordinate ~, 로 보아 D를 (to) respond로 고친다.

1. Civilization resulted from the ability of human beings to control fire, cultivate crops, train
   A B C
   animals, and built permanent homes.
   D

2. It is difficult for me to be concentrating while someone is using a vacuum cleaner.
   A B C D

3. There are a great many stars in the sky which are too far away from the earth of any
   A B C D
   instrument to detect.

4. For ancient people, myths were often attempted explanation catastrophic events such as
   A B C
   volcanic eruptions.
   D

5. For thousands of years, people have utilized some kind of refrigeration to cool beverages
   A B C
   and preserving food.
   D

6. We'll have no choice but cancel the course if we don't have an enrollment of at least 15.
   A B C D

7. If food is used as a reward of punishment, a child may develop habits lead to excessive
   A B C D
   consumption or an unbalanced diet.

8. As time went on, he suffered such heavy losses that he was forced giving up his business.
   A B C D

연구 및 해답

1. (D) 접속사 and가 부정사를 연결하고 있다. built→build.
2. (B) to be concentrating → to concentrate.
3. (D) 부정사의 의미상주어는 for 목적격으로 표시된다. of→for.
4. (B) 다음에 목적어가 있는 것으로 보아 B는 동사형이어야 한다. B를 to attempt로 고쳐야 한다.
5. (D) 접속사 and를 중심으로 하여 두 구성성분이 parallelism을 이루어야 한다.
   preserving→(to)preserve.
6. (B) 전치사 but 앞에 do 나 can't 이 없으므로 but 이하는 to 부정사가 와야 한다.
   cancel→to cancel.
7. (C) 주절은 문장의 기본인 S+V를 갖추고 있으므로 C를 habits leading으로 고쳐야 한다.
8. (D) 동사 force는 목적어+to 동사구조를 취한다. 본문은 수동태임. be forced to give up.

Ⅵ. Vocabulary

※ Choose the **one** word or phrase that has the same meaning as the **bold-faced** part.

1. One out of five bridges in the United States is **outmoded.**
   (A) narrow (B) obsolete (C) illegal (D) concrete
2. Her coffee was too strong, so Ellen **weakened** it with milk.
   (A) soaked (B) softened (C) diluted (D) flavored
3. Double Eagle II, the first transatlantic balloon, was greeted by **avid** crowds in France.
   (A) eager (B) surging (C) appreciative (D) vigorous
4. Mary McCarthy's novel "The Group" helped to **solidify** her position as America's foremost female author.
   (A) describe (B) assure (C) characterize (D) direct
5. I was surprised and **outraged** to see that she had gone ahead with her plans without consulting us first.
   (A) excited (B) unhappy (C) angered (D) relieved
6. The flower bud of a water lily opens at sunset since its opening is **triggered** by decreased light.
   (A) alleviated (B) endured (C) set off (D) covered up
7. Although the Carbon 14 method of dating old objects is not **foolproof,** it is the best method available at present.
   (A) wholly reliable (B) entirely serviceable
   (C) fully reliable (D) completely safe
8. Cold air causes the arteries around the heart to **constrict.**
   (A) become rigid (B) contract (C) close (D) die

연구 및 해답

1. (B) outmoded : 유행에 뒤떨어진, 폐기된. obsolete : 시대에 뒤떨어진, 구식의.
2. (C) dilute : 묽게하다. soften : (소리, 색깔, 광선, 고통)부드럽게 하다. 누그러뜨리다. 낮추다.
3. (A) avid : 열망하는, 탐욕스러운. transatlantic : 대서양 횡단의.
4. (B) solidify : 굳히다. foremost : 수위의, 일류의.
5. (C) outrage : 격분시키다. go ahead with her plans : 계획을 추진하다(실천하다).
6. (C) trigger : 발사하다, (일을) 일으키다. set off : 발생하다, 별안간…시키다. decreased light : 엷어진 광선.
7. (C) 옛 물체의 연대를 알아내는 방사선 동위원소 방법이 절대적으로 믿을 수 있는 것은 아니지만 … carbon 14: 탄소의 방사선 동위원소.
8. (B) artery : 동맥. constrict : 수축시키다.

9. During the American Revolutionary War the northeast section of the country was **subjected** to ruin and pillage.
(A) prompted (B) sensitized
(C) lowered (D) exposed

10. Rockefeller Center has **leased** part of its land from Columbia University.
(A) inherited (B) bought
(C) acquired (D) rented

11. We found the professor's talk on nuclear reactors quite **coherent**.
(A) confusing (B) logical
(C) irritating (D) long-winded

12. The term "New Deal" applies to the program of reform and recovery **initiated** by President Franklin D. Roosevelt.
(A) spoiled (B) inherited
(C) originated (D) attacked

13. Aluminium is the most **abundant** metallic element on earth.
(A) irregular (B) artificial (C) popular (D) plentiful

14. The majority of modern American men believe that family life is **vital for** happiness.
(A) essential for (B) detrimental to
(C) beneficial for (D) irrelevant to

15. The duty of a jury is to **ascertain** guilt or innocence.
(A) question (B) recommend
(C) beneficial for (D) decide

16. Poor planning led him to **squander** his entire fortune.
(A) salvage (B) compile (C) manipulate (D) waste

연구 및 해답

9. (D) subjected to ruin and pillage : 파괴와 약탈을 당했다.
10. (D) lease : 임대(임차)하다.
11. (B) nuclear reactor : 원자로. coherent : 이치에 맞는, 착 달라붙는.
12. (C) initiate : 시작하다, 창시하다.
13. (D) metallic : 금속의.
14. (A) vital : 매우 중요한, 긴요한.
15. (D) ascertain : 확인하다, 확실히하다.
16. (D) squander : 낭비하다.

17. The Abstract Expressionist movement **emerged** in New York City in the 1940's.
(A) was severely criticized (B) came into prominence
(C) left no impression (D) was labeled

18. The National Industrial Recovery Act was designed to **spur** industry.
(A) tax (B) stimulate (C) censure (D) rebuke

19. The New River in North Carolina is **inappropriately** named because it is five hundred million years old.
(A) quaintly (B) unsuitably
(C) indiscreetly (D) peculiarly

20. Grocery prices were **boosted** again last month.
(A) attacked (B) stabilized
(C) fixed (D) raised

21. American journalists often **overstate** a situation to make the news more stimulating.
(A) exaggerate (B) inspire
(C) animate (D) misinterpret

22. Nowhere do we find Johnson more **pugnacious** than in his friendship with Garrick.
(A) persistent (B) punishable
(C) good-tempered (D) quarrelsome

23. The **symptoms** of influenza are fever, headache, and muscular pain.
(A) effects (B) delights (C) forces (D) signs

24. After **perusing** the menu for some time, Sam ordered his meal.
(A) studying (B) hiding (C) ignoring (D) fingering

연구 및 해답

17. (B) Abstract Expressionist : 추상적 표현주의자.
18. (B) 국가 산업회복법은 산업진작을 위하여 제정되었다.
19. (B) 걸맞지 않게 : 5억년이 된 강을 New River라고 했으니까.
20. (D) grocery prices : 식료품 가격. boost : 밀어 올리다.
21. (A) journalist : 신문 잡지 기자. overstate : 과장하다. stimulating : 자극적인.
22. (D) pugnacious : 호전적인.
23. (D) muscular : 근육의.
24. (A) peruse : 숙독하다. 읽다.

Chapter 10
Participle

Ⅰ. Goal

분사의 기능(동사적 성질, 형용사적 성질). 현재분사(ing)와 과거분사(p.p)의 차이. 분사구문에서의 being의 생략. 독립 분사 구문. 분사상 전치사(participle preposition: concerning)에 관한 이해. 분사구문의 강조. have(get)+목적어(수동주체)+p.p. 유사분사(red-colored, simple-minded…)에 관한 이해. 분사구문의 기능 및 의미.

Ⅱ. Basic Sentences

1. The girl **dancing** in the room is my sister.

   현재분사 dancing이 명사 The girl을 수식하고 있다.

2. I **heard** him **speaking** English.

   지각(사역)동사의 목적보어로 목적어가 능동주체일 때는 원형동사 또는 현재 분사가 사용된다. 위의 경우 현재분사 speaking 이 목적보어로 사용되었다. 위 문장의 수동태는 다음과 같다.

   He was heard **speaking** English.

3. He sat **surrounded** by his children.

   과거분사 surrounded가 유사보어로 사용되었다.

4. In **spoken** English this expression is rarely used.

과거분사 spoken이 명사 English을 수식하고 있다

5. I had my tooth **pulled** out.

직접동사(사역, 지각)+목적어(수동주체)+p.p(과거분사).

목적어 my tooth가 동사 pull의 행위의 주체가 될 수 없으므로 목적보어로 과거분사(p.p)가 나타났다.

6. The **increasing** sale of luxuries was an index of the country's prosperity.

sale 즉 판매행위 그 자체가 증가하므로 능동의 뜻을 지닌 현재분사의 수식을 받고 있다.

7. [*This book is **interested.**
   This book is **interesting.**]

책 자체가 우리 인간에게 흥미를 주는 것이기 때문에 능동의 뜻을 지닌다. 따라서 현재분사형이 사용되어야 한다.

If my explanation is [**confusing** / *confused] to you, you get [**confused** / *confusing] when you hear it.

if절에는, 나의 설명 즉 my explanation이 능동의 뜻을 지니고 있으므로 현재분사 confusing이 선택되어야 하며, 주절에는 힘을 지니고 있는 나의 설명을 들은 청자(you)는 혼란스런 나의 설명을 듣고 혼란을 당하게 되므로 과거분사 confused가 사용되어야 한다.

8. He is a **simple-minded** man.

명사(형용사)+ed의 형태를 **유사분사**라고 하며, **~을 가진** 이란 뜻을 지닌다.

a **blue-eyed** child (=a child with blue eyes)
a **one-legged** soldier (=a soldier with one leg)

9. She must be very clever **considering** her age.

현재분사 considering이 전치사의 기능을 지니고 있다.

이처럼 전치사의 기능을 하는 현재분사를 **분사형 전치사**라 한다.

considering : ~에 비해서, ~을 고려하면
notwithstanding : ~에도 불구하고 excepting : ~을 제외하고
touching : ~에 관해서   regarding : ~에 관해서

10. **Hearing the news,** she began to cry.
=When she heard the news, she began to cry.

분사구문이 사용된 문장이다. 분사구문은 현재분사(ing)나 과거분사(p.p)를 사용하여 절을 구로 나타낸 형태를 말한다. 분사구문은 다음과 같은 뜻을 지닌다.

a) 때 : when, while, after, as 등.

Walking along the street, I met an old friend of mine.
=When I was walking along the street, I met an old friend of mine.

b) 원인(이유) : as, since, because 등.

Living in a remote village, he has few visitors.
=As he lives in a remote village, he has few visitors.

c) 조건:if, unless(=if~not)등.

Turning to the left, you will see the station.
=If you turn to the left, you will see the station.

d) 양보 : though, although 등.

Admitting what you say, I still think you are wrong.
=Though I admit what you say, I still think you are wrong.

e) 부대상황 : as=~and~(~하자면, 그리고, 또~)

Father watched television, **drinking** a glass of wine.
He got to the airport at five, seeing his wife off.

11. ┌ **(Being)sick,** I stayed at home.
└ **This (having been)done,** I am packing to leave.

현재분사, 과거분사 및 형용사 앞에 나타나는 being이나 having been은 일반적으로 생략된다. 그것은 우리가 이러한 요소를 예측할 수 있을 뿐만 아니라, 분사구문은 문장을 될 수 있는 한 간단하게 나타내기 위해서 나온 장치이기 때문이다.

a) ┌ **(Being) written in easy English,** the book is very popular.
└ **=As the book is written in easy English,** it is very popular.

b) ┌ **(Having been) defeated many times,** they ran away.
└ **=After they had been defeated many times,** they ran away.

c) ┌ ***Being walking along the street,** I met her.
└ **Walking along the street,** I met her.

현재분사 앞에서는 being의 생략이 의무적이다.

12. ┌ **Judging from his accent,** he seems to be an American.
└ **=If we judge from his accent,** he seems to be an American.

독립 분사구문. 비인칭 독립 분사구문이라고도 하며, 주절의 주어와 종속적의 주어가 일치하지 않고 주어가 막연하고 일반적인 형태를 취한다.

frankly speaking : 솔직히 말하면
generally speaking : 일반적으로 말해서

이 경우 분사의 의미상 주어에 I, you, He, She, We, They 등과 같은 인칭대명사를 사용하여 주어를 따로 명시하지 않는 것이 더 바람직하다. 명시하게 되면 어색한 표현이 된다. 한편, 비인칭 It은 분사구문의 주어로 사용된다.

a) ┌ ***He** being honest, everybody loves him.
│ **Being honest,** he is loved by everybody.
└ It being Sunday, I went to church.

b) ┌ **My mother being sick,** I can't go out.
└ =As my mother is sick, I can't go out.

13. ┌ **Not knowing what to do,** I stood motionless.
└ =**As I did not know what to do,** I stood motionless.

분사구문의 부정은 not 혹은 never가 분사 앞에 놓인다.

14. ┌ **Though left alone,** she feels tiresome by no means.
└ =**Though she is left alone,** she feels tiresome by no means.

뜻을 명백히 하기 위해서 접속사를 분사 앞에 보충할 수 있다.

15. ┌ **Living as I do in a remote village,** I have few visitors.
└ **Hidden as it was by the curtain,** I could not find it.

분사구문의 강조 ┌ 현재분사가 사용된 분사 구문 ; 'as+주어+do동사'
└ 과거분사가 사용된 분사 구문 : 'as+주어+be동사'

16. Don't speak **with your mouth full.**
with+목적어+분사, 형용사 혹은 명사는 부대상황의 부사구를 이룬다.

He went out **with his dog following.**
He was sitting on the beach **with his legs crossed.**
He was taking a leisurely walk **with a pipe in his mouth.**

Ⅲ. Further Studies

A. 분사구문의 의미상 주어와 주절의 주어 일치

a) Having read the book, ┌ I threw it away.
└ *it was thrown away.

책을 읽는 주체는 사람이어야 하기 때문에 주절의 주어에는 사물 it은 불가능하다. 즉 It had read the book은 비문법적이다. 왜냐하면, 사물 it이 동사 read의 주체가 될 수 없기 때문이다.

b) *Being Sunday, I went to church.

b)가 비문법적인 것은 주절의 주어가 I 이므로 의미상 I was Sunday가 되어야 하나,I≠Sunday 이므로 Sunday의 주어를 따로 명시해야 하는데, 이 경우 영어에서 Sunday의 주어가 될 수 있는 요소는 비인칭 It 밖에 없다.

b)는 It being Sunday, I went to church가 되어야 한다.

c) Running along the street *(a) my nose felt frozen.
(b) I felt my nose frozen.

거리를 따라서 달리는 주체로서 my nose가 될 수 없고 사람이어야 하므로(b)가 옳다.

B. 분사와 관계사절

a) 과거분사 + 명사

과거분사+명사는 관계대명사를 사용하여 다음과 같이 바꾸어 쓸 수 있다. 이 경우 타동사의 과거분사는 수동의 뜻을 지닌다.

a **closed shop** (=a shop which is closed)
a **defeated army**(=an army which was defeated)
a **murdered man**(=a man who was murdered)
a **broken vase**(=a vase which is broken)

그러나 이동 또는 상태의 변화를 내포하는 자동사에서 파생된 과거분사는 수동의 의미를 지니지 않고 동작의 결과로 생긴 상태를 나타낸다.

the **departed** mother (=the mother **who has departed**)
fallen leaves (=leaves **that have fallen**)
a **grown** man (=a man **who has grown**)
a **faded** flower (=a flower **that has faded**)
an **escaped** prisoner (=a prisoner **who has escaped**)

한편, 단독으로 명사의 앞자리에 와서 명사를 수식하지 못하는 과거분사가 있는데, 이러한 분사들은 일상적으로 자주 사용되는 동사의 과거분사로서 다음과 같은 것들이 있다. **수식원리**를 참조할 것.

asked, believed, built, described, killed, liked, made, mentioned, sold, stricken, honored, arrived, held, cleaned, chosen, hit, found…

그러나, 위와 같은 과거분사도 부사 또는 부사상당어구와 같은 적당한 수식어를 취하여 명사의 지속적, 내재적인 상태를 나타내주고, 분류적 기능을 지니면 명사의 앞자리에 놓일 수 있다.

the [*killed / accidentally killed] man

the [*mentioned / above-mentioned] statement

a [*sold / recently sold] car

the [*chosen / carefully chosen] official

the [*made / ready-made] clothes

the [*arrived / newly arrived] guest

the [*hit / repeatedly hit] boy

b) 현재분사+명사

현재분사+명사도 **과거분사+명사**와 마찬가지로 관계대명사를 사용하여 다음과 같이 바꾸어 쓸 수 있다.

a **sleeping** child (=a child **who is sleeping**)
the **sitting** baby (=the baby **who is sitting**)

한편, 현재나 과거형의 술어동사를 포함하는 관계사절은 이 관계사절을 수식하는 명사가 특정적, 일시적일 때 보통 현재분사로 바꾸어 쓰지 못한다.

the man who threw the bomb
*=the man **throwing** the bomb

the woman who looks after small children
*=the woman **looking** after small children

그러나 관계사절의 내용이 일반적, 지속적인 경우에는 현재분사로 바꾸는 것이 가능하다.

People [who wish / =wishing] to succeed should get up early.

C. 동명사와 분사

동명사와 현재분사는 모두 -ing형을 취하나 다음과 같은 차이를 보인다.

a) **현재분사 + 명사는 동명사 + 명사**와 강세위치가 다르다.

boiling wáter→현재분사
a bóiling point→동명사

a **dancing** gírl (춤추는 소녀)→현재분사
a **dáncing** girl (무희)→동명사

b) **현재분사+명사**와 **동명사+명사**는 각각 다음과 같이 바꿔 쓸 수 있다.

현재분사 + 명사

a **sleeping** baby=a baby who is sleeping
boiling water=water which is boiling
the **following** example=the example which follows

동명사+명사

a **sleeping** car=a car used or intended for sleeping
a **teaching** bus=a bus used for teachers
a **living** room=a room where one lives when not sleeping
a **smoking** room=a room for smoking
a **changing** room=a room where one changes one's clothes

Ⅳ. Structure

1. The slide rule uses sliding scales with marks ________ numbers and their logarithms.
   (A) representing (B) represented
   (C) are represented (D) they are

2. An expensive book ________ to this club is lost.
   (A) belong (B) belongs (C) belonging (D) was belonging

3. The production of tin ore in the United States is relatively insignificant, ________ less than one hundred tons annually.
   (A) amounting to (B) in the amount
   (C) amounts to it (D) to the amount of

4. The first commercial film ________ in California was completed in 1907.
   (A) made (B) was made (C) to make (D) making

5. Rachel's speech was so ________ that people were practically falling asleep.
   (A) boring (B) bored (C) uninterested (D) shocking

6. Some laws formalize long-accepted customs, while others impose norms ________ previously mandated by the populace.
   (A) not (B) are not (C) while do not (D) and they do not

7. I thought I saw Professor Davis ________ in the library last night.
   (A) working (B) worked (C) to work (D) works

8. His health failing, ________ in 1782.
   (A) so Henry Lee went on leave from the army
   (B) the army gave Henry Lee leave
   (C) when the army gave Henry Lee leave
   (D) Henry Lee went on leave from the army

연구 및 해답

1. (A) marks **which represent** (representing).
2. (C) an expensive book (which belongs) belonging to ~.
3. (A) 본문의 주절은 문장의 기본 요소인 S+V를 갖춘 문장이다.
   amount to (~에 이르다). ~and amounts to (=amounting)to ~.
4. (A) 본문의 동사가 was이다. film(which was) made~.
5. (A) 주어인 Rachel's speech는 능동의 뜻을 지니므로 현재 분사와 결합되어야 한다. D는 문맥상 적합하지 않음.
6. (A) norms(which are) not previously ~.
7. (A) 지각동사+목적어(능동)+원형동사 혹은 현재분사.
8. (D) His health(being) failing, ~. A는 분사구문이 접속사를 내포하고 있으므로 so를 삭제해야 한다.

1. ________ , glasses can correct most sight defects in healthy eyes.
   (A) When well fitted (B) Well fitted when
   (C) Well fitted if (D) If well fitted when

2. I'm sorry, but there isn't _______ .
   (A) any left (B) leaving any (C) left any (D) some left

3. The children are very ________ about the prospect of visiting their grandparents.
   (A) excitable (B) intelligence (C) excited (D) exciting

4. The people ________ the meeting expressed concern about the lack of interest.
   (A) attention (B) attended (C) attending (D) attentive

5. Gazelles are ________ animals.
   (A) eating plants (B) to eat plants
   (C) plants they eat (D) plant-eating

6. First acclaimed for realistic portraits, ________ for his impressionistic watercolors.
   (A) later recognized by John Singer Sargent
   (B) John Singer recognized later
   (C) later recognition of John Singer Sargent
   (D) John Singer Sargent was later recognized

7. A tariff is customarily collected on goods ________ into a country.
   (A) come (B) coming (C) came (D) have coming

8. Traditionally, black piano keys are fashioned from ebony, a wood ________ .
   (A) since ancient times has been valued
   (B) valued since ancient times
   (C) been since ancient times valued
   (D) valued it since ancient times

연구 및 해답

1. (A) when (they are) well fitted ~.
2. (A) any (which is) left. 과거분사 left는 명사 뒤에 놓이며 D의 some은 긍정문에 사용되므로 답으로 부적합하다.
3. (C) children이 흥분 당하므로 excited가 옳다.
4. (C) 타동사 attend의 목적어가 있으므로 B는 부적합하다. The people (who were) attending.
5. (D) animals를 수식할 수 있는 형태로서 유사분사형인 D가 옳다.
6. (D) first(being) acclaimed이므로 주절의 주어는 사람이어야 한다.
7. (B) 분사의 수식 기능에 관한 문제. goods which come into → goods coming into.
8. (B) ebony와 a wood가 동격이다. a wood (which is) valued ~.

1. Peter Joseph Willhelm Debye developed a method for bringing substances to the lowest temperatures ________ .
   (A) known to science (B) known science
   (C) knowing science (D) science is known

2. _________, Robert E. Lee's army defeated General Hooker at the Battle of Chancellorsville in May 1963.
   (A) Outnumbered but (B) Even though outnumbered
   (C) Outnumbered though he was (D) It was outnumbered

3. Inaugurated a second time on March 4, 1901, _______ focused on domestic rather than foreign policies.
   (A) William McKinley's new term looked forward to and
   (B) the new term looked forward to William McKinley and
   (C) looking forward to a new term was William McKinley
   (D) William McKinley looked forward to a new term

4. ________ in all parts of the state, pines are the most common tree in Georgia.
   (A) Found (B) Finding them (C) To find them (D) They are found

5. _________ built, with poor vision but excellent senses of smell and hearing, the bear will eat almost anything.
   (A) It is heavily (B) Heavily
   (C) That it is heavily (D) When is it heavily

6. He had his temperature ______ in the hospital.
   (A) taking (B) taken (C) to take (D) take

7. Please provide your ________ time of arrival when you reply.
   (A) estimate (B) estimating (C) estimated (D) estimation

연구 및 해답

1. (A) 명사 temperatures를 수식하는 형태가 필요하다.
   C는 temperatures가 science를 know 할 수 없으므로 부적합하다.
2. (B) Even though (they were) outnumbered.
3. (D) 분사구문 즉 종속절의 주어가 사람이어야 한다.
4. (A) 주절이 완전한 문장을 갖추고 있다는 점에 착안할 것. 명사 pines는 find의 행위의 주체가 될 수 없으므로 과거분사가 적합하다.
5. (B) Heavily(being) built~.
6. (B) have+목적어(수동)+p.p.
7. (C) time이 estimate 할 수 없으므로 C가 적합하다.

V. Written Expression

1. Guar is(A) a sturdy(B) drought-resistant legume grows(C) for forage and for its seeds.(D)

2. Most people, included myself,(A) play chess from hand to mouth,(B) and can hardly,(C) recall the last move but one.(D)

3. Scientists(A) still cannot find(B) any convinced(C) link between intelligence and the quantity(D) or quality of brain cells.

4. Romanticists(A) show life as being(B) more emotionally excited and satisfying(C) than it normally(D) is.

5. He also told of frightened(A) events that had taken place(B) in his native state of Connecticut and listed(C) the fearful(D) things he had seen on his nightly walks in Sleepy Hollow.

6. Founded in(A) 1961 and employed(B) an estimated 35,000 people, the organization has gained(C) a reputation for(D) brutality.

7. Being that(A) the United States has a good surplus, it is hard to see(B) why anyone(C) in our country should(D) go hungry.

8. We can supplement our own ideas with(A) information and data(B) gathering(C) from our reading, our observation, and so forth.(D)

연구 및 해답

1. (C) 본동사는 is이며, grow이하는 legume를 수식한다. grows→grown.
2. (A) people, who include myself→people, including myself.
3. (C) link 그 자체가 설득력이 있으므로 convinced를 convincing으로 바꾼다.
4. (C) 동사 excite의 주체(life)가 흥미를 야기하므로 C에서는 exciting이 옳음.
5. (A) 사건 자체가 놀라운 것이므로 A를 frightening events로 바꾼다.
6. (B) found나 employ는 각각 타동사이며 found는 목적어가 없으므로 수동형(founded)가 왔으나 employ는 목적어가 본문에 나타나므로 employed를 employing으로 바꾼다.
7. (A) 문맥으로 보아 A를 Because나 혹은 As로 바꾸는 것이 옳음.
8. (C) 타동사인 gather의 목적어가 없으므로 수동 분사형으로 고쳐야 한다. gathering→gathered.

1. Baroque has been (A) the term using (B) by art historians (C) for almost a century to designate (D) the dominant style of the period 1600-1750.

2. Louisa May Alcott is chiefly remembered (A) for Little Women, one (B) of the most popular (C) girl's books ever wrote (D).

3. Unusual (A) multiply yarns, includes (B) boucle and retine, are created by twisting together (C) yarns of different tensions (D).

4. Various (A) contradictions in the story of Molly Pitcher suggest (B) that it has been confusing (C) with that of another (D) Revolutionary War heroine, Margaret Corbin.

5. Underground (A) gold deposits (B) are usually wedged in the rocks (C) of burying (D) quartz slabs.

6. At the turn of the century, theatrical (A) agent Eliasbeth Marbury showed an unusual (B) awareness of to come (C) trends in the field (D) of entertainment.

7. Beverly Hills, a residential community surrounding (A) by the city of Los Angeles is famous (B) for its luxurious (C) homes and many exclusive shops (D).

8. Dorothea Dix, was known (A) for her work to improve (B) mental institutions, served (C) as superintendent of nurses (D) during the American Civil War.

연구 및 해답

1. (B) 다음에 목적어가 나타나지 않으므로 B를 used로 고친다.
2. (D) the most popular girl's books(which were) ever written.
3. (B) includes→including.
4. (C) be confused with : ~와 혼동되다. C를 confused로 고친다.
5. (D) 명사 quartz slabs가 동작을 당하므로 D를 과거분사 buried로 고친다.
6. (C) 전치사 of 다음에 목적어가 필요하며 동사 come은 자동사이므로 명사 trends에 아무런 문법적인 기능도 부여하지 못한다. coming은 현재분사로 trends를 수식한다.
7. (A) community(which is) surrounded by.
8. (A) Dorothea Dix, (who was) known for her work.

1. The dark patches that define the features(A) of the mythical "Man in the Moon" are really lunar plains appear(B) darker(C) than their surroundings(D).

2. Characteristic of Op Art are the carefully arrange(A) hues and geometric patterns(B) that create(C) optical illusions(D).

3. The wood(A) of the mahogany tree is soft(B) enough to be easily(C) sawed, planed, and carves(D).

4. Quartz can(A) easily be recognized(B) because it(C) resembles pieces of broke glass(D).

5. All the merchant vessels registered(A), enrolled, or license(B) under the laws(C) of a country, constitute(D) its merchant marine.

6. Those(A) interesting(B) in signing(C) up for the class should(D) do so immediately.

7. The ambassador had just came(A) back(B) to his office when(C) he was called(D) to the President's meeting.

8. The loser team(A) protested that they(B) had not been given impartial treatment(C) by the officials(D).

연구 및 해답

1. (B) 본동사는 are이고, appear이하는 수식요소이어야 한다.
2. (A) arrange가 hues(명사) 수식은 불가능하다. 본문의 주어는 the carefully 이하임. be characteristic of : ~의 특징을 이루다. arrange→arranged.
3. (D) be easily sawed, planed and carved.
4. (D) glass(명사)가 break당하므로 과거분사형이어야 한다. D의 broke를 broken으로 고쳐야 한다.
5. (B) parallelism 문제. license→licensed. vessels which are registered, enrolled, or licensed~.
6. (B) Those (who are) interested in~.
7. (A) came→come. 과거완료 시제형은 had+p.p이다.
8. (A) 문맥으로 보아 A의 loser를 수동의 의미를 지닌 과거분사 lost로 바꾸어야 한다.
   loser team → lost team.

Ⅵ. Vocabulary

※ Choose the **one** word or phrase that has the same meaning as the **bold-faced** part.

1. Ella Grasso, elected governor of Connecticut in 1974, supported the **enactment** of a freedom-of-information law.
   (A) passing (B) advocates (C) drafting (D) circulation

2. The juicy **flesh** of the grapefruit has an acid and mildly bitter flavor.
   (A) core (B) peel (C) pulp (D) stem

3. A threadlike **filament** of a substance is called a fiber.
   (A) strand (B) bead (C) stalk (D) edge

4. Many people believe that Martin Luther King, Jr., stood up for principles and **goals** that are fundamental to democratic society.
   (A) aims (B) characteristic
   (C) perspectives (D) reasons

5. Early in the 1900's the use of trucks to haul commercial **goods** developed almost simultaneously with the first widespread use of the automobile.
   (A) vehicles (B) equipment
   (C) workers (D) merchandise

6. Many tourists are attracted to the New England states by the autumn **foliage.**
   (A) weather (B) leaves (C) festivals (D) harvest

7. The basic consideration prior to making any investment is the **evaluation** of risk.
   (A) classification (B) assessment
   (C) resolution (D) impairment

8. When one is unfamiliar with the customs, it is easy to make a **blunder.**
   (A) commitment (B) mistake (C) enemy (D) injury

연구 및 해답

1. (A) enact : pass, legislate.
2. (A) flesh : the soft inner part of a fruit or vegetable.
3. (A) filament : strand, thread, string, cord.
4. (A) goal : aim, target, end, intention, object.
5. (D) goods : waves, merchandise.
6. (B) foliage : the leaves of a plant.
7. (B) evaluation : the act of considerating something.
8. (B) blunder : stumble, mistake, flounder.

9. In a market economy, a **surplus** of wheat results in a decrease in the wholesale price of flour.
(A) excess (B) abundance
(C) increased quantity (D) steady supply

10. Insects live in **complex** ecological systems.
(A) amazing (B) conformed
(C) complicated (D) intriguing

11. The America Museum of Natural History **houses** one of the world's largest collections of natural science exhibits.
(A) rents (B) embodies (C) contains (D) restores

12. Although she began to paint **hesitatingly** in her late seventies, Grandma Moses soon mastered her own unique style.
(A) painstakingly (B) unconfidently
(C) cheerfully (D) professionally

13. The upside-down catfish is the only fish that **habitually** swims on its back.
(A) rhythmically (B) intermittently
(C) customarily (D) casually

14. The blackfoot people painted their buffalo **hides** with simple horizontal lines.
(A) moccasins (B) bones (C) robes (D) skins

15. In calculating the daily calorie requirements for an individual, variations in body size, physical activity, and age should be **taken into account.**
(A) numbered (B) stabilized (C) contrasted (D) considered

16. Insects thrive **all over**, from the hottest deserts to the snowclad peaks of lofty mountains.
(A) silently (B) totally (C) everywhere (D) overhead

연구 및 해답

9. (A) surplus : excess, extra, superfluous, remaining, spare.
10. (C) complex : complicated.
11. (C) house : store, contain.
12. (B) hesitating : unwilling, unconfident.
13. (C) habitual : accustomed, regular, customary.
14. (D) hide : skin, pelt, fur, leather, bark, peel.
15. (D)
16. (C)

17. The baby seal is so appealing that pictures of its face have been used to launch an international **outcry** against the slaughter of seals.
(A) organization (B) film (C) investigation (D) protest

18. It is seldom acceptable to **abbreviate** words in formal writing.
(A) omit (B) explain (C) invent (D) shorten

19. The incandescent light has an operating life of **approximately** one thousand hours.
(A) under (B) more or less (C) over (D) far more than

20. Although drugs may be **administered** for various purposes, they are used primarily to combat diseases.
(A) dispensed (B) purchased (C) developed (D) advertised

21. Of all the wonders of the universe, perhaps the most **awesome** is the creation of life itself.
(A) imaginative (B) touching (C) amazing (D) frundamental

22. The force of a hammer as it hits a nail is **augmented** by the weight of the hammer-head.
(A) divided (B) replaced (C) deflected (D) increased

23. Biologists have **ascertaind** that specialized cells convert chemical energy into mechanical energy.
(A) determined (B) argued
(C) pretended (D) hypothesized

24. During the rainy season the Mississippi River may carry away hundreds of acres of valuable top-soil from one area and **arbitrarily** deposit it in another.
(A) subsequently (B) lawfully (C) mercilessly (D) randomly

25. The concept of upward social mobility has been **abiding** feature of American life.
(A) enduring (B) unaffected (C) intriguing (D) observable

연구 및 해답

17. (D) outcry : noise, clamor, uproar, an angry protest.
18. (D) abbreviate : shorten, curtail, abridge.
19. (B) approximately : roughly, nearly, about.
20. (A) administer : manage, apply, give to, dispense.
21. (C) awe : fear and wonder, surprise, astonishment.
22. (D) augment : increase, enlarge, expand.
23. (A) ascertain : find out, solve, learn.
24. (D) arbitrarily : unreasonably, willfully, randomly.
25. (A) abide : accept, obey, endure, tolerate.

Chapter 11
Voice

Ⅰ. Goal

능동태와 수동태의 의미구분. 동작수동태와 상태수동태. 사역동사와 지각동사가 이끄는 5형식의 수동태. by이외의 전치사를 사용하는 수동태. 명사절을 내포한 복문의 수동태. 명령문의 수동태. 수동태로 나타낼 수 없는 동사. middle voice에 관한 이해. 수동태 구문의 제약.

Ⅱ. Basic Sentences

1. ┌ He made a box.
   └ A box was made by him.

수동태는 **be+p.p** 형태를 취하는데, 이 경우 능동문의 주어는 by+목적격이 되며 능동문의 목적어가 수동문의 주어위치에 온다.

2. ┌ He **is married** now.
   └ He **got married** in 1988.

수동문은 일반적으로 be+p.p 형태로 상태를 표시하나, 때로는 동작을 강조하기 위해서 get+p.p 형을 취하기도 한다.

한편, 동작수동형에서 화자 자신에게 책임이 있는 경우는 재귀대명사를 보충한 것과 같은 의미를 지닌다.

He got himself married in 1988.

그러나, 화자에게 책임이 전혀 없는 다음과 같은 문장은 비문법적이다.

*Cathy got herself arrested through no fault of her own.

한편, 다음의 문장은 화자에게 책임이 있으므로 문법적이다.

Cathy got herself arrested on purpose.

3. They **saw** him **enter** the room.
He **was seen to enter** the room.

직접동사(지각,사역)가 사용된 문의 수동문에서는 능동문에서 생략된 to가 살아난다.

4. Do it at once.
=**Let it be done** at once.
=**It must be done** at once.

명령문의 수동태는 일반적으로 **Let+목적어+be+p.p** 형을 취하나 목적어를 주어로 해서 나타내기도 한다. 또한 명령문의 수동태를 부정하는 방법은 두 가지가 있는데, 그 하나는 동사 Let을 부정하는 것이고, 다른 하나는 원형동사 즉 부정사를 부정하는 방법이다.

Let it be closed.
≠ Don't let it be closed.
≠ Let it not be closed.

5. a) They say that he is honest.
b) = It is said that he is honest.
c) = He is said to be honest.

b)는 That he is honest is said가 되어야 하나, **문미비중원리**에 의해서 긴주어 that 이하가 문미로 이동되었다.

6. I am interested [in / *by] history.

전치사 by를 사용하지 않은 수동태 구문. Further Studies 참조.

7. She resembles her mother.
*Her mother is resembled by her.

상태동사 resemble은 수동태 구문에 사용될 수 없다.
Further Studies 참조.

8. Nobody solved this problem.
=*This problem was solved by nobody.
= This problem was **not** solved **anybody**.

수동태 구문에서 전치사 by 다음에 부정의 뜻을 지닌 행위자가 올 수 없다. 이 경우 부정어를 not (never)~anything(anybody)형태로 바꿔 사용한다.

9. This knife **cuts** well. (이 칼은 잘 든다.)

middle voice(중간태)의 예. **중간태**는 능동의 형태가 수동의 의미를 갖는 경우를 말한다. 일반적으로 동사 다음에 양태 부사가 첨가되는데, 이들 부사는 주어의 특징을 진술하는 신정보이므로 반드시 동사에 수반되어야 한다. 또한 중간태를 여성들이 자주 사용한다고 해서 soft voice 라고도 한다.

His book **sells** well. (그의 책은 잘 팔린다.)
This pen **writes** well. (이 펜은 잘 쓰여진다.)
This sweater **washes** well. (이 스웨터는 세탁이 잘 된다.)
This play **reads** better than it **acts**. (이 희곡은 연출 보다는 읽는 편이 더 낫다.)

The book **locks** automatically. (그 책은 자동적으로 잠긴다.)
The room **fills** rapidly. (이 방은 재빨리 채워진다.)

10. Everyone speaks well of John.
→ John is **well** spoken of.
→ *John is spoken **well** of.

분사수식부사는 분사 앞에 놓인다. 따라서 부사 well이 과거분사 spoken 앞에 놓여야 한다.

11. I gave him a book. (him: I.O, a book: D.O)
→ A book was given (to) him by me.
→ He was given a book by me.

목적어가 직접목적어와 간접목적어 두 가지가 있을 때엔 어느 것을 주어로 하느냐에 따라 두 종류의 수동태가 생긴다.

이때 주어가 되지 않는 쪽의 목적어는 먼저 자리에 둔다. 이 목적어를 보류 목적어라 한다. 그러나 동사 bring, throw, pass, carry, get, hand, sell, write 등이 사용된 문장은 직접목적어만을 주어로 하는 수동태만 가능하다. 한편, 동사 envy, save, spare, kiss, call 등이 사용된 문장은 간접목적어만을 주어로 하는 수동태가 있을 뿐이다.

He **threw** me stone.
→ A stone **was thrown** me by him.
→ *I **was thrown** a stone by him.

They **envied** him his luck.
→He was **envied** his luck by them.
→*His luck **was envied** him by them.

12. a) They **robbed** him of his purse.
→ He was robbed of his purse.
→ *His purse was robbed him.

b) They **stole** his purse **from** him.
→ His purse was stolen from him.
→ *He was stolen from him.

동사 rob는 사람을 목적어로, 동사 steal은 사물을 목적어로 각각 취하기 때문에 수동태 문장에서 동사 rob는 사람이, 동사 steal은 사물이 각각 주어로 나타난다.

13. a) The window **is broken**.
= Someone **has broken** the window.

b) They **have written** this book in easy English.
= This book **is written** in easy English.

위 a), b)와 같은 상태 수동문은 능동문에서 완료의 뜻을 지닌다.

14. a) Who invented the radio?
= **By whom was** the radio **invented**?

b) Did he write a letter?
= **Was** a letter **written** by him?

c) **When** did you finish it?
= **When was** it **finished** by you?

의문문의 수동태는 의문사 who가 주어일 때는 **By whom+be+S+p.p…?** 형태를, who 이외의 의문사가 사용된 의문문의 수동태는 **의문사+be+S+p.p…?**" 형태를, 의문사가 없는 의문문의 수동태는 **Be+S+p.p+by…?** 형태를 각각 취한다.

15. He was killed in the war.
수동태 구문이 사용되는 경우는 다음과 같다.

a) 위의 예처럼 능동태의 주어가 분명하지 않는 경우

b) 능동태의 주어가 막연한 일반인일 경우
English is spoken in Canada.

c) 수동태의 주어에 더 관심이 일을 경우
The child was run over by a car.
She was born in 1981.

d) 문장의 자연스러운 연결을 위해서
George Foremen beat Joe Frazier, but he was beaten by Muhammad Ali.

e) 객관성을 부여하기 위해서
It is assumed that he will announce his candidacy soon.

16. Only the driver was [*wounded / injured / hurt] in the accident.

동사 wound는 무기에 의한 상처를 의미한다.

17. **Little effort** has been [***done** / **made**] to solve the problem.

make an effort가 하나의 동사구를 이루기 때문에 과거분사 made가 선택되어야 한다.

No speech was [given / delivered / made / *done] in the evening.

make(deliver, give) a speech : 연설하다

No measure (step) was [taken / *done] about the problem.

take a measure (step) : 조처를 취하다

18. He ┌ changed.
└ was changed.

He ┌ appeared.
└ *was appeared.

동사 change는 타동사, 자동사로 모두 사용이 가능하기 때문에 수동태 구문에 사용될 수 있으나, 동사 appear는 자동사이기 때문에 수동태 구문에 사용될 수 없다. 동사 change가 수동태 구문에 사용된 예는 타인에 의해서 그가 바뀐 것을 의미하고, 능동태 구문에 사용된 예는 그 자신의 노력에 의해서 바뀐 것을 의미한다.

My hometown [*is stood / stands / is located / *locates / *situates / is situated] between Seoul and Suwon.

동사 stand는 있다, 서다는 뜻으로 자동사이므로 수동태 구문에 사용될 수 없으나, 동사 locate, situate는 위치하다의 뜻을 갖는 타동사이므로 수동태 구문에 사용이 가능하다.

19. ┌ I **am finished.**
│ She **is gone.**
└ You **are come.**

이러한 형태는 고어체로서, informal style에 속한다. 이러한 표현을 **be+p.p**로 보는 학자도 있고 **be+상태형용사**로 간주하는 학자도 있다.

Ⅲ. Further Studies

A. 수동태의 사용빈도

[least number of passives per number of words] ⟶ coversation fiction — journalistic writing — scientific writing [highest number of passives per number of words]

수동태 구문은 화자의 주관적인 경험을 진술하는 회화체에서는 거의 사용되지 않으나, 문어체에서는 종종 사용되며, 특히 학술논문, 과학서적 등에서는 서술내용에 객관성을 부여하기 위해서 자주 사용되는 경향이 있다.

This **will be discussed** later.
Enough **has been said** of the subject.
The result of this analysis **can be summarized** as follows.

B. 수동태에서 by 이외의 전치사를 사용하는 경우

a) Money can't buy happiness.
= Happiness can't be bought [**with** / *by] money.

b) The box contains a lot of apples.
= A lot of apples are contained [**in** / *by] the box.

c) The news surprised me.
= I was surprised [**at** / *by] the news.

d) The game interests me.
= I am interested [**in** / *by] the game.

e) Snow covered the mountain.
= The mountain was covered [**with** / *by] snow.

Forests cover 55 percent of the area of the state of Mississippi.
= 55 percent of the area of the state of Mississippi is covered **by** forests.

f) He was killed [*by / **with**] a knife.

그 밖에 be pleased with, be worried about, be tired of, be satisfied with, be known to (for) 등이 있다.

C. 수동태 구문의 제약

a) 소유의 뜻을 지니거나 상태를 나타내는 동사를 수동태로 전환할 수 없다.

They **have** a nice house.
= *A nice house **is had** by them.

He **resembles** his father.
= *His father **is resembled** by him.

This dress **becomes** her.
= *She **is become** by this dress.

그러나 have가 소유의 뜻을 지니지 않는 경우는 수동태가 가능하다.

They had a good time. (그들은 즐거웠다.)
= A good time is had by them.

b) 행위자의 행위가 바로 자기 자신에게 돌아오거나, 혹은 행위자의 수혜자가 바로 자기 자신을 언급하는 대상일 경우에는 수동태로 전환될 수 없다.

He(행위자) slept himself(수혜자).
= *Himself was slept by him.

John(행위자) could see himself(수혜자) in the mirror.
= *Himself could be seen in the mirror.

They(행위자) should see each other(수혜자) more often.
= *Each other should be seen more often.

I(행위자) gave myself(수혜자) a little present.
= *Myself was given a little present (by me).
= *A little present was given to myself (by me).

Mary(행위자) lifted her head(수혜자) in wonder.
= *Her head was lifted in wonder (by Mary).

c) 부정사와 동명사는 수동태의 주어로 나타날 수 없다.

John hoped to kiss her.
= *To kiss her was hoped by John.

John enjoyed seeing her.
= *Seeing her was enjoyed by John.

d) 행위자(agent)가 수혜자(patient)에 미치는 영향이 명확하지 않을 경우에는 수혜자가 수동태의 주어로 나타날 수 없다.

He turned the pages.
행위자 수혜자

= The pages were turned by him.
수혜자 행위자

행위자인 **그가** 수혜자인 **책장**을 넘기면, 실제로 책장은 넘어간다. 즉 행위자가 수혜자에게 끼친 영향이 명확하다. 실제로 영향을 받은 수혜자가 수동태구문의 주어로 나타났기 때문에 문법적인 문장이 된다.

그러나 행위자가 수혜자에게 직접적인 영향을 끼치지 못하는 다음의 예를 보자.

He turned the corner.
행위자 수혜자

= *The corner was turned by him.

그가 **모퉁이**를 돌았다. 그가 모퉁이를 돈 행위는 그 모퉁이에는 아무런 영향을 미치지 못한다. 즉, 그 모퉁이는 여전히 변화되지 않은 상태로 남아 있다.

이처럼 3형식 구문이지만 행위자와 수혜자의 영향관계가 명확하지 않는 경우에는 수동태로 전환할 수 없다.

또한, 다음의 문장도 행위자와 수혜자의 영향관계가 명확하지 않기 때문에 수동태로 전환할 수 없다.

I can hear the plane.
행위자 수혜자

= *The plane can be heard by me.

Ⅳ. Structure

1. ______ that people should learn to dive when they are learning to swim.
(A) Believing (B) To believe
(C) It is believed (D) They are believed

2. ______ other big cats, leopards are expert climbers.
(A) The most unlike (B) They are unlike most
(C) Unlike the most (D) Unlike most

3. The smallest snails and clams ______ from place to place embedded in the mud on the feet of wading birds.
(A) often carry (B) carried often
(C) are often carried (D) are often carrying

4. The city of Montreal ______ over 70 square miles.
(A) covers (B) that covers (C) covering (D) is covered

5. The importance of mythology within a culture ______ in the status of storytellers.
(A) as reflected (B) reflected (C) is reflected (D) reflected there

6. A helicopter ______ lifted by means of one or more powerdriven horizontal propellers called rotors.
(A) once (B) it is (C) once it (D) is

7. The distance from the Earth to the Moon ______ measured today by radar or by laserbeams.
(A) is easy to (B) it easily being (C) can be easy (D) can easily be

8. The old man was not ______ cold weather.
(A) accustomed to (B) happy by (C) content (D) pleased for

연구 및 해답

1. (C) 문장의 주어와 동사가 필요하다. It~that.
2. (D) 문장의 주어와 동사가 있는 것으로 보아, 빈칸부터 cats까지는 부사구가 되어야 한다. Unlike는 전치사.
3. (C) 동사 carry는 타동사이므로 다음에 목적어가 요구되나 본문은 목적어가 없다. 따라서 수동태가 적합하다.
4. (A) 본문의 내용상 능동태가 요구된다. 타동사 cover의 목적어는 70 square miles임. 전치사 over는 more than 뜻으로 사용되었음.
5. (C) 주어 The importance가 행위의 주체가 될 수 없으므로 수동태가 요구된다.
6. (D) 타동사인 lifted 다음에 목적어가 나타나지 않으므로 수동태가 요구된다.
7. (D) 본문의 주어 The distance가 동사 measured의 주체가 될 수 없으므로 수동태가 요구된다.
8. (A) be accustomed to 구문임.

1. Lead ______ as a material for sculpture since the time of the early Greeks.
   (A) has been used (B) being used (C) has used (D) used

2. This information is urgently ______ .
   (A) need (B) needing (C) unnecessary (D) needed

3. The violin has to be carefully tuned before it ______ .
   (A) can be played (B) is being played (C) should play (D) has to play

4. Pluto, the outermost planet of the solar system, ______ photographically in March, 1930.
   (A) discovered (B) was discovered (C) by discover (D) when discovered

5. That's right. She ______ in 1970.
   (A) did marriage (B) was married (C) married (D) got married

6. Don't let your letter ______ in red ink.
   (A) to be written (B) write (C) to write (D) be written

7. The tenor drum is used primarily in military bands and is normally ______ with small felt sticks.
   (A) play (B) played (C) to play (D) playing

8. Of the three common salicylates, ______ .
   (A) the preference of aspirin for most therapeutic used
   (B) for most therapeutic uses aspirin preferred
   (C) preferring aspirin for most therapeutic uses
   (D) aspirin is preferred for most therapeutic uses

연구 및 해답

1. (A) since 앞의 시제로 현재완료가 적합하다. lead는 행위자가 아님.
2. (D) information을 필요로 하는 대상은 사람이다. C는 논리상 부적합하다.
3. (A) it 즉 violin은 사람에 의해서 연주되므로 수동태 구문이 되어야 한다. 본문은 일반적인 내용을 진술하고 있으므로 B는 답으로 불가능하다.
4. (B) Pluto를 발견한 주체는 사람이다.
5. (D) 동작을 강조하는 수동태에서는 get(become)+p.p이다.
6. (D) 사역동사가 사용된 수동태 구문이다. Let+목적어+be+p.p.
7. (B) 접속사 and는 두 개의 수동형을 연결하고 있다.
8. (D) A, C는 문장을 구성하는 요소가 될 수 없으며, B는 aspirin이 사람에 의해서 prefer되므로 수동태가 되어야 한다.

1. ______ that the formation of the sun, the planets, and other stars began with the condensation of an inter-stellar gas cloud.
(A) Believing (B) To believe (C) The belief (D) It is believed

2. Milk proteins ______ for their high nutritional content.
(A) valued (B) are valued
(C) are they valued (D) to be valued

3. The political candidate hoped to be ______ to public office.
(A) selected (B) erected (C) elected (D) considered

4. Volcanoes ______ as active, dormant, or extinct.
(A) described (B) are described
(C) being described (D) which are described

5. The green turtle has been known ______ over 2,000 miles to return to a nesting site.
(A) in the navigation (B) the navigation
(C) to navigate (D) navigation

6. While a student at City College of New York, Hugo Martinez organized the United Graffiti Artists, which ______ the city's earliest exhibitions of graffiti art.
(A) was sponsored (B) sponsored by
(C) sponsored (D) was sponsored by

7. Before joining our firm, Smith ______ Maltex Corporation.
(A) was belong to (B) worked (C) served (D) was employed by

8. My pictures ______ until next week.
(A) won't develop (B) aren't developing
(C) don't develop (D) won't be developed

연구 및 해답

1. (D)They believe that the formation of the sun, ~began with ~을 수동태로 고치면, It is believed that~.
2. (B) 주어진 Milk proteins는 동작의 주체가 될 수 없으므로 수동태가 요구된다.
3. (C) be elected to. be selected for.
4. (B) describe 하는 주체가 사람이므로 수동태가 필요하다.
5. (C) 다음에 목적어가 있다는 점에 착안할 것.
6. (C) the city's~art가 행위의 주체가 될 수 없는 점을 착안할 것.
7. (D) be employed by. B는 worked for, C는 served in으로 각각 고쳐야 한다.
8. (D) 주어인 My pictures는 동작의 주체가 될 수 없다. develop :현상하다.

V. Written Expression

1. Nonmetallic minerals are find (A) in various (B) places (C) around (D) the world.

2. An old (A) city, Saint Augustine, Florida, was founded (B) in 1565 by the (C) Spanish explorator (D) Pedro Menendz Aviles.

3. Modern dance teached (A) in the same (B) kinds (C) of studios (D) as ballet.

4. Among all the animals man (A) stands in a unique relation to (B) them because he stands open to (C) a future in which the present condition of life is transformed (D).

5. The first zoological garden (A) in the United states (B) had established in (C) Philadelphia in 1874 (D).

6. The goal (A) of unemployment insurance is to support workers who have lost their jobs (B) until they are reabsorption (C) into industry (D).

7. A galaxy is sometimes (A) called (B) a stellar universe and (C) may be included (D) billions of stars.

8. It was strictly (A) forbid (B) to bring livestock into the church, and even to think (C) of taking an ass into the crypt of St. Francis was (D) a desecration.

연구 및 해답

1. (A) are find → are found.
2. (B) 동사 found는 설립하다의 뜻임. 본문의 내용상 find의 과거분사형 found로 바꾸어야 한다.
   explorator : 탐험가.
3. (A) 동사 teach의 과거분사형은 taught임. modern dance는 행위자가 될 수 없음에 착안할 것.
   A를 is taught로 고쳐야 한다.
4. (D) in a future로 보아 D를 will be transformed로 바꾸어야 한다.
5. (C) establish의 주제로서 zoological garden이 될 수 없다. 따라서 수동태가 요구된다.
   has established → was established.
6. (C) be reabsorbed into.
7. (D) 본문의 내용상 접속사 and이하는 능동태이다. and may include~.
8. (B) forbid를 과거분사형인 forbidden으로 바꾸어야 한다.

1. The question of the origin(A) of the Moon is interest(B) not only(C) in itself but also(D) as a part of the larger genesis of the Earth and the solar system.

2. Despite(A) the evidence of the existence of small amounts(B) of water vapor and ice crystals on Mars, its atmosphere is know(C) to be extremely(D) dry.

3. Children, she believes, are supposed(A) to answer politely(B) when spoke(C) to by an(D) adult.

4. This phenomenon(A) has described(B) so often as to need no further cliches(C) on(D) the subject here.

5. The covered bridge was designing(A) to protect(B) a wooden span from(C) the weather, thereby(D) increasing its life.

6. Jet propulsion can take place(A) in a vacuum as long as oxgen is provision(B) to burn(C) the engine's fuel(D).

7. Painter(A) Joshua Johnston is depicted(B) his portrait subjects with enormous warmth(C) and sensitivity(D).

8. The advantages of computerized typing(A) and editing(B) are now being extending(C) to all the written(D) languages of the world.

연구 및 해답

1. (B) 질문 그 자체가 흥미로우므로 B를 능동의 뜻을 지닌 interesting으로 고친다.
2. (C) is know → is known.
3. (C) 접속사(when) 다음에는 주어+동사가 필요하며 또한 by an adult로 보아 수동태가 요구된다.
   when (they are) spoken to.
4. (B) describe 하는 주제가 사람이지 phenomenon이 아니므로 수동문이어야 한다.
   B를 has been described로 고쳐야 한다.
5. (A) was designing → was designed.
6. (B) 접속사 as long as 이하는 동사 provide의 주체가 사람이므로 수동태이다.
   provision → provided.
7. (B) Joshua Johnston은 행위의 주체이다. is depicted → depicts.
8. (C) extending → extended.

1. The electric furnace is used extensively to produce the highgrade steel is required for the manufacture of steel alloys.
   (A: furnace / B: extensively / C: is required / D: for the manufacture)

2. When birds are molting, normally once or twice a year, they can seen much less often.
   (A: normally / B: a year / C: can seen / D: less often)

3. The flag is risen at 6:30 every morning without fail.
   (A: risen / B: at / C: morning / D: without fail)

4. Accounting procedures can be development for any type of organization, not simply for profit-making concerns.
   (A: procedures / B: development / C: organization / D: concerns)

5. The ceremony of marriage in the United Stated can be performed from a justice of the peace.
   (A: The ceremony of / B: in the / C: can be / D: performed from)

6. The total number of fibers enclosed within the nerve trunk of a mammal can be to count.
   (A: number / B: enclosed / C: a mammal / D: to count)

7. The planet Venus has been said the Earth's twin because it is similar in size and mass.
   (A: The planet Venus has / B: said / C: similar / D: size)

8. The Constitution provides that no President can be elect more than twice.
   (A: provides / B: no / C: can be elect / D: more than)

연구 및 해답

1. (C) 앞에 문장의 주어와 동사가 있는 것으로 보아 C는 수식요소가 되어야 한다. 관계대명사+be동사가 생략된 형태이다. 즉 (which is) required임.
2. (C) 문장의 내용상 they 이하는 수동태가 필요하다. C를 can be seen으로 바꾼다.
3. (A) risen → raised.
4. (B) development → developed.
5. (D) 수동태에서는 동작의 주체를 전치사(by)를 사용해서 나타낸다. performed from → performed by.
6. (D) D를 counted로 바꾼다.
7. (B) They have **called** the planet Venus the Earth's twin…
   → They planet Venus has been **called** the Earth's twin(by them)…
8. (C) C를 can be elected로 바꾼다.

Ⅵ. Vocabulary

※ Choose the **one** word or phrase that has the same meaning as the **bold-faced** part.

1. Not until the play "Beyond the Horizon" was produced was Eugene O'Neil **lauded** as the foremost creative American playwright.
   (A) compensated (B) secretly named
   (C) given preference (D) praised

2. **Hypothetically**, sources of energy such as solar power and nuclear fusion could provide more energy than the world needs.
   (A) Fortunately (B) Eventually (C) Ideally (D) Theoretically

3. The 1960's saw a change in the form and content if movies, treating subjects that for so many years were considered **taboo**.
   (A) unpleasant (B) prohibited (C) unethical (D) worthless

4. The ambassador was given the book as **a token** of the government's regard for him.
   (A) an estimation (B) a share (C) a memento (D) scoured

5. Although she **scrubbed** the old pot thoroughly, she could not make it look completely clean.
   (A) disinfected (B) scratched (C) rinsed (D) scoured

6. The extremes heat made everyone quite **languid**.
   (A) listless (B) bothersome (C) selfish (D) gruff

7. Chemically **pure** iron has relatively few commercial uses.
   (A) unrefined (B) unadulterated (C) clear (D) stable

8. Although the work needs to be done more **exhaustively**, efforts have been made to collect the songs and ballads of the American Revolution.
   (A) precisely (B) selectively (C) frantically (D) thoroughly

연구 및 해답

1. (D) laud : 칭찬하다, 찬양하다. playwright : 극작가.
2. (D) hypothetically : 가정상, 가상적으로 solar power : 태양열. nuclear fusion : 핵분열.
3. (B) taboo : 금기(금지), 금기(금지)의.
4. (C) token : 증거, 상징, 기념물, 유물. memento : 기념물, 유물.
   the government's regard for him : 그에 관한 정부의 경의(존경).
5. (D) scrub : 북북 문지르다, 닦다, 씻다. scour : 문질러 닦다.
6. (A) languid : 노근한, 맥없는. listless : 노근한, 나른한.
7. (B) unadulterated : 다른 것을 섞지 않은, 순수한.
8. (D) exhaustively : 남김없이, 철저하게. ballad : 민요.

9. In Nathaniel Hawthorne's "The Scarlet Letter," Reverend Dimmesdale **succumbed to** Hester's charms.
(A) appealed to (B) conversed about
(C) cared nothing for (D) yielded to

10. The pupil of the human eye **dilates** when the level of light is low.
(A) react (B) focuses (C) expands (D) numbs

11. The king **banished** the young prince.
(A) disapproved of (B) exiled
(C) silenced (D) restrained

12. Television advertising has been under constant **scrutiny** for the last few years.
(A) counterattack (B) pressure (C) examination (D) revision

13. The Normandy coast was **plundered** repeatedly by seafaring marauders during the twelfth century.
(A) looted (B) influenced (C) occupied (D) harvest

14. Great books are universally **germane**.
(A) conquer (B) puny (C) relevant (D) innocuous

15. The time it takes a planet to make one orbit is related to its **proximity to** the sun.
(A) closeness (B) attachment to (C) variance from (D) reflection from

16. Among all societies legal marriage is usually accompanied by some kind of ceremony that expresses group **sanction** of the union.
(A) opinion (B) coercion (C) approval (D) insistence

연구 및 해답

9. (D) succumb : …에 굴복하다.
10. (C) pupil : 눈동자. dilate : 펼치다, 팽창시키다.
11. (B) banish : 추방하다. exile : 추방하다.
12. (C) scrutiny : 세밀한 검사.
13. (A) plunder : 약탈하다. seafaring : 항해의. marauder : 약탈자.
14. (C) germane : relevant, pertinent.
15. (A) 혹성이 한번 궤도를 도는데 걸리는 시간은 … proximity : 근접.
16. (C) 모든 사회에 있어서, 합법적인 결혼은 보통 그 결합을 집단적으로 승인함을 표시하기 위한 모종의 의식이 따른다. sanction : 재가, 인가.

17. The scientist's explanation for the strange behavior of the test animals was **conjectural**.
   (A) speculative (B) plausible
   (C) unambiguous (D) ridiculous

18. **An oversight** in proofreading often results in printed errors.
   (A) An inconsistency (B) A discrimination
   (C) A bloth (D) An inattention

19. The side effects of some drugs tend to **outweigh** the possible benefits.
   (A) exceed (B) maximize
   (C) balance (D) inhibit

20. The United States Congress can **override** a presidential veto with the approval of two-thirds of both Houses.
   (A) extend (B) nullify (C) regulate (D) negotiate

연구 및 해답

17. (A) conjectural : 추측적인, 억측상의. speculative : 추리적인, 사색적인.
18. (D) oversight : 못보고 넘어가기. proofreading : 교정.
19. (A) overweigh : …보다 무겁다, 압박하다.
20. (B) …상 · 하 양원의원 ⅔의 찬성으로써 대통령의 거부권을 무효화 할 수 있다.
   override : 뒤엎다, 무효화하다. nullify : 무효화하다.

Chapter 12
Tense

Ⅰ. Goal

현재와 현재진행형 시제의 의미 차이. 때, 조건을 나타내는 절에서 시제. 시제일치의 예외 (진리, 불변의 사실, 습관→현재시제. 과거사실→과거시제). 특정부사와 시제. 기본시제. 진행형 시제를 취할 수 없는 동사.

Ⅱ. Basic Sentences

1. I **study** every day.

   일반적인 습관을 나타내는 경우에는 **현재시제가** 사용된다.

2. I **am studying** right now.

   일시적, 순간적인 현상을 나타내는 경우에는 **현재진행형 시제**가 사용된다.

3. I **was studying** when he came.

   과거진행형 시제. 과거의 일시적인 현상을 나타낸다.

4. I **studied** last night.

   과거시제. 과거의 행위나 동작을 나타낸다.

5. I **will study** tomorrow.

   미래시제. 미래의 일을 기술할 때 사용된다.

6. I **will be studying** when you come.

   미래진행형 시제. 미래의 어느 시점의 행위의 계속적인 상태를 표시한다.

7. I **have already studied** Chapter One.

현재완료 시제. 과거에서 시작된 어떤 행위가 현재에 까지 끼친 행위를 나타내기 위해서 사용된다. 현재완료시제가 지니는 의미로는 완료, 경험, 계속, 결과가 있다.

I **have just finished** the book. (완료)
Have you **ever climbed** Mt. Hanla ? (경험)
He **has been to** America. (경험)
She **has been** a widow for only six months. (계속)
She **has been** dead for six years. (계속)
I **have lost** my watch. (결과)
She **has gone** to America. (결과)

8. He **had seen** her before she **saw** him.

과거완료 시제. 과거의 어느 시점에서의 행위가 과거에서 끝났음을 표시하기 위해서 사용된다. 즉 과거시제보다 한 시제 앞선 것을 의미한다.

9. I **had been studying** for two hours before my friend came.

과거완료진행형 시제. 과거의 어느 시점에서, 행위가 계속되었음을 표시하기 위해서 사용된다.

10. He **will have left** by the time you get there.

미래완료 시제. 미래의 어느 시점에서 행위 혹은 동작의 완료를 표시하기 위해서 사용된다.

11. I **will have been studying** for two hours by the time you arrive.

미래완료진행형 시제. 미래 어느 시점에서 계속되는 행위의 동작의 완료를 나타내기 위해서 사용된다.

12. He **is going** to Seoul tomorrow.

왕래, 발착을 나타내는 동사 go, arrive, depart, come 등이 진행형을 취하는 경우는 가까운 미래시제를 의미한다.

She **is going** on twenty-two. (그녀는 스물 두 살이 거의 다됐다.)

한편, 미래에 대한 현재의 증거로 보아 확실히 일어날 사건에 관하여 기술할 때 be going to 구조를 사용한다.

Look - it [is going to / *will] rain!

13. [I **have cleaned** the windows.
I **have been cleaning** the windows.]

현재완료 시제와 현재완료진행형 시제 구분. 현재완료가 사용된 문장은 창문들이 이제 깨끗하다는 뜻을 지니며, 현재완료진행형이 사용된 문장은 나는 여전히 창문들을 깨끗이 닦고 있다는 뜻을 갖는다.

14. He **is marrying** her **next week.**
미래부사

상태를 나타내는 동사는 일반적으로 진행형 시제를 취하지 못하나, 때때로 미래부사와 함께 사용되어 가까운 미래를 나타내며 주어의 강한 의지를 반영한다.

15. [I will go out if the rain [stops. / *will stop.]
I will meet her when I [have / *will have] time.]

때나 조건을 나타내는 부사절의 시제는 미래대신에 현재가 사용된다.

16. [I **swim.**
I **am swimming** now.]

현재시제와 현재진행형 시제 구분. Further Studies 참조.

17. **He said** that he **gets up** at six all the year round.

일반적인 습관을 언급하는 내용은 현재시제로 나타내며, 시제는 주절의 시제에 적용 받지 않는다. 즉 종속절의 현재시제(gets)가 과거시제(got)로 바뀌지 않는다.

18. He **said** that he **was** rich.

주절의 시제가 과거이므로 종속절의 시제도 과거로 나타났다. 이 경우는 일반적인 습관을 나타내는 경우가 아니므로 시제일치의 적용을 받는다.

19. I [*have seen / saw] him a moment ago.

명확한 과거의 부사(구) yesterday, ago, last night, in 1980 등과 현재완료시제를 함께 사용할 수 없다. 또한 의문부사 when은 현재완료시제에 사용되지 않는다.

When [*have you finished / did you finish] it?

한편, just now는 과거시제, just는 현재완료 시제에 각각 사용된다.

They came in **just now.**
They have **just** gone out.

20. [I **expected to have seen** the movie. / = I **have expected to see** the movie.]

희망, 기대, 의도, 욕구를 나타내는 동사의 과거가 **완료부정사 형태**를 취할 때는 과거에 이루지 못한 사실을 나타내며, **이들 동사의 과거완료+단순부정사**와 동일한 의미를 지닌다. 그러나 후자는 formal expression에서는 거의 사용되지 않는다. 한편, 이들 표현은 다음과 같은 문장과 의미 차이를 구분할 필요가 있다.

He expected to see the movie.

이 문장은 그가 그 영화를 실제로 봤는지의 여부가 불확실한 경우에 사용된다.

21. [I hope that the parcel [comes / = will come] in time.
I'll see that nobody [disturbs / = will disturb] you.]

hope, bet, see(to it), take care, be careful, suppose, assume 등이 사용된 절에서는 미래시제 대신에 현재동사가 종종 사용된다.

Let's assume our opponent [wins / = will win] the election.

22. I [hear / = have heard] that you began to study English again.

learn, tell, write, read, hear와 같은 동사의 현재시제는 현재완료시제와 거의 동일한 의미를 갖는다. 그 이유는 이러한 동사들의 특수한 의미 때문이다.

23. When he **opened** the window, the bird **flew out.**
When the play **ended,** the audience **went** home.

주절의 행위 혹은 사건이 종속절의 내용을 이끌 때 과거 시제가 일반적으로 사용되는데 이 경우 강조할 시 종속절의 시제를 과거완료로 나타낸다.

24. a) They **will leave** tomorrow.
b) They **are going to leave** soon.
c) They **leave** at seven.

a)와 c)는 미래에 관점을 두며 예정된 미래를 나타낸다. b)는 현재에 관점을 두며 일시적인 의도, 습관, 반복 등을 의미한다.

Ⅲ. Further Studies

A. 현재와 현재진행형 시제 구분

현재시제는 일반적인 습관이나 **행위의 지속적인 반복**을 나타내기 위해서 사용되며, **현재진행형시제**는 순간적인 혹은 **일시적인 동작**을 나타내기 위해서 사용된다.

a) He **is swimming** now. - 현재진행형
He **swims.** - 현재

진행형시제가 사용된 경우는 그가 날씨가 더워서 지금 수영을 하고 있다는 순간적인 행위를 나타내 주나, 현재시제가 사용된 문장은 그가 수영을 좋아해서 반복적으로 한다는 것을 의미한다.

b) I **live** in Seoul. - 현재
I **am living** in Seoul. - 현재진행형

현재시제가 사용된 문장은 그의 주소가 서울이라는 지속적인 상태의 뜻을 내포하고 있으며, 현재진행형 시제가 사용된 문장은 그가 일시적으로 서울에서 살고 있다는 것을 의미한다.

B. 시제일치 원리의 예외

a) 종속절이 일반적인 습관이나 진리를 나타내는 경우에는 현재시제를 취한다.

He **told** me that he **gets up** early in the morning. → 일반적인습관

부사구 early in the morning으로 보아 일반적, 습관적인 행위임을 알 수 있다.
그러나 다음의 문장과 비교해 보자.

He told me that he [*gets / got] up early this morning.

위 문장에서 부사구 early this morning으로 미루어 보아, 일시적인 행위임을 알 수 있다. 따라서 시제일치의 적용을 받는다.

Columbus **discovered** that the earth **is** round.
He **said** that honesty **is** the best policy.

종속절이 각각 일반적인 진리를 나타내므로 현재시제가 사용되었다. 그 이유는 종속절의 내용, 즉 진리명제는 화자가 발화할 시에도 진리(진실)이라고 전제하고 있기 때문이다.

b) 역사적인 과거의 사실은 과거시제로 나타낸다.

He **says**, "Columbus **discovered** America in 1492."
He **said** that Columbus [**discovered** / ***had discovered**] America in 1492.

He **says** that World War Ⅱ **broke out** in 1939.

c) 과거와 현재를 대조시킨 비교구문에서

He **was** better off than he **is** now.
When I was your age, I **studied** harder than you **are** studying now.

d) 가정법에서

I [**wish** / **wished**] I **were** a bird.

I [think / thought] if you **hard come** earlier, you could have met her.

C. 특정부사와 시제

a) [Do / *Would] you like a cup of coffee [**in the afternoon?** / **every morning?**]

부사구 in the afternoon, every morning은 일반적인 습관을 표현하기 위해서 주로 사용된다. 따라서 a)는 **당신은 매일 오후(매일 아침)에 커피 한 잔을 드십니까?**라는 뜻을 지니게 되므로, 공손을 표시하는 Would는 이 문장에 사용될 수 없다. 만약 이 문장에 Would가 사용된다면, **당신은 매일 오후(아침)에 커피 한 잔 드시겠습니까?**와 같은 어색한 의미를 갖게 된다.

[Would / Do] you like a cup of coffee [**this afternoon?** / **this morning?**]

그러나 위의 문장에서는 부사구 this afternoon(this morning)으로 보아 일시적인 현상을 표현한 문장임을 알 수 있다. 즉 **당신은 오늘 오후(오늘 아침)에 커피를 한 잔 드시겠습니까?**와 같은 뜻을 지닌다. 이 경우에는 Would와 Do가 모두 사용될 수 있는데 Would가 더 공손한 표현에 사용된다.

b) We **visit** the drama club **all the time.**

부사 all the time, always, now 등은 현재시제에 주로 사용된다.

c) I think she **is studying right now.**

부사 right now는 주로 현재진행형 시제에 사용된다.

d) There **will be** another test three months **from now.**

부사 from now, tomorrow는 미래시제와 결합한다.

e) I wonder if how long **ago** this school **began.**

부사 ago, last night, yesterday 등은 과거시제와 결합한다.

f) It **has rained so far** this month.

부사 so far, recently 등은 주로 현재완료시제와 결합한다.

g) **By then** I **will have finished** my homework.

부사 by then, by the time 등은 주로 미래완료시제와 함께 사용된다.

D. 진행형 시제를 취할 수 없는 동사

a) 사고, 인식을 나타내는 동사 : know, understand, remember, think, forget 등

b) 지각동사 : see, hear, watch, smell 등

c) 감정을 나타내는 동사 : love, welcome, like, fear 등

d) 능력을 나타내는 동사 : enable, disable 등

e) 상태를 나타내는 동사 : resemble, seem, differ 등

f) 존재, 소유, 계속의 뜻을 지닌 동사 : be, have, own, belong, last, continue 등

그러나, 진행형 시제를 취할 수 없는 동사가 의미가 달라질 경우에는 진행형을 쓸 수 있다. 즉 진행형을 취하게 되면 화자의 **주관적인 태도, 습관과 강한의지 및 행동**을 반영하게 된다.

He **is seeing** the sights of Seoul.
I **am having** a good time.
She **is having** breakfast.
I **am always loving** you.
(행동으로 실천하고 싶다는 의지를 담고 있다.)

She **is thinking** the matter **over.**
I **am constantly forgetting** your telephone number.
(나는 계속해서 당신의 전화번호를 잊는 경향이 있다.)

I **am looking out** the window.
(창문 밖을 보고 있는 동작을 강조)

The doctor [**is seeing** / = **meeting**] a patient.

또한 점차적인 증가 혹은 변화의 부가적인 요소일 때 진행형이 가능하다.

Barbara **is resembling** her mother more and more as she grows older.

Young people **are depending** less and less on the advice of their elders.

[I **am marrying** her next week. (강한 의지 반영)
  I **will marry** her next week. (예정)]

Ⅳ. Structure

1. "John got an A in Chemistry." "I ______ that he is very bright."
   (A) had heard (B) will have heard
   (C) hear (D) am hearing

2. "Have you ever been anywhere even for a trip?" "I ________ to the Jeju Island."
   (A) went (B) have gone
   (C) have never been (D) have been

3. Mr. Nixon ________ here in Seoul since the fifth of January.
   (A) was (B) had been (C) will be (D) has been

4. Paiker was a methodical man who ________ his mail every day.
   (A) answered (B) had been
   (C) has been answering (D) answers

5. "Did Mary come here and visit?" "She _______ twice since March 1669."
   (A) visited here (B) was visiting here
   (C) has visited (D) visits

6. This watch _______ three minutes a day.
   (A) is lost (B) is losing (C) lost (D) loses

7. The Earth's population ________ since the Second World War.
   (A) has nearly doubled (B) nearly doubling
   (C) doubling nearly (D) that has nearly doubled

8. Mary Lyon, who ____ from 1979 to 1849, founded Mount Holyoke College in Massachusetts.
   (A) she lived (B) living (C) lived (D) did she live

연구 및 해답

1. (C) 종속절의 시제가 현재임에 유의할 것. 경험의 완료대신에 기본시제를 표시한 문장이다.
   동사 hear는 진행형 시제를 취할 수 없다.
2. (D) 본문의 Have you ever been을 보아 D가 적합하다.
3. (D) since 앞의 시제는 현재완료가 적합하다.
4. (D) 종속절이 일반적인 습관을 언급하고 있다.
5. (C) 접속사 since 앞의 시제로 현재완료형이 온다.
6. (D) 반복을 나타내는 a day(매일)가 있으므로 현재시제가 적합하다.
7. (A) 전치사 since 앞의 시제는?
8. (C) 과거표시어구 from 1797 to 1849에 착한할 것. 관계대명사절 구조의 특징은?

1. Over the past two centuries, the dominant narrative genre ________ .
   (A) has been the novel (B) has the novel been
   (C) the novel has been (D) the has been novel

2. We might still catch the train if we ________ .
   (A) make haste (B) will haste
   (C) will make haste (D) hastily

3. We can go when the ground ________ .
   (A) is drying (B) has dried (C) dried (D) dry

4. Scholars ________ about 3,000 spoken languages.
   (A) were counted (B) have counted
   (C) counted them (D) who counted

5. Rich tobacco and champion race horses have _______ of Kentucky.
   (A) long been symbols (B) been long symbols
   (C) symbols been long (D) long symbols been

6. "When are you going to write about your experiences in Asia?"
   "I ______ on that already."
   (A) have written (B) written (C) write (D) had written

7. An accident ________ last night.
   (A) was occurred (B) had been occurred
   (C) occurred (D) occurs

8. It ________ everyday so far this month.
   (A) is raining (B) rained (C) rains (D) has rained

연구 및 해답

1. (A) 부사구 over the past two centuries로 보아 본문의 시제는 현재완료시제를 갖는다.
2. (A) make haste : 서두르다. 때나 조건을 나타내는 부사절의 시제는?
3. (B) 때나 조건을 나타내는 부사절에서는 현재, 현재완료 시제를 사용한다. 본문의 내용상 현재완료 시제가 적합하다.
4. (B) 본문의 내용상 현재완료 (have+p.p) 시제가 요구된다. 본문에는 동사가 빠져 있다. about은 전치사가 아니라 부사로 사용되었다.
5. (A) long이 부사로 사용되었다.
6. (A) 현재완료의 완료용법. so far, since, up to now, lately, already 등의 부사는 주로 현재완료 시제에 사용된다.
7. (C) 과거표시 부사구 last night에 착안 할 것. 동사 occur는 자동사임.
8. (D) 부사 so far는 현재완료 시제와 주로 결합한다.

1. "Has David left for New York yet?"
"No, but he _______ by this time tomorrow."
(A) will go (B) will have gone
(C) have left (D) leave

2. A : How long have you been in Korea?
B : Since September.
A : Oh, so by Christmas you _______ here three months.
(A) will be (B) will have been
(C) are (D) would be

3. "When will they leave?" " They _______ very soon."
(A) do leave (B) are leaving (C) have left (D) leave

4. The Boston Latin School, the first secondary school in the American colonies, _________ in 1635.
(A) and started classes (B) classes started
(C) started classes (D) then classes started

5. I am glad that the news _________ good.
(A) is (B) being
(C) are (D) were

6. The bus _________ at the terminal two hours ago.
(A) arrived (B) has arrived (C) had arrived (D) is arrived

7. "How often has Miss Kim come to visit you recently?"
"She _________ here twice in 1980."
(A) was (B) be (C) is (D) has been

8. "Who's that good-looking girl Frank's dancing with?"
"I don't know ; I ________ her before."
(A) never has seen (B) have never seen
(C) was never seeing (D) never see

연구 및 해답

1. (B) 부사구 by this time으로 보아 미래 어느 시점에서 완료된 상태를 나타낸다.
2. (B) 부사구 by Christmas에 착안할 것.
3. (B) 왕래발착 동사의 진행형은 가까운 미래를 나타낸다. A, D는 습관적, 예정된 미래를 나타낸다.
4. (C) 부사구 in 1635에 착안할 것. 본문에는 동사가 빠져있다.
5. (A) 명사 news는 3인칭 단수이다.
6. (A) two hours ago에 착안할 것.
7. (A) 과거를 나타내는 부사구 in 1980으로 보아 과거시제가 요구된다.
8. (B) 본문은 과거에서 현재시점까지의 시간을 포괄하고 있는 문장이다.

V. Written Expression

1. Experts(A) believe that in the year 2000 almost(B) ninety percent of the labor force(C) in the United States going(D) be white-collars.
2. Companies have pay(A) millions of dollars to establish(B) their trademarks as symbols(C) of reliability(D) and value.
3. Almost(A) every morning I receive cards inviting(B) me(C) to art exhibitions, and on the cards had been(D) photographs of the works exhibited.
4. In the judicial system(A) of the United States, defendants founded(B) not guilty of the charges on which they are tried(C) are automatically acquitted(D).
5. Systematic(A) investigations have prove(B) that many American Indian languages(C) are highly developed(D) in their phonology and grammar.
6. Learning a foreign language is especially(A) difficult for those(B) who had(C) never learned one before(D).
7. Oberlin college awards(A) degrees to both sexes as early as 1837, but coeducation in American colleges(B) did not spread until(C) the second half(D) of the century.
8. Although raccoons have no special(A) diet, they prefer(B) fish and often became(C) proficient at fishing(D).

연구 및 해답

1. (D) going be → will be.
2. (A) 현재완료 시제형은 have+p.p이다. have pay → have paid.
3. (D) 주절의 시제가 현재이다. had been → are. 본문은 현재의 일반적인 내용을 진술하고 있다.
4. (B) B를 found로 고칠 것. founded는 found(설립하다)의 과거형이다.
   defendants who are found.
5. (B) have prove → have proved.
6. (C) 주절의 시제가 현재이다. had → have.
7. (A) 과거 표시 어구 as early as 1837로 보아 과거 시제형으로 고친다. awards → awarded.
8. (C) 본문의 시제가 현재이다. 일반적인 습관을 기술하고 있다. became → become.

1. William Faulkner was one of (A) the American novelists that ever (B) received (C) the Nobel Prize for (D) Literature.

2. Any (A) world traveler has eating (B) many exotic foods in the (C) different countries he has visited (D).

3. It is an accepted (A) custom in our country for (B) men to remove (C) their hats when a woman entered (D) the room.

4. Over forty years ago, Helen Hall's outstanding (A) contributions as a settlement organizer catch (B) the attention of President Franklin Roosevelt, who appointed her to his (C) advisory committee on economic security (D).

5. In the last decade (A) movie production had advanced (B) with (C) great strides (D).

6. In just (A) the last (B) few years, football is become (C) more popular than baseball in that country (D).

7. If (A) Mr. Goa is away (B) from his desk, Mr. Carter is answering (C) his (D) telephone.

8. A narcotic is a substance that was having (A) a strong (B) depressant effect on the human (C) nervous system (D).

연구 및 해답

1. (B) 본문의 내용상 주절보다 종속절이 먼저임에 유의할 것. ever → had ever.
2. (B) has eating → has eaten.
3. (D) 본문은 일반적인 습관을 나타내는 문장이다. entered → enters.
4. (B) 과거 표시 어구 over forty years ago에 착안할 것. catch → caught.
5. (B) 부사구 in the last decade로 보아 주절은 현재완료시제가 적합하다.
6. (C) is become → has become. 부사구 In just the last few years에 착안할 것.
7. (C) 본문은 현재의 습관적인 행동을 나타내므로 B를 현재시제 형태 즉 answers로 고쳐야 한다.
8. (A) 주절의 시제가 현재이다. was having → has.

1. Collecting dolls as a hobby becomes increasingly popular during the past fifty years.
   A B C D

2. Before 1970 many technological advances have been made in the field of computer
   A B
   science, which resulted in more efficient computers.
   C D

3. Research in molecular biology has demonstrate phenomenal similarities between
   A B C D
   humans and apes.

4. All experienced hunters know that wild animals became particularly restless before
   A B C
   the onset of a storm.
   D

5. A few thousand years ago the ocean level is lower.
   A B C D

6. Pilots rarely concentrate on one particular instrument on the flight deck, but rather
   A B C
   checked them all intervals.
   D

7. The first juries were made up of persons who witnessed the crime in question and
   A B
   them passed judgment based on what they have seen.
   C D

8. Civilization today had depended on wood at great cost to the world's natural
   A B C
   resources.
   D

연구 및 해답

1. (B) 부사구 during the past fifty years에 착안할 것. becomes → has become.
2. (B) 과거 표시 어구 Before 1970으로 보아 주절의 시제는 과거완료 형태가 와야 한다.
   따라서 B를 had been made로 바꾼다.
3. (B) has demonstrate → has demonstrated.
4. (C) 주절의 시제가 현재이며, 종속절은 일반적인 습관을 나타낸다. became → become.
5. (C) 과거표시 부사 ago에 착안할 것. is → was.
6. (D) 본문은 일반적인 습관을 표현하고 있다. checked → check.
7. (D) 본문의 시제는 과거이다. have seen → saw or had seen.
8. (A) 부사 today로 보아 A를 has depended 혹은 depends로 고친다.

Ⅵ. Vocabulary

※ Choose the **one** word or phrase that has the same meaning as the **bold-faced** part.

1. The **deluge** in information generated in recent years placed a burden on the government.
   (A) chaos (B) dagger (C) oasis (D) flood
2. The waitress had the orders **mixed up**.
   (A) cooked (B) taken away (C) confused (D) filled
3. We must endeavour to **catch up with** America in the field of applied science.
   (A) overtake (B) change for (C) change into (D) change upon
4. **Amity** among nations.
   (A) friendship (B) ill will (C) commerce (D) union
5. The police are now **searching into** the matter thoroughly.
   (A) searching after (B) overtook
   (C) looking into (D) examining closely
6. At last his car **ran out of** oil on the way.
   (A) expelled (B) lacked (C) come by (D) for one thing
7. These two boys quarrelled **for nothing**.
   (A) without reason (B) for my part
   (C) for once (D) for one thing
8. An experiment can be **marred** by poor planning.
   (A) qualified (B) disclosed (C) delayed (D) spoiled

연구 및 해답

1. (D) 홍수(=flood). chaos : 혼돈, dagger : 단검, 비수.
2. (C) mix up : 혼동하다, 섞다. order : 주문, take away : 치우다.
3. (A) catch up with : 뒤따르다. change for : ~의 방향을 향하다.
   change into : ~이~으로 변하다. chance upon : 우연히 만나다(= come across by chance).
4. (A) amity : 친목, 친선(=friendship).
5. (C) search after : ~을 찾아다니다 (=seek = try to find). overtake : 뒤따르다(=keep up with).
   examine closely : (상처, 남의 마을 따위를) 자세히 살펴보다.
6. (B) expel : 내쫓다, 쫓아내다(=drive out). come by : 얻다(=obtain), 손에 넣다.
7. (A) for nothing : 이유없이(=without reason). 헛되이(=in vain). 공짜로(=without payment).
   for my part : 나로서는(=as for me). for once : 한번만(=this one).
   for one thing : 우선(=in the first place).
8. (D) mar : 훼손시키다, 망치다(=spoil, ruin).

9. The attack was made **under favor of** a good opportunity.
   (A) in favor with (B) in force
   (C) taking advantage of (D) in general
10. For him to carry in through in a week or so is **out of the question.**
   (A) nothing to him (B) quite impossible
   (C) beyond question (D) sure to succeed
11. My success is **in a measure** owing to luck.
   (A) in and out (B) in a certain degree
   (C) ins and outs (D) in a word
12. He works hard to **get on in the world.**
   (A) get on with (B) get over (C) succeed in life (D) get on
13. When Washington D. C. was burned in 1818, Dolley Madison **rescued** many official papers from the White House.
   (A) stole (B) filed (C) hid (D) saved
14. Most of the workers are living **from hand to mouth.**
   (A) from end to end
   (B) from hand to hand
   (C) spend money as soon as it is earned
   (D) from place to place
15. Do **potent** drugs work on the common cold?
   (A) inexpensive (B) very costly (C) traumatic (D) very strong
16. The extreme heat made everyone quite **languid.**
   (A) listless (B) bothersome (C) selfish (D) gruff

연구 및 해답

9. (C) under favor of : ~을 이용하여. in favor with : ~이 마음에 들어서.
   in force : 유효한(=in effect). in general : 대개(=as a rule =usually).
10. (B) out of the question : (실제 문제로서) 논의할 바 못되는, (불가능하여) 문제 삼을 수 없는.
   beyond (all) question : 틀림없이.
11. (B) in and out : 안이고 밖이고 온통 (=through and through).
12. (C) get on with : 사이좋게 지내다.
   get over : 회복(극복)하다(=recover from =overcome).
13. (D) rescue : 구해내다(=save), 구조하다(=deliver).
14. (C) from hand to mouth : 하루 벌어 하루 살다. from end to end : 끝에서 끝까지.
   from hand to hand : 이 손에서 저 손으로. from place to place : 곳곳에.
15. (D) potent : strong, powerful, effective.
16. (A) listless : 지친(=languorous). bothersome : 성가신(=troublesome).
   selfish : 이기적인 (=self interested). gruff : 목쉰(=hoarse).

17. The constitution guarantees that private homes will not be searched without a **written authorization.**
(A) receipt (B) warrant (C) prescription (D) accomplice

18. Don't bother me with **trivial** matter.
(A) troublesome (B) not important (C) mutual (D) complicated

19. The mining company **complied with** the regulation.
(A) voted for (B) conformed to (C) defied (D) appealed

20. You have to **give me a ring** as soon as you get there.
(A) go ahead (B) telephone (C) go for a walk (D) go for nothing

21. The literary taste founded on an intimate knowledge of the Bible **is a thing of the past.**
(A) is a traditional achievement (B) has a long tradition
(C) no longer exists (D) is an unimportant thing

22. The state should intervene to save this neoclassical masterpiece and should **foot the bill** for its preservation.
(A) legislate (B) take a measure
(C) begin a project (D) pay

23. He is **far from** a scholar.
(A) anything but (B) figure out
(C) feel for (D) find fault with

24. If we cancel this big publicity drive, it will **give ground** to our main competitors.
(A) cause big trouble (B) provide a good reason
(C) undermine the basis (D) give advantage

연구 및 해답

17. (B) The Constitution : 헌법. written authorization : 수색영장. receipt : 영수증.
warrant : 영장. prescription : 규정, 처방, 취득시험. accomplice : 공범자.
18. (B) trivial : 하찮은. mutual : 서로의, 상호관계되는. complicated : 복잡한, 까다로운.
19. (B) the mining company : 광산회사. comply with : ~에 순응하다. regulation : 규칙, 규정.
defy : 무시하다.
20. (B) give one ring : 전화를 걸다. go ahead : 전진하다(=advance). go for nothing : 아무소용 도 없다 (=come to naught). go for a walk : 산책을 하다 (=take a walk).
21. (C) be a thing of the past : 과거의 일이다, 존재하지 않는다(=no longer exist).
22. (D) foot the bill : (영국의 구어) 댓가를 지불하다(=pay).
23. (A) far from : 결코 ~아닌(=not at all). figure out : 이해하다 (=make out).
feel for : 동정하다 (=sympathize with). find fault with : ~을 흠잡다(=criticize).
24. (D) give ground = lose ground : 퇴각하다, 우세한 위치를 주다 (=give advantage).

Chapter 13
Mood

Ⅰ. Goal

법의 종류(직설법, 가정법, 명령법). 명령법의 특별용법(조건, 양보, 명령, 요구, 제안, 놀람, 강조 등). 가정법의 종류 및 의미 숙지, 가정법 if 생략. if 대용적표현. 혼합가정법. it is time(that)+S+과거동사. had better(would better, would rather)+S+과거동사. I wish 및 as if (though) 가정법. but (save, except)가 사용된 가정법. 직설법과 가정법의 차이(The Iconicity Principle 참조). 명령, 제안, 주장 등의 동사가 사용된 가정법.

Ⅱ. Basic Sentences

1. I think that he is honest.

직설법. 어떤 사실을 있는 그대로 진술하기 위해서 사용된다.

2. ┌ Wash yourself.
   └ Open the door.

명령법. 자기의 의사를 상대방으로 하여금 실행케 하거나 명령을 할 때 사용된다.

3. ┌ a) If I **were** a bird, I **could fly** to you.
   └ b) If I **had been** a bird, I **could have flown** to you.

가정법. 어떤 행위나 사건이 실제로 일어나지 않고 있거나 과거에 일어나지 않은 것을 가정하기 위해서 사용된다. 이처럼 가정할 수 있는 방법은 크게 두 가지가 있다.

전자는 **가정법 과거**로 나타내며, 그 형태는 **If+S+과거동사, S+조동사 과거**이다. 후자는 가정법 과거완료로 나타내며, 그 형태는 **If+S+had+p.p, S+조동사 과거+have+p.p**이다. 따라서 가정법 과거는 현재로 해석되며, 가정법 과거완료는 과거로 해석된다.

4. ┌ Pay attention to Mr. John's lesson, **and** you will pass the test.
   └ Pay attention to Mr. John's lesson, **or** you will fail in the test.

명령문이 조건의 뜻으로 사용되었다.

명령문 다음에 and는 **'그러면'** 이란 뜻을 지니며, 명령문 다음에 or는 **'그렇지 않으면'**이란 뜻을 지닌다.

5. ┌ **Hurry as you will**, you are sure to be late.
   └ = **However you may hurry**, you are sure to be late.

명령법이 양보의 뜻으로 사용되었다.

Change your mind as you will, you will gain no additional support.
Even though you change your mind, you will gain no additional support.

6. It is **necessary** that you **(should) do** it.

It is+필연(당연, 의무) that+S+(should) 동사원형은 종속절의 행위가 실제로 일어나지 않은 상태를 나타내 주기 때문에 가정법에 속한다.

It is **natural** that you **(should) be** attentive.

7. It is **surprising** that he **(should) be** angry.

It is+놀람(의혹, 유감) that+S+(should) 동사원형은 종속절의 행위가 실제로 일어나지 않은 상태를 표현하기 때문에 가정법에 속한다.

It is **strange** that he **(should) say** so.

8. The doctor **insisted** that I **(should) give up** smoking.

명령, 제안, 요구, 결정, 동의, 고집 등의 동사가 이끄는 종속절에는 가정법 시제가 사용된다. 이러한 문장이 가정법에 속하는 이유는 종속절의 행위 혹은 사건이 실제로 일어나지 않았기 때문이다.

그러나 동사 suggest와 insist는 가정법시제 (should 동사원형)뿐만 아니라 직설법 시제를 취하기도 한다. **의미 형태일치 원리** 참조.

Another **requirement** of a pidgin is that it **should be** as simple to learn as possible.

He insisted that she [**should change** / changed] her clothes.

He **suggested** that he [*should be / was] angry.

(동사 suggested가 암시했다는 뜻으로 사용되었다.)

We find **the suggestion** that linguistic theory **is concerned** with an ideal speaker-hearer.

9. [If I had been rich, I would have helped him.
= **Had** I **been rich,** I would have helped him.]

가정법에서 if의 생략. if가 생략될 때는 어순 도치 현상이 일어난다.

[If I met her, I **would tell** her the result.
= **Did** I **meet** her, I **would tell** her the result.]

일반동사가 사용된 가정법에서 if가 생략될 때는 do 동사가 사용된다.

10. **Suppose** I were going, should you be sorry?

suppose, supposing (that)~ = if

11. I will employ him **provided** he is honest.

provide, providing (that)~ =if~only

12. **Given** the basic premise, the argument makes sense.

given은 마치 전치사처럼 사용되어, **~을 가정하면**과 같은 뜻을 지닌다.

13. [You **had better** go at once.
= You **had better** (that) you **went (should go)** at once.]

had better (best, rather), would better (rather)는 종속절에 가정법 시제 즉 과거동사가 사용되나뇌should 동사원형도 가능하다.

[You had best (better, rather) **stay** here.
= You had best (better, rather) you **stayed** here.]

[You would better (rather) **mind** your own business.
= You would better (rather) you **minded** your own business.]

14. It is (high) time (that) you [went / should go] to bed.

It is time (that) + S + **과거동사 혹은** (should) **동사원형** 구문은 종속절의 행위가 실제로 일어나지 않은 상태를 기술하므로 가정법 구문에 속하는데, 이 경우 종속절의 동사시제로는 과거 혹은 (should)동사원형이 가능하나 과거시제가 우선적으로 사용된다.

It is time that you [left / leave / should leave] at once.

이 가정법 구문에서 유의할 점은 종속절의 주어가 1인칭과 3인칭일 때는 가정법 시제의 과거동사가 나타나지 않고 직설법 시제의 과거형이 나타난다는 점이다.

It is time I [was / *were] going.

15. He talks **as if** he [knew / had known] everything.

as if (though) 가정법. 즉 as if 다음에는 가정법 과거시제인 **동사과거** 혹은 가정법 과거완료시제 **had p.p**이다.

16. I wish I [were / had been] a bird.

I wish **가정법**. I wish 다음에 올 수 있는 형태는 가정법 과거시제인 **과거동사** 혹은 가정법 과거완료시제 즉 **had+p.p**이다.

17. With a little more industry, he would not have been poor.

if 대용적 표현. 종속절에 조건을 나타내는 if 가 사용되지 않고 그것을 대신하는 전치사구가 사용되었다.

이처럼 if를 대신할 수 있는 요소로는 부사, 분사, 부정사, 전치사, 명사류, 형용사절 등이다.

He studied hard ; **otherwise**, he **would have failed** in the entrance examination.
= If he had not studied hard, he would have….

[But for your help, I could not succeed.
[= If it were not for your help, I could not succeed.

[A true friend would not say so.
[= If he were a true friend, he would not say so.

[I should be glad to accompany you.
[= I should be glad if I could accompany you.

[Born in better times, he would have been more famous.
[= If he had been born in better times, he would have been more famous.

[A man who had common sense would not do that.
[= A man, if he had common sense, would not do that.

18. If he **had worked** hard, he **would be** rich now.

혼합가정법. 혼합가정법이란 한 문장에서 종속절은 과거를 가정한 가정법 과거완료시제를, 주절은 현재를 가정한 가정법 과거시제를 동시에 취하는 경우를 말하는데, 과거의 행위나 사건의 영향이 현재의 결과로 나타나는 경우를 표현한다. 따라서, 위 문장은 **그가 열심히 일을 했더라면, 지금은 부자가 되어 있을 텐데**로 번역된다.

19. She would have gone **but** she didn't have time.

but (save, except)가 if를 대신한 가정법 문장. Further Studies 참조.

20. **What if** he should fail?
what if : ~하면 어떠나?
What (should we do) if he should fail?
what이 홀로서 주절을 대신하고 있다.

Ⅲ. Further Studies

A. 가정법과 직설법 구분

a. [(a) If he **loves** me, I'll **marry** him.
[(b) If he **loved** me, I **would marry** him.

(a)는 직설법 문장이며, (b)는 가정법 문장이다.

따라서 (a)는 그가 사실 나를 사랑하고 있다는 뜻을 내포할 수 있으나, (b)는 그가 나를 사랑하고 있지 않음을 언급하고 있다.

b. (a) I insist that he **take** the medicine.
(b) I insist that he **takes** the medicine.

(a)는 가정법 문장이나 (b)는 직설법 문장이다.
(a)는 그가 약을 복용해야 한다고 주장하고 있는 반면, (b)는 그가 요즘 약을 복용하고 있다는 사실을 주장하고 있다.

c. (a) It is surprising that he **should be** angry.
(b) It is surprising that he **is** angry.

(a)는 가정법 문장이고 (b)는 직설법 문장이다.
(a) 만약 화를 낸다면 이상한 일이 될 것이다는 뜻을 지니게 되며, (b)는 화낼 이유가 없는데 그가 화를 내고 있다니 그 일이 이상하다는 뜻을 나타낸다.

B. but(save, except)가 사용된 가정법

이 가정법 구문의 특징은 but(save, except)이하에는 주절의 가정법 시제에 대한 직설법 시제 형태를 취한다는 것과 또한 그 뜻이 if~not이라는 점이다.

Life **would** be short, but hope [**prolongs** / ***prolonged**] it.

이 문장은, 주절의 조동사 과거 would로 보아 가정법 과거시제임을 알 수 있다. 따라서 but이하는 가정법 과거에 대한 직설법 시제, 즉 현재 시제 prolongs가 사용되어야 한다.
위 문장을 if를 사용한 가정법 구문으로 바꾸면, Life **would** be short, **if hope didn't prolong** it이 된다.

I **could have helped** her but (save, except) I **had** no money.

(주절이 가정법 과거완료시제이므로 종속절의 시제는 직설법 시제인 과거 had가 사용되었다.)

I **could help** her but (save, except) I **have** no money.

(주절이 가정법 과거시제이므로 종속절의 시제로 직설법 시제인 현재시제 have가 사용되었다.)

Ⅳ. Structure

1. "What's your opinion?" "It is imperative that they ________ there on time."
   (A) should (B) shall (C) be (D) can be
2. "What happened to the rose I gave you?"
   "The rose _______ well but I did not water it."
   (A) would grow (B) might grow
   (C) would have grown (D) should have grown
3. "My brother arrived yesterday."
   "If you'd let me know, ________ to meet him at the airport."
   (A) I'll be glad (B) I'd be glad
   (C) I've been glad (D) I'd have been glad
4. He insisted that we all ________ in his office at one o'clock.
   (A) be (B) to be (C) would be (D) shall be
5. "Shall I open the window?" "Yes, please, I wish ________ it."
   (A) you would open (B) your opening
   (C) you will to open (D) you will open
6. I would wear my red dress save it ________ a stain in the front.
   (A) had (B) has (C) would have (D) has not
7. I would give you my favorite book _________ at you.
   (A) rather she had smiled (B) had she had smiled
   (C) than she would smile (D) should she smile
8. "Your performance was very good."
   "I could have done better if I ________ more time."
   (A) have had (B) had (C) had had (D) will have had

연구 및 해답

1. (C) It is + 필연 (당연, 의무) + that S + (should) 동사원형.
2. (C) but(except, save)가 사용된 가정법에서는 시제에 유의해야 한다. 주절의 가정법에 대한 직설법 시제를 취한다. 본문은 but 이하가 과거시제임을 착안할 것. should have p.p는 주어가 1인칭일 경우에만 가정법 과거완료에 사용이 가능하다.
3. (D) 내용상 과거를 가정한 표현, 즉 가정법 과거완료가 적합하다.
4. (A) insist, suggest, require, request, suggest 등의 동사가 사용된 문장은 일종의 가정법이며 that절에 (should)동사원형이 온다.
5. (A) I wish 가정법이 현재를 가정한 표현이다.
6. (B) save가 사용된 가정법이다. save 다음에는 직설법 형태가 온다. D는 문장의 내용상 답으로 적합하지 않다.
7. (D) 가정법 미래를 표현한 문장이며 if가 생략되어 어순이 도치되었다.
8. (C) 주절의 could have done으로 보아 가정법 과거완료를 표현한 문장임을 알 수 있다.

1. "You have made some mistakes." "I wish I _______ mistakes everyday."
   (A) don't make (B) haven't made
   (C) wouldn't have made (D) didn't make

2. If you _______ closer to the supermarket, you could walk there.
   (A) lived (B) had lived (C) live (D) have lived

3. The impact of Thoreau's "On the Duty of Civil Disobedience" might not have been so far-reaching _____ for Elizabeth Peabody, who dared to publish the controversial essay.
   (A) it not having been (B) it is not being
   (C) had it not been (D) is it not being

4. If Rodney had known what would happen, _______ never have done this.
   (A) that he can (B) he would (C) when he did (D) he had

5. It is required that every participant ________ the issue in an objective way.
   (A) discuss (B) discusses (C) discusses on (D) discuss about

6. He must give us more time, ________ we shall not be able to make a good job of it.
   (A) consequently (B) therefore (C) doubtless (D) otherwise

7. If the United States had built more homes for poor people 1955, the housing problems now in some parts of this county ________ so serious.
   (A) wouldn't be (B) will not have been
   (C) wouldn't have been (D) would have been

8. _______ his help, I could not have done the assignment because it was very difficult.
   (A) Because of (B) But for (C) Only for (D) Except

연구 및 해답

1. (D) I wish 가정법 구문.
2. (A) 주절이 가정법 과거시제임.
3. (C) might not have been ~으로 보아 가정법 과거완료 문장임을 알 수 있다.
4. (B) 종속절의 had known으로 보아 가정법 과거완료를 표현한 문장임을 알 수 있다.
5. (A) 요구동사 required는 가정법 시제를 취한다. discuss는 완전타동사이다.
6. (D) 문장의 내용상 D가 적합하다.
7. (A) 혼합 가정법이 사용된 문장이다. 즉 종속절은 과거의 사실, 주절은 부사 now로 보아 현재의 사실을 언급함을 알 수 있다. 현재의 반대사실은 가정법과거로 나타낸다.
8. (B) if 대신에 but for가 사용된 가정법 문장이다.

1. "Professor Brown is not very patient."
   "Frankly, I wish he ______ our problems a little better."
   (A) understood (B) understands
   (C) understand (D) can understand

2. The painter Jacob Lawrence frequently incorporated patterns into his composition, making them more striking than they would ________ have been.
   (A) instead (B) however (C) otherwise (D) nevertheless

3. Each of its atoms loses or gives off a certain amount of energy ________ substance is radiating energy.
   (A) with a (B) a (C) when is a (D) if a

4. The theater manager told you not to let anyone in _________ you his ticket.
   (A) without him to show (B) unless he shows
   (C) unless him showing (D) without should show

5. Jean would go to New York but she _________ money.
   (A) didn't come (B) had no (C) doesn't have no (D) has no

6. "What are the qualifications of a good worker?"
   "It is essential that he ________ efficient?"
   (A) could be (B) weren't (C) will be (D) be

7. I wish I ________ busy yesterday ; I could've helped you with the problem.
   (A) hadn't been (B) weren't (C) wasn't (D) have not been

8. _______ that you were there, we would have written you a letter.
   (A) If we having known (B) Had we known
   (C) If we have been known (D) If we know

연구 및 해답

1. (A) 본문은 I wish가 사용된 가정법 과거를 표현한 문장이다.
2. (C) 부사인 otherwise가 조건을 나타내는 if 대신에 가정법 과거완료문장에 사용되었다.
   otherwise : 그렇지 않았더라면.
3. (D) 다음에 주어와 동사가 나타나는 것으로 보아 접속사가 와야 한다. 문장의 내용상 D가 옳다.
4. (B) unless = if~not. in이 부사로 사용되었다.
5. (D) but이 사용된 가정법에서 but 이하의 시제는 주절의 가정법 시제에 대한 직설법 시제 형태를 취한다.
6. (D) It is+필연(당연, 의무)+that+S+(should)+동사원형.
7. (A) 부사 yesterday로 보아 과거 사실을 나타내는 가정법 과거완료형이 적합하다.
8. (B) 주절이 가정법 과거완료시제이다.

Ⅴ. Written Expression

1. It was our neighbor's (A) opinion that if Kennedy was (B) alive today, the country would have (C) fewer problems than (D) it has now.

2. Phill, if you having (A) your choice, where would you like (B) to spend your summer (C) vacation (D)?

3. I sometimes wish that my university is (A) as large (B) as State University because our facilities are more (C) limited than (D) theirs.

4. She spoke to (A) me as though (B) she has known (C) me all her life before (D).

5. It is extremely (A) necessary that you will realize (B) that reading is not only (C) physical (D) but also mental.

6. If you have taken (A) my advice before doing (B) the work, you would have been (C) able to do it better (D).

7. They would buy (A) this fancy furniture (B), had they (C) had enough cash on hands (D).

8. I could have helped (A) her save (B) I can't (C) have any (D) money.

연구 및 해답

1. (B) 가정법 과거문장에서 be동사는 were로 나타낸다.
2. (A) if이하가 완곡한 표현의 가정법 과거이다. having → had.
3. (A) is → were.
4. (C) has known → had known.
5. (B) will realize → (should) realize.
6. (A) have taken → had taken.
7. (A) 종속절의 if가 생략된 가정법 과거완료형이다.
8. (C) 주절이 가정법 과거완료이므로 save 이하는 직설법시제 즉 과거가 되어야 한다.
   can't → couldn't.

1. If I would have had more time, I would have written a much more interesting and a far
A B C D
more thorough report.

2. If you saw the amount of food he ate for breakfast this morning, you would understand
A B C
why he has grown so fat.
D

3. He insists that we are responsible for the projects and then designs unless we resign.
A B C D

4. If I have learned the phonic system of reading, I would be a better reader today.
A B C D

5. It is imperative that he speaks good English if he wants to study abroad.
A B C D

6. If he would have come when I asked him to, he might not have made the error.
A B C D

7. The report would be released last January if new developments had not made it necessary
A B
to revise all conclusions drawn from the first series of experiments.
C D

8. George would have bought a new car if he were rich, but he planned to get one next.
A B C D

연구 및 해답

1. (A) 주절이 가정법 과거완료 형태이다. would have had→had had.
2. (A) 혼합 가정법이 사용된 문장이다. 즉 주절은 현재, 종속절은 과거를 가정했다.
3. (B)

insist / move / require / request / suggest / command	that+S+(should)+동사원형.

unless we resign으로 미루어 보아 그 앞은 가정법 시제가 나타남을 알 수 있다.
4. (A) 혼합가정법 문장임. have learned→had learned.
5. (A) speaks→(should) speak.
6. (A) would have → had.
7. (A) would be → would have been.
8. (C) were → had been.

1. If Paul had wanted to pass his exams, he would have study much harder for them.
A B C D

2. I had hoped to have learned French before my trip to Paris, but I did not have any extra
A B C D
money for a course.

3. It is fortunate that we are not all moulded after one pattern ; otherwise life will be very
A B C D
monotonous.

4. The irritable sergeant was insistent that nothing supersedes the drilling of the forty new
A B C D
men.

5. I would go to visit that beautiful lake but I couldn't get in touch with you while I am
A B C D
now in Boston.

6. He looked like he had been in some strange land where age advanced at a double pace.
A B C D

7. The witness insisted that that major car accident take place around the corner at about
A B C
11 P.M.
D

8. If the poor boy had not been killed in that tragic accident, he would have been old
A B
enough to go to college now.
C D

연구 및 해답

1. (B) would have study→would have studied.
2. (A) want(intend, expect)의 과거완료형+to 동사원형은 실현되지 않은 과거의 사실을 나타낸다.
   to have learned→to learn.
3. (D) 직설법의 형태가 현재시제이다. will be → would be.
4. (C) 형용사 insistent에 유의하라. supersedes→(should) supersede.
5. (C) but, save, except가 사용된 가정법에서의 시제는 주절의 가정법에 대한 직설법 시제가 나타난다.
   couldn't→can't.
6. (A) as if (though) 가정법임. A의 like를 as if 혹은 as though로 고쳐야한다.
7. (B) 본문은 과거의 사실을 진술하는 직설법 문장이다. 따라서 B를 took place로 고쳐야 한다. 동사
   insisted는 경우에 따라 가정법 시제와 직설법 시제를 모두 취할 수 있다는 점에 유의할 것.
8. (B) 본문은 혼합가정법 시제가 사용되었다. 따라서 B를 be로 고쳐야한다.

Ⅵ. Vocabulary

※ Choose the **one** word or phrase that has the same meaning as the **bold-faced** part.

1. Their old life styles were **passing out of existence.**
   (A) changing (B) developing
   (C) disappearing (D) increasing
2. We cannot **pursue** that subject without guidance.
   (A) drift into (B) learn more about
   (C) run after (D) forget about
3. Allen **excels** at music.
   (A) thinks about (B) delves into
   (C) quakes over (D) is proficient in
4. Don't listen to that **lovesick** song.
   (A) sentimental (B) diseased
   (C) dirty (D) amateur
5. You're **leaving me in the lurch.**
   (A) saving me (B) hurting me
   (C) deserting me (D) quizzing me
6. He does not **hold back** his sarcasm.
   (A) realize (B) restrain
   (C) refine (D) withdraw
7. He likes **country** music.
   (A) rough (B) natural (C) symbolic (D) hillbilly
8. Mr. White plays a character of enormous **affability.**
   (A) rough (B) natural
   (C) pleasantness (D) stoutness

연구 및 해답

1. (C) 사라져 가는.
2. (B) 더 알도록 추구하다.
3. (D) 능숙하다, 탁월하다. delve into : 탐구하다. quake over : 덜덜 떨다.
4. (A) 감상적인.
5. (C) 궁지에 버려두다. desert : 버리다.
6. (B) 억제하다. sarcasm : 비꼬는 말.
7. (D) hillbilly : 민요풍의, 남부 두멧사람의. hillbilly music은 country music의 초기 형태를 말한다.
8. (C) 상냥함〈White 씨는 굉장히 상냥한 인물의 역할을 한다.〉

9. To change a tire you must **jack up** the car.
   (A) deal with　(B) fall in
   (C) work over　(D) elevate
10. The tiny flowers are **delicate.**
   (A) fragile　(B) sticky
   (C) dead　(D) chewy
11. A **typical** color of roses is red.
   (A) characteristic　(B) penetrating
   (C) false　(D) casual
12. The Chief Justice is an **important** figure in America.
   (A) imminent　(B) ulterior
   (C) abstract　(D) eminent
13. She wants to **hitch** her trailer to your car.
   (A) wreck　(B) hatch
   (C) connect　(D) thatch
14. Professor Jones is **a colleague** of Professor Allen.
   (A) a school　(B) an associate
   (C) a relative　(D) a student
15. When he remembered the joke, he **chuckled.**
   (A) spoke　(B) cried
   (C) felt embarrassed　(D) laugh quietly
16. His aloofness **mystifies** many.
   (A) corrupts　(B) puzzles
   (C) enrages　(D) entertains

연구 및 해답

9. (D) 들어올리다.
10. (A) 부서지기 쉬운, 연약한. chewy : 질긴, 잘 씹히지 않는.
11. (A) 대표적인, 전형적인.
12. (D) 저명한. the Chief Justice : 재판장, 법원장.
13. (C) 연결하다.
14. (B) 동료.
15. (D) 낄낄 웃다.
16. (B) 얼떨떨하게 하다. aloofness : 무관심.

17. We **intended** to go on vacation then.
   (A) planned (B) refused
   (C) saved (D) asked
18. A political **fanatic**, he, has fought with revolutionaries all over the world.
   (A) incumbent (B) explorers
   (C) zealot (D) jealousy
19. The forests were dry because of the **dry spell.**
   (A) tree line (B) explorers
   (C) draft (D) drought
20. He easily **disproved** Jackson's accusations.
   (A) understood (B) disliked
   (C) enclosed (D) refuted
21. Everything has to be in perfect order to please Morgan ; he's very **fussy.**
   (A) fastidious (B) fascinating
   (C) hardworking (D) altruistic

연구 및 해답

17. (A) 의도하다.
18. (C) a political fanatic과 he는 동격. fanatic : 열광자. zealot : 열광자.
19. (D) dry spell : 건조기간. drought : 가뭄.
20. (D) 반박하다. accusation : 고발, 고소.
21. (A) fussy : 너무 꼼꼼한. fastidious : 까다로운, 괴팍스러운.

Chapter 14
Conjunction

Ⅰ. Goal

접속사의 종류(등위, 상관, 종속) 및 성질에 관한 이해. 절 유도 접속사+S+V 형태 숙지. 전치사와 접속사의 차이. 상관접속사 (not only A but also B, B as well as A, neither A nor B, either A or B 등) 암기. 접속사 nor의 용법 (nor+V+S). 접속사 for와 because의 구분 사용. 이중 접속사 사용으로 인한 비문법적인 문장 이해. 상관 접속사 A 와 B의 형태 : 동등어구 및 동등절. in that S+V(문두 사용 불가).

Ⅱ. Basic Sentences

1. Happiness **and** contentment depend upon our own efforts.

   접속사 and가 두 개의 명사 Happiness와 contentment를 연결하고 있다.

2. He is lazy **but** you are diligent.

   접속사 but은 서로 상반되는 구나 절을 연결한다.

3. **Not only** you **but also** I **am** liable for his fault.

   상관접속사 not only A but also B, either A or B, neither A nor B, both A and B 등과 같은 표현에서 A와 B는 문법적인 성질이 동일해야 한다. 또한 both A and B를 제외하고는 문장의 동사 수를 B에 일치시켜야 한다.

   Sam **neither** has long hair **nor** wears jeans.

   Either you **or** he **has** to defend her from danger.

Neither you **nor** I **am** rich.

He gave me **both** food **and** money.

4. He did **not** arrive **until** it grew dark.
=It was **not until** it grew dark that he arrived.
(It ~ that 강조 구문)
=**Not until** it grew dark **did** he arrive.
(부사절 문두이동으로 인한 어순 도치)

5. **He as well as** you **is** in danger.

접속사 B as well as A 구문. 이 경우 동사의 수를 B에 일치시킨다.

6. She works hard **so that** she **may succeed.**
so that S+may : ~하기 위해서
=She works hard **so as to succeed.**
=She works hard **to succeed.**
=She works hard **for the purpose of succeeding.**
=She works hard **with a view to succeeding.**
=She works hard **with the view of succeeding.**

7. a) **Poor as she is,** she is happy.
b) **Though she is poor,** she is happy.

b)에서, poor를 강조하기 위해서 문두로 이동시킨 표현이 a)이다.

Fool [**as** / **though** / **that**] he was, he managed to evade his pursuers.

미국 영어에서는 명사보어가 전치될 때, as, though 또는 that을 양보의 뜻으로 사용한다.

8. **Now that** she is unkind, she is not loved.
now that=since, as

9. ┌ She is **such** a polite girl **that** everyone loves her.
└ =She is **so** polite a girl **that** everyone loves her.

so+형용사+부정관사+명사+that S+V 구문의 제약에 대해서는 Further Studies를 참조할 것.

10. I don't know [**whether** / ***if**] I will be able to go **or not.**

whether~or not : ~인지 아닌지

I don't know [whether / *if] or not I will be able to go.

11. I do not deny [**but that** / =that] he is idle.

주절에 deny, doubt, hinder, impossible, unlikely 등의 동사들이 부정되어 있을 때, but은 명사절을 이끌며, 이 때 but that은 that의 뜻을 지닌다.

12. **He, not you, is** happy.
A, not B 구문. 동사의 수를 A에 일치시킨다.

13. I am not rich, **nor** do I wish to be.
접속사 nor가 두 문장을 연결할 때는 nor 다음에는 어순이 도치된다. 또한 nor은 **'and+not'**의 의미이므로 접속기능을 하지 못하는 neither와는 차이를 보인다. and nor 형태가 비문법적인 것은 접속사의 중복현상 때문이다.

I haven't finished, [and neither / *neither / =nor / *and nor] have you.

14. **As** people change, **so** language changes.
as ~ so 상관접속사 구문.

15. **When** I saw you last, you lived in Seoul.
접속사 when은 때를 나타내는 부사절을 이끈다.

16. Korea differs from the West **in that** the Korean bride wears bright colors.

in that S+V구문 : ~라는 점에 있어서. 이 구문은 신정보를 유도하기 때문에 formal expression에서 문두에 위치할 수 없다.

[***In that** I am a university student, I am so happy.
I am so happy **in that** I am a university student.]

17. The reason was [***because** / **that**] I wanted to see her.

명사 The reason과 because간에 의미 중복현상을 초래하기 때문에 이 양자를 한 문장 내에 동시에 사용할 수 없다. 따라서, 위의 문장을 다음과 같이 나타내어야 한다.

[It was because I wanted to see her.
=The reason was that I wanted to see her.]

18. I think [**that** / ∅] he is honest.

접속사 that 사용여부에 따른 문장의 의미구분. 영어의 일반원리 중 **의미형태 일치원리**를 참조할 것.

19. [It **never** rains **but** it pours.
=It **never** rains **without** pouring.]

never~but+S+V=never~without+~ing
~하기만 하면 반드시 ~한다.

20. She is **not** a poet, **but** a critic.

not A but B 구문.

21. [**Not that** he is clever, **but that** he is stupid.
=**Not because** he is clever, **but because** he is stupid.]

not that (because) A, but that (because) B : A 때문이 아니라 B 때문이다.

22. [He was tired, so he stayed at home.
=As he was tired, [***so** / ∅] he stayed at home.]

so가 사용될 수 없는 이유는 접속사 as와 접속사 중복사용을 초래하기 때문이다.

Though he was tired, [*but / ∅] he went to work. (Though와 but의 의미 중복)

23. [That she is innocent is true.
=It is true that she is innocent.]

명사절을 이끄는 that 절이 다소 길기 때문에 문미로 이동되었다.

24. The news that he was killed was false.

The news(condition, idea…) **that S+V 구문.**

이 경우 that은 접속사이며, 그 절은 앞의 명사와 동격을 이룬다.

25. [**Whenever** they meet, they quarrel.
=**When** they meet, they **always** quarrel.]

26. Ten years **have passed since** he **died.**

접속사 since 앞에는 일반적으로 현재 완료, 뒤에는 과거 시제가 나타난다.

예외) It **is** ten years **since** we came here.
It **has been** ten years **since** we came here. (구어체)

27. **As soon as** she **saw** me, she turned red.
as soon as S+V (과거동사) ~하자마자.

[**As soon as** she **saw** me, she turned red.
=**No sooner** had she seen me **than** she turned red.
=**Hardly (Scarcely)** had she seen me **before (when)** she turned red.]

no sooner~than 구문과 hardly(scarcely) ~before(when) 구문의 종속절은 과거 완료 시제, 주절은 과거 시제를 취한다.

28. [It was **a boring if instructive** lecture.
=It was **an instructive but (yet) boring** lecture.]

그것은 교훈적이었지만 지루한 강의였다.

접속사 if와 but(yet)이 형용사 boring과 instructive를 연결하고 있다.

Such a decision will bring about **harmful if** not **fatal** results.
그러한 결정은 치명적인 것은 아니더라도 나쁜 결과를 초래할 것이다.

She is a very **pleasant if talkative** woman.

29. (a) Joan **and** Ellen got married.
(b) **Both** Joan **and** Ellen got married.

both A and B는 A and B의 강조 형태이다.

(a)는 두 가지 의미를 갖는데 즉 Joan과 Ellen이 부부가 되었다는 것과 Joan과 Ellen 모두 결혼했다는 의미를 갖는다. 그러나 (b)는 후자의 의미만 지닌다.
따라서 다음 문장은 비문법적인 문장이다.

*Both Gary and Sheila are a happy couple.

30. [Once she is married / Once married / *Once she married / *Once is married], a woman loses her independence.

Once she is married
Once married
*Once she married
*Once is married

once가 접속사로 사용될 때는 **일단 ~하면**의 뜻을 갖는다. once, (al)though, when, while, if와 같은 접속사가 이끄는 절에서 **주어+be동사**의 생략이 가능하다. 그러나 주어 혹은 동사만을 생략할 수 없다.

If (it is) necessary, I will go.
I don't want to be disturbed when (I am) studying.
Though (he was) exhausted, he went to bed very late.

31. She has married again, as
was natural.
was expected.
***delights us.**

접속사 as 다음에 be동사가 있을 경우에는 주어만을 생략하는 것이 가능하다.

32. ┌There are **doctors and doctors.** (=good and bad doctors)
└ You can find **teachers and teachers.** (=good and bad teachers)

때때로 접속사 and가 동일명사를 연결하여 서로 상반되는 의미를 갖는다.

33. [**Immediately** / **The moment** / **The instant** / **The minute**] she saw him, she became angry.

이들 요소들은 **접속부사**로서 그 다음에 주어와 동사를 취할 수 있다. 즉 절을 유도할 수 있다.

34. ┌ Stay **so(as) long as** you like.
└ **As(So) far as** I know, he loves her.

so(as) long as 는 조건을 강조하는 반면, as(so) far as는 범위, 한계를 설정해 준다.

Ⅲ. Further Studies

A. 상관접속사 both A and B, neither A nor B 구문의 제약

이 두 형태의 상관접속사 구문은 완전한 두 개의 문장을 연결할 수 없다.

*a) **Both** Mary washed the dishes **and** Peter dried them.
b) Mary washed the dishes **and** Peter dried them.
c) Mary **both** washed the dishes **and** dried them.

a)는 상관 접속사 both A and B 구문에서 A와 B형태가 하나의 문을 이루고 있기 때문에 비문법적이다.

a) ***Neither** Peter wanted the responsibility, **nor** his wife did.
b) **Neither** Peter **nor** his wife wanted the responsibility.

B. so+형용사+부정관사+명사 that ~구문과 such+부정관사+형용사+명사 that ~구문의 구분

a) [She is so beautiful a woman that everyone likes her.
=She is such a beautiful woman that everyone likes her.]

a)에서 보여주는 것처럼 **so+형용사+부정관사+명사 that ~구문**과 **such+부정관사+형용사+명사 that~ 구문**은 서로 바꿔쓸 수 있으나, 다음과 같이 사용된 명사가 추상명사 혹은 물질명사이어서 부정관사를 붙일 수 없는 경우나 그 명사가 복수형일 때는 **so+형용사+명사+that~** 구문은 사용되지 않는다. 다시 말하면, **so 다음에 명사가 뒤따를 경우, 반드시 부정관사 a가 요구된다.**

b) It is [such nice / *so nice] weather that I'd like to take a walk.
(weather: 추상명사)

He brought me [such beautiful / *so beautiful] places that I have never visited before.
(places: 복수명사)

한편, so 다음에 many (much, little, few)등이 따라올 경우에는 so+형용사+명사+that~구문의 사용이 가능하며, 이 때 such+형용사+명사+that ~ 구문은 사용되지 않는다.

c) He earns [*such much money / so much money] that he doesn't know what to do with it.

He has [*such many students / so many students] in his class that he feels tired whenever he teaches them.

She made so many mistakes that she failed the exam.
He has so few friends that he is always lonely.
Bess has so little ability that she won't find a good job.

d) She was [so / *such] late that she missed the bus.

C. 접속사 that 과 if의 선택

접속사 that이하는 객관적인 정보나 내용을 지닌 요소를 취하는 반면에 접속사 if는 부정적이거나 의심쩍은 내용을 지닌 요소를 취한다. 따라서 접속사 that 앞은 주로 긍정적인 뜻을 지닌 동사나 형용사가 나타나나 접속사 if 앞에는 부정적이거나 의심, 의혹을 담고 있는 어구가 주로 나타난다.

a) I know [that / *if] she will come here.

동사 know가 긍정적인 의미를 지니고 있다.

I don't know [*that / if] she will come here.

don't know가 부정적인 뜻을 지니고 있다.
그러나 사실 동사의 과거형일 경우에는 접속사 that을 사용해야 한다.

Mary didn't know [that / *if] John loved her.

b) I am doubtful [if / *that] she will pass the course.

am doubtful이 부정의 뜻을 지니고 있다.

I am not doubtful [*if / that] she will pass the course.

am not doubtful이 긍정적인 뜻을 지니고 있다.

c) I am certain [that / *if] he will win the prize.

am certain이 긍정적인 뜻을 지닌다.

I am not certain [*that / if] he will win the prize.

am not certain이 부정적인 뜻을 지닌다.

d) I wonder [if / *that] we will be good students.

동사 wonder가 부정의 뜻을 지닌다.

e) We **doubt** [if / *that] we will be good students.

동사 doubt가 부정의 뜻을 지닌다.

f) He **asked** [if / *that] they had arrived.

동사 asked가 의심, 부정의 뜻을 지니고 있다.

D. 접속사 because / since (as) 구분

People dislike me [because / *as / *since] I am handsome and successful.

접속사 because는 신정보 뿐만 아니라 구정보를 제공하는 장치이므로 구정보가 위치하는 문두 혹은 신정보가 위치하는 문미에 모두 사용될 수 있는 데 반해서, 접속사 since와 as는 구정보를 제공하는 장치이므로 주로 문두에 사용되며 문미에는 사용되지 않는다.

He did not get the telegram in time [because / *as / *since] it was delivered late.

Why does he like them? [*As / Because / *Since] they are always helpful.

E. but의 용법

a) 앞에 나온 낱말, 구, 절, 문장에 대해서 반대의 뜻을 나타내는 낱말, 구, 절, 문장을 이끈다.

He is rich, **but** he is not happy.

b) **~을 제외하고, ~이외에**의 뜻을 지닌다.

There is nothing for it **but** to let it run its course.

되어 가는대로 맡기는 수 밖에 없다.

c) 때때로 **가정법** 구문에 사용되어 if~not 혹은 unless의 뜻을 지닌다.

I would go abroad ┌ but(that) I am poor.
└ =if I were not poor.

Nothing would do ┌ but(that) he leaves at once.
└ =if he didn't leave at once.

but이 사용된 가정법 구문에 대해서는 13장 Further Studies를 참조할 것.

d) 부정문, 의문문에서 deny, doubt, wonder, question 등의 동사 다음에 사용되어 **접속사 that**과 같은 의미를 지닌다.

I don't doubt ┌ but(that) ┐ he will do it.
└ =that ┘

나는 그가 그것을 반드시 해 주리라고 생각한다.

I shouldn't wonder but(that) he wants to be a singer.
그가 가수가 되고 싶어 한다는 것을 의심하는 것은 아니다.

e) 부정어를 수반하는 선행사 뒤에서 **관계대명사**로 사용되어 that(who)~not의 뜻을 갖는다.

There is no rule ┌ but has some exceptions.
└ =that doesn't have some exceptions.

There are none of us but respect his honesty.
우리들 가운데 그의 성실함에 경의를 표하지 않는 사람은 없다.

f) 부사로 사용되어, **단지, 겨우, …뿐**과 같은 의미를 지닌다.

He is but a child.
This took him but a few minutes.

g) not so와 호응하여 **…않을 만큼**의 뜻을 지닌다.

No one is so old but (that) he may learn.
아무리 늙어도 배울 수 없는 것은 아니다.

Nothing is so hard but it becomes easy by practice.
연습에 의해서 쉬워지지 않는 것은 아무것도 없다.

h) 명사 혹은 동사로 사용되기도 한다.

But me no buts. '그러나' 라고 말하지 마라.
동사 명사

It is a big but. 그것은 굉장한 의문이다.
명사

F. 접속사 for와 because 구분

첫째, 접속사 for는 문두에 나타나지 않으나 because는 문두, 문미에 모두 놓일 수 있다.

He married her, [because / for] he loved her.

[*For / Because] he loved her, he married her.

둘째, for는 화자가 자기 자신의 말에 대한 보충 설명하는 접속사이며, because는 화자가 말한 사실을 원인, 이유 등을 나타낸다.

It is morning, [for / *because] the birds are singing.

셋째, 화자의 설명과 사실자체의 원인, 이유가 일치하는 경우에는 for와 because가 모두 사용될 수 있다.

I felt no fear, [for / because] he was a brave man.

G. WH-의문절의 기능

W.H-의문절은 명사절로서 문장의 주어, 목적어, 보어로 사용된다.

When zero was first invented is not known. (주어)
Whether we can help you is a difficult question. (주어)
What gives matter its weight is the Earth's gravitational attraction for the particular mass.(주어)
I can't imagine **what they want with your address.** (목적어)
The problem depends(on) **who will water my plants.** (목적어)

WH-의문절이 전치사의 목적어가 될 경우에는 전치사의 생략이 가능하다.

The problem is **who will water my plants.** (보어)

Ⅳ. Structure

1. We had a disagreement ________ the bus was late.
   (A) because of (B) because
   (C) caused of (D) why

2. We moved to the front row ______ we could hear and see better.
   (A) so (B) such (C) so that (D) such that

3. ________ the light rain, the baseball game will not be canceled unless the other team concedes.
   (A) Despite of (B) In spite
   (C) Despite in (D) Despite

4. James plays not only on the basketball squad ________ .
   (A) but on the baseball team (B) also on the baseball team
   (C) but on the baseball team also (D) but also on the baseball team

5. Molds cannot produce their own food ______ their nourishment from living on dead organic matter or on other living.
   (A) obtain (B) obtaining
   (C) but obtain (D) is obtained

6. Jean worked just so much ______ .
   (A) like what she was told to (B) as she was told to
   (C) as to what she tried to do (D) like she was told to

7. No sooner ________ gone home than it began to rain heavily.
   (A) had I (B) have I (C) I had (D) I have

8. It is _________ weather that I should like to take a walk.
   (A) such a nice (B) such nice (C) so nice a (D) so nice

연구 및 해답

1. (D) 다음에 주어+동사가 나타나므로 접속사가 필요하다. (as to) why the bus was late.
2. (C) so that S+may(can)구문.
3. (D) Despite=in spite of.
4. (D) not only A but also B 구문.
5. (C) not ~ but 구문.
6. (B) so much as : ~ 한 만큼.
7. (A) no sooner ~ than 구문의 강조적 표현이다.
8. (B) **Further Studies** 참조할 것.

1. Menthol gives off a pleasing odor and creates a sensation of coolness ________ a differential anesthetic.
   (A) because it is (B) how is it (C) despite it (D) it is since

2. ________ a baby turtle is hatched, it must be able to fend for itself.
   (A) Not sooner than (B) No sooner
   (C) So soon that (D) As soon as

3. A sneeze cannot be performed voluntarily, ________ be easily suppressed.
   (A) nor can it (B) and cannot it (C) nor it can (D) it cannot

4. Neon is said to be inert ________ does not react easily with other substances.
   (A) because of it (B) because it (C) it is because (D) is because it

5. ________ ten tentacles, the octopus has only eight.
   (A) The squid that has (B) Whereas the squid has
   (C) It is the squid having (D) The squid with

6. Symphonies, string quartets, and ________ often have a sonata form.
   (A) for instrumental solos long works
   (B) works are long for instrumental solos
   (C) long works for instrumental solos
   (D) instrumental solos have long works

7. Recent estimates show that ________ more than two million bird watchers in the United States.
   (A) there are among (B) are there the
   (C) there are (D) among the

8. The weatherman said ________ .
   (A) that it might rain (B) it might rain
   (C) there may be rainy (D) maybe raining

연구 및 해답

1. (A) because+S+V. despite : ~임에도 불구하고.
2. (D) As soon as : ~하자마자.
3. (A) 접속사 nor 다음에 주어와 동사의 어순이 도치된다. D는 두 문장을 연결해주는 접속사 and가 필요하다.
4. (B) 다음에 동사가 나타나므로 접속사와 주어가 적합하다.
5. (B) 접속사 whereas : ~하지만. 종속절은 주절과 대조를 이루는 요소가 와야 한다.
6. (C) 접속사 and가 명사구를 서로 연결하고 있다.
7. (C) 접속사+S+V이나 부사(there) 때문에 어순이 도치된다.
8. (A) 본래는 that it may rain 인데, 주절의 시제가 과거이므로 might로 바뀐다. 또한 기상통보원의 말은 객관성이 부여된 정보이므로 접속사 that이 필요하다. **영어의 일반원리** 참조.

1. The Rocky Mountain goat of North America is not a true goat ________ a goat antelope.
(A) and (B) but (C) any (D) yet

2. As a choreographer, Martha Graham devised a wide variety of movements and gestures ___ new ways of thinking about the body.
(A) as well (B) and well
(C) and as well (D) as well as

3. Advertising is distinguished from other forms of communication _______ the advertiser pays for the message to be delivered.
(A) in that (B) which (C) whereas (D) because of

4. A legislative body has the power not only to pass new laws, ________ repeal laws that have been passed earlier.
(A) to (B) but also to
(C) and to (D) in order to

5. _______ in leaves but also in egg yolk, in which it is the principal yellow coloring matter.
(A) Not only lutein occurs (B) Lutein, occurring not only
(C) Lutein, which not only occurs (D) Lutein occurs not only

6. ________ zero was first invented is not known.
(A) After (B) Since (C) Although (D) When

7. _________ was the Erie Canal an engineering triumph, it quickly proved a financial success as well.
(A) Not only (B) It (C) Only (D) Neither

8. Not until he was thirty, ________ .
(A) did he start (B) he started (C) started he (D) start

연구 및 해답

1. (B) not~but.
2. (D) B as well as A : A와 B는 동일상당어구이다.
3. (A) in that=since. 문두에서는 사용되지 않는다.
4. (B) not only A but also B.
5. (D) not only A but also B.
6. (D) When 이하 즉 WH-의문절이 명사절로서 주어로 사용되었다.
7. (A) not only ~ as well (but also).
8. (A) **16장(도치)** 참조.

1. He could not go out with her until _______ .
   (A) they allowed to do so (B) she allowed to do so
   (C) he allowed to do so (D) allowed to do so

2. The Amish speak a dialect of Swiss German, ________ .
   (A) their ancestors, too (B) as did their ancestors
   (C) like did their ancestors (D) that spoke their ancestors

3. They are ________ that everyone likes them.
   (A) such friendly people (B) such a friendly people
   (C) so friendly people (D) so a friendly people

4. ________ he got home last night is still a mystery to me.
   (A) How (B) Although
   (C) While (D) Since

5. ________ numbers were created is not known.
   (A) When (B) After
   (C) Since (D) Before

6. The brown thrasher is not a particularly large or strong bird, _______ equipped for fighting.
   (A) it is not (B) but not
   (C) neither is (D) nor is it

7. Some experts have already predicted ________ the next president will be.
   (A) that (B) who (C) if (D) after

8. Important __________ sugar is, we can't live upon it.
   (A) even if (B) while (C) as (D) although

연구 및 해답

1. (D) 부사절을 이끄는 접속사 다음에 주어+be 동사의 생략이 가능하다. until (he was) allowed~.
2. (B) C의 like는 절을 취할 수 없으므로 비문법적이다.
3. (A) 접속사 Further Studies 참조.
4. (A) 의문명사절이 본문의 주어로 사용되었다.
5. (A) WH-의문절이 본문의 주어로 사용되었다.
6. (D) nor는 and not의 뜻을 지니며, nor 다음에는 어순이 도치된다.
7. (B)
8. (C) Though (As) sugar is important,에서 important가 문두로 이동되어 강조된 양보절이다.

Ⅴ. Written Expression

1. Many persons once held that liverworts curing liver diseases.
   A B C D

2. Author Sarth Orne Jewett published her first story when was nineteen years old.
   A B C D

3. Chemical substances are both elements or compounds.
   A B C D

4. Consequently sharks are heavier than water, they must swim continously or they will sink
   A B C

   to the bottom.
   D

5. We cannot conquer disease nor we cannot educate all humanity.
   A B C D

6. Catholic churches were completed during others were being built.
   A B C D

7. Both China, Russia, and the United States are aware of the role they play in world affairs.
   A B C D

8. An American is not merely confident but is ambitious and loves freedom.
   A B C D

연구 및 해답

1. (C) 접속사 that 다음에 주어+동사가 필요하다. curing→cured.
2. (C) when was → when he was.
3. (C) either A or B 구문.
4. (A) 본문은 run-on sentence 임. 따라서 A를 Because 혹은 Since로 고쳐야 한다.
5. (C) 접속사 nor 다음에는 어순이 도치되며 그 자체가 부정임에 착안할 것 we cannot→can we.
6. (C) during은 전치사이므로 절을 취할 수 없다. 따라서 문맥상 접속사인 while로 고쳐야 한다.
7. (A) Both A and B 구문은 A와 B 두 개의 변항을 연결하는 상관접속사이다. 따라서 A의 Both를 삭제해야 한다.
8. (C) not only (merely) A but also B구문에서, A와 B는 동등한 어구이어야 한다. 따라서 C의 is를 제거해야 한다.

1. The architect must be both a scientist and artistic.
   A B C D

2. Battleship linoleum is very heavy that just four sheets of the material can make a floor
   A B C
   covering about one inch thick.
   D

3. The truth is that both science or nature are different.
   A B C D

4. According to the psychoanalyst Sigmund Freud, wisdom comes from either doctrine nor from
   A B
   formula, but from the achievement of maturity.
   C D

5. Not only Kingsley House Settlement nor all phases of the civic life of New Orleans keenly
   A B C
   interested Eleanor McMain.
   D

6. Either the structure and the chemical composition of lamellae are complex.
   A B C D

7. Bionics is not a specialized science moreover an interscience discipline.
   A B C D

8. In that I am a campus student, I'm so happy.
   A B C D

연구 및 해답

1. (D) both A and B 구문에서 A와 B는 동일상당어구가 와야 한다. artistic→artist.
2. (A) so~that 구문. very heavy→so heavy.
3. (C) or→and. both A and B 구문.
4. (B) neither A nor B. either→neither.
5. (A) 문두의 not only로 보아 A를 but also로 고쳐야 한다.
6. (A) either A or B. Both A and B. Either→Both.
7. (C) not A but B. moreover→but.
8. (A) Due to+명사와 in that S+V 구문은 formal expression에서는 문두에 사용되지 않는다. 따라서 A를 Because 혹은 Since(As)로 바꾸어야 한다.

1. Rubber can be made(A) too(B) elastic that it will stretch(C) more than nine times its normal(D) length.

2. When it(A) six weeks old, a young(B) squirrel leaves the nest and starts(C) to look for food(D).

3. Chickens are raised for both meat or(A) eggs, which(B) makes them(C) the most(D) important domesticated birds in the world.

4. Meerschaum is so light(A) that will it(B) float(C) in water(D).

5. The hammer has been(A) used as a(B) tool since(C) the Neolithic period, when was(D) invented.

6. Thoreau is remembered for his attacks on(A) the social institutions he considered(B) immoral but(C) for his faith in(D) the religious significance of nature.

7. The microscope evolved(A) slowly, its development hampered by the lack of(B) both theoretical understanding or(C) necessary(D) mechanical technology.

8. Handicapped(A) people frequently state(B) that they feel isolated(C) and other people(D) avoid them.

연구 및 해답

1. (B) so~that 구문. too→so.
2. (A) 접속사 다음에 주어와 동사가 필요하므로 A를 When it is로 고쳐야 한다.
3. (A) both A and B 구문.
4. (B) 접속사+S+V. B를 it will로 고쳐야 한다.
5. (D) When was→when it was.
6. (C) 접속사 but은 서로 상반되는 내용을 연결하나 본문은 그런 내용이 아니므로 문맥상 and로 고친다.
7. (C) both A and B 구문. or→and. 분사구문이 사용된 문장임. and its development was hampered~.
8. (D) 문장의 내용상 주절의 동사 state의 목적어가 되어야 하기 때문에 D를 that other people로 고친다.

Ⅵ. Vocabulary

※ Insert words or phrases of the best answer in the space provided.

1. If you are **versatile**, you _______ .
   (A) like sports (B) are easily angered
   (C) can do many things well

2. An **estranged** friend is a friend _______.
   (A) whom you hardly know
   (B) with whom you have quarreled
   (C) who has moved away

3. If a criminal's name is **divulged**, it is _______ .
   (A) made public (B) kept secret
   (C) legally changed

4. The two nations are old ________ because their goals almost always **correspond.**
   (A) allies (B) rivals (C) enemies

5. _________ is not a **condiment.**
   (A) Pepper (B) Lettuce (C) Mustard

6. Anything that is **latent** cannot be _______ .
   (A) present (B) hidden (C) visible

7. A wait of ________ before being served is **inordinate.**
   (A) 5 minutes (B) 2 hours (C) 30 seconds

8. **Cogent** arguments are _______ .
   (A) illogical (B) preventable (C) convincing

연구 및 해답

1. (C) versatile : skilled, talented, competent, capable.
2. (B) estrange : separate, alienated, unfriendly.
3. (A) divulge : disclose, reveal.
4. (A) correspond : agree, match, in harmony, fit.
5. (B) condiment : seasoning. lettuce : 상추. mustard : 겨자.
6. (C) latent : dormant, potential.
7. (B) inordinate : excessive.
8. (C) cogent : convincing.

9. An **outspoken** person is not likely to be ______ .
   (A) bold (B) frank (C) shy

10. When you have a **foreboding**, you feel that something is ______ .
   (A) unimportant (B) unfortunate
   (C) good

11. **Misgivings** result from ________ .
   (A) doubts and suspicions
   (B) selfishness
   (C) increased output

12. **Forebears** are associated mainly with the _______.
   (A) present (B) past (C) future

13. A **countermanded** order should _________ .
   (A) be ignored (B) receive preference
   (C) be obeyed

14. People who **inhibit** their curiosity usually _________ .
   (A) open packages as soon as received
   (B) mind their own business
   (C) have little patience

15. Inhabitants of a **secluded** dwelling have few ________.
   (A) windows (B) expenses
   (C) neighbors

16. **Malice** cannot exist between ________ .
   (A) old rivals (B) true friends
   (C) close relatives

연구 및 해답

9. (C) outspoken : frank, speaking out freely or boldly, not reserved.
10. (B) foreboding : misgiving, presentiment, portent, presage.
11. (A) misgiving : uneasy feeling, foreboding, lack of confidence.
12. (B) forebear : ancestor, forefather, foregoer, antecedent, progenitor
13. (A) countermand : cancel by issuing a contrary order.
14. (B) inhibit : hold in check, restrain, repress.
15. (C) seclude : isolate, separate, segregate, insulate.
16. (B) malice : ill will, enmity, malevolence.

17. An **illegible** mark cannot be _______ .
(A) raised (B) erased (C) read

18. The opposite of **a benediction** is a ________ .
(A) curse (B) contradiction
(C) blessing

19. A **dispassionate** witness is likely to be _______ .
(A) prejudiced (B) calm (C) easily upset

20. **Deciduous** trees _________ .
(A) shed their leaves (B) resist disease
(C) are green all year

21. If you make a **pertinent** comment, you are _______ .
(A) being rude
(B) delaying the discussion
(C) advancing the discussion

22. You cannot say that a student has an **affinity** for sports if he is ______ them.
(A) repelled by (B) absorbed in
(C) talented in

23. Prices in **flux** _________ .
(A) keep changing (B) rise sharply
(C) drop rapidly

24. A **redundant** expression should be ________ .
(A) removed (B) explained (C) replaced

연구 및 해답

17. (C) illegible : not legible, unreadable.
18. (A) benediction : blessing, good wishes.
19. (B) dispassionate : calm, impartial.
20. (A) deciduous : shedding leaves.
21. (C) pertinent : to the point, related, relevant.
22. (A) affinity : kinship, sympathy, liking, attraction.
23. (A) flux : continuous flow or changing, unceasing change.
24. (A) redundant : superfluous, surplus.

Chapter 15
Preposition

Ⅰ. Goal

전치사의 종류(방향, 위치, 시간, 유래…). 전치사+명사상당어구. 혼동하기 쉬운 전치사 용법(till, by/during, for/except for, except/in, at, into/round, around, toward, about/within, in/on, onto). 주요전치사구 숙지(because of, in addition to 등). 문두에 사용할 수 없는 전치사(구) : due to. like=such as.

Ⅱ. Basic Sentences

1. She had no choice **but** to walk all day long.

   전치사 but이 **~을 제외하고**의 뜻으로 사용되었다.

   Tom wanted **nothing but** a car.
   He is **anything but** a liar.

   nothing but=only
   anything but=never

2. I will give you **as** your birthday present.

   전치사 as는 **~처럼, ~만큼, ~로서**의 뜻을 지닌다. 여기서는 **~로서**의 뜻으로 사용되었다.

3. He said nothing **as to** when he would get there.

   전치사(구)는 일반적으로 문장을 목적어로 취할 수 없으나 as to, about, concerning, for, on 등은 문장 또는 절을 목적어로 취할 수 있다. 이 경우에 전치사를 생략하기도 한다.

There has been a debate [as to / about / concerning] which theory is the better of the two.

I had many struggles with myself (as to) what course of life I should take.

Everything depends (on) whether he will consent.
He is thankful (for) what I have done for him.

4. I stayed **for** a week.
He was engaged in the trade **during** the war.

전치사 during은 어떤 사건 또는 행위가 일어난 것을 단순히 언급하기 위해서 사용되나, 전치사 for는 사건 혹은 행위가 얼마나 오랫동안 지속되었는가를 언급하기 위해서 사용된다.

My father was in hospital for six weeks during the summer.

한편, **~동안을 지내기 위해서**의 뜻을 갖는 경우는 for를 사용한다.

He went to Seoul for the summer vacation.

during [the Middle Ages / his childhood / my holiday]

5. Tom was shot **to** death.

Tom은 총에 맞아 죽었다.
전치사 to가 결과로 사용되어 ~하여, ~되도록, ~그 결과 등과 같은 뜻을 지닌다.

He was [starved / shocked / stoned / drowned / beaten] to death.

6. You must wait here **till** noon.
You must finish it **by** noon.

전치사 by는 목적어가 가리키는 시점까지의 기간을 나타내고, 전치사 till은 그 때까지의 계속을 나타낸다.

Can you finish your homework [by / *until] tomorrow?

I shall wait [until / *by] ten o'clock.

The troops remained there [until / *by] midnight.

7. He came back **after** a week.
He will be back **in** a week.
He will be back **within** a week.

전치사 in은 **~있으면, ~지나서**의 뜻을 지니며 시간의 경과를 나타낸다. 전치사 within은 **~이내에**라는 뜻을 가지며, 전치사 after는 **~후에, ~후에(잠시 있다가)**라는 뜻을 지닌다.

He will be back **in ten days.** (10일내에)
He will be back **ten days later.** (10일후에 언제든지)

8. He dashed **to** the door.
He dashed **for** the door.

전치사 to는 **목적지, 도착지점**을 전치사 for는 **행선지, 방향**을 나타낸다. 따라서 전치사 to가 사용된 문장은 **그가 문을 향해서 돌진해서 문까지 이르렀다**는 뜻을 내포하지만 for가 사용된 문장은 단지 그는 문을 향해서 돌진했다라는 뜻만을 지닌다.

9. We arrived **in** Seoul.
We arrived **at** a village.

전치사 in은 넓은 장소를 나타내는 명사 앞에 사용되며, 전치사 at은 비교적 좁은 장소를 나타내는 명사 앞에 사용된다.

10. He suffered **from** poverty.
He is ill **with** a fever.

전치사 from은 간접적인 원인, 전치사 with는 직접적인 원인을 나타낸다.

11. **Despite** his poverty, he is contented.

despite는 in spite of, notwithstanding과 같은 뜻을 지닌다.

12. I could not go **on account of** illness.

on account of는 because of, owing to, due to와 같은 뜻을 지닌다. 그러나 due to는 formal expression에서 문두에서는 사용되지 않는다.

[*Due to / Because of] the fact that he is honest, she likes him.

13. [He came **into** the room. / He is **in** the room.]

전치사 in은 상태를, 전치사 into는 동작을 나타낸다.

There was no one [in / *into] the house.

He went [into / *in] the room.

14. [We go to school everyday **except** Sunday. / **Except for** us, most students are studying hard.]

전치사 except는 주로 문중에서, 전치사구 except for는 주로 문두 혹은 comma 뒤에서 사용된다.

15. He has lived in Seoul **since** 1974.

since가 전치사로 사용되어 **~이래로**의 뜻을 갖는다.

16. The Pacific Ocean lies **between** Korea and America.

전치사 between은 둘의 사이를, 전치사 among은 셋 이상의 사이를 나타낸다.

17. **In addition to** teaching English, he writes many novels.

전치사구 in addition to는 besides의 뜻을 갖는다.

instead of = in place of
in case of = in the event of

by means of = by dint of
on account of = because of
as to = as regards

18. *According to Henry's opinion, less money should be spent on weapons.
→According to Henry, less money should be spent on weapons.
→In Henry's opinion, less money should be spent on weapons.

전치사구 according to 다음에는 my opinion, me, you와 같은 특정적인 요소가 올 수 없다.

*According to [me / him], the bill will be passed.

19. Birds of prey **like** the eagle and the hawk do not lay many eggs.

전치사 like는 **~와 같은, ~처럼(같이)**의 뜻을 갖는다.

He works **like** a beaver.

20. He was named **after** his father.

전치사 after는 **~을 본따서, 모방해서, 추구하여, ~후에**의 뜻을 지닌다.

21. I [persuaded / =talked] him **into** doing it.

I [persuaded / =talked] him **out of** going there.

persuade (talk) A into -ing : A를 설득하여 ~하게 하다.
persuade (talk) A out of -ing : A를 설득하여 ~을 못하게 하다.

22. Her illness **prevented** me **from attending** the party.

전치사, from이 방해, 금지의 뜻으로 사용되었다.

23. He came from behind the bush.
(behind the bush: 전명구)

전치사는 그 목적어로 일반적으로 명사 상당어구를 취하나, 때로는 전명구를 취하는 경우도 있다. 전치사 from의 목적어로 전명구가 나타났다.

except on the basis
전명구

from under the bed
전명구

till after dark
전명구

until before the sunset
전명구

since before the Second World War
전명구

24. He was given up for lost (dead.)

이 경우 전치사 for는 ~으로(서)이며 as의 뜻을 지닌다. 이 용법에서는 for 다음에 형용사 혹은 부사가 나타난다.

take it for granted

25. She has always preferred making her own clothes [rather than / =instead of] buying them in the shops.

Ⅲ. Further Studies

A. 유사 전치사들간의 비교

1. about, of

X about Y는 X가 Y와 관련된 외적부분을 나타내는 경우에 사용되며, X of Y는 X가 Y의 일부분을 구성한다.

your opinion [about / *of] his work

She is lecturing [about / on / of] new techniques of management.

In the opinion [*about / of] some people

He speaks [about / *of] his travel.

여행 그 자체에 관한 것이 아니라 여행날짜, 장소, 경비 등에 대해서 이야기하는 것이 되므로 전치사 about 이 사용되어야 한다.

He told me [about / *of] his adventures.

2. through, by, out of, from

through : ~한 나머지, ~한 끝에, ~매체를 통해서
by : ~의 힘에 의해서
out of : (출발점)에서, ~우러나와
of : 자체의 원인 때문에
from : 외적인 요인 때문에
out : 밖으로

She covered her face [through / *from / *out of] shame.

Those locomotives are driven [*through / by] electricity.

He did it [out of / *through] [respect. / sympathy. / curiosity.]

John was injured [through / *out of] his own carelessness.

I will do it [of / *out of] my own will.

He did it [*out of / *through / from] necessity.

He died [of cancer. / from a wound.]

They went [out of / *out] the wood and returned home.

3. after, behind

전치사 after는 **동작의 순서상에 있어서 뒤를** , 전치사 behind는 **고정된 위치상의 뒤를** 의미한다.

The picture fell [after / behind] the bookcase.

after가 사용된 문장은 **연속적으로 넘어진 것**을 의미하고, behind가 사용된 문장은 **책선반 뒤에 그림이 떨어져 있는 상태**를 나타낸다.

Seagulls fly [*after / behind] the ships.

The train arrived on hour [*after / behind] the schedule.

Come into the room [after / behind] me.

after가 사용된 문은 **나를 따라 방에 들어오라**는 뜻이고, behind가 사용된 문은, **내 뒤에 있는 문**으로 들어오라는 뜻이다.

B. 전치사와 다른 품사

1. 전치사와 부정사

[Give me a chair to sit on.
→I sit on a chair.]

[We must have a house to live in.
→We live in a house.]

This river is so dangerous to **swim in.**
→It is so dangerous to **swim in** this river.

He is not a man to **rely on.**
→We **rely on** a man.

They have nothing to be **afraid of.**
→We **are afraid of** nothing.

He is not a man to **trifle with.**
→We **trifle with** a man.

2. 전치사와 접속사

전치사 다음에는 **명사상당어구**가 나타나고, 접속사 다음에는 **주어+동사**가 나타난다.

Your life is still **before** you.- 전치사
We want to buy something now **before** prices go up. - 접속사

After they arrived in the village, they set about the work. - 접속사
=**After their arrival** in the village, they set about the work. - 전치사

Because he was ill, he was absent. - 접속사
=**Because of his illness,** he was absent. - 전치사

He has written twice **since his departure.** - 전치사
=He has written twice **since he departed.** - 접속사

3. 전치사와 부사

A car drove **past** the door. - 전치사
A car drove **past.** - 부사

He was **in** bed. - 전치사
He came **in.** - 부사

They ran **across** the garden. - 전치사
They ran **across.** - 부사

She came **out of** the house. - 전치사
She came **out**. - 부사

There is a bus **behind** the car. - 전치사
There is a bus **behind**. - 부사

He was moving **about** the town. - 전치사
He was moving **about**. - 부사

C. to, on, in

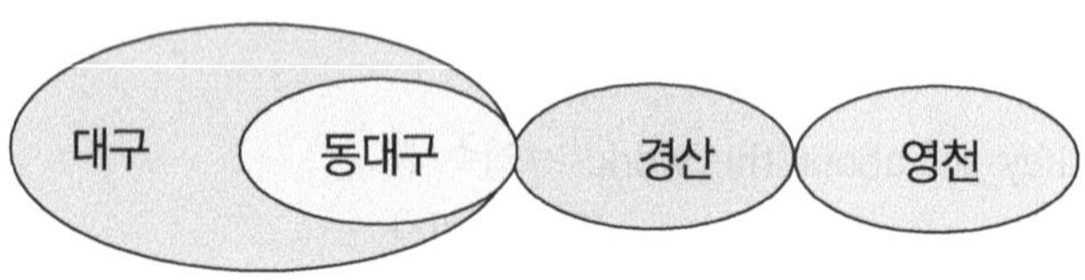

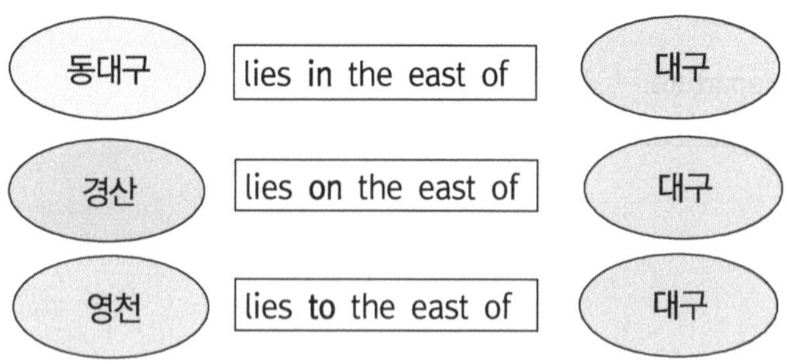

Ⅳ. Structure

1. All paper is formed into sheets from ______ .
   (A) which cellulose fibers (B) cellulose fibers
   (C) fibers are cellulose (D) which fibers are cellulose

2. ________ advent of the First World War, the United States became the dominant force in the motion-picture industry.
   (A) The (B) With the
   (C) While the (D) It was during the

3. In Pantomime actors use gestures _______ words to convey ideas.
   (A) in place (B) nonetheless (C) other (D) instead of

4. Mr. Jones is leaving _______ England next month.
   (A) to (B) by (C) for (D) to go

5. ________ one-celled organisms, nearly all animals have a nervous system of some kind.
   (A) Some (B) The (C) Except for (D) Despite

6. The Los Angeles area, ________ of Southern California, is quite dry.
   (A) the rest also (B) the rest included
   (C) like the rest (D) includes the rest

7. Photographic film is made in ________ and widths.
   (A) variety is the length (B) the length is varied
   (C) a variety of lengths (D) it has varied lengths

8. Nevada has a limited water supply ________ light rainfall.
   (A) because its (B) is it because (C) is because its (D) because of its

연구 및 해답

1. (B) from이 전치사이기 때문에 그 다음에 목적어가 필요하다.
2. (B) comma 다음이 하나의 완전한 문장을 형성하고 있기 때문에 그 앞은 수식요구가 되어야한다.
3. (D) instead of : ~대신에, ~하지 않고.
4. (C) leave for : ~향하여 떠나다. leave to : ~을 맡기다.
5. (C) except for : ~을 제외하고, 이 표현은 주로 문두에서 사용된다. 문장 중간에서는 except가 더 자주 사용된다.
6. (C) like가 전치사로 사용되었다.
7. (C) in이 전치사이므로 그 다음에 목적어가 와야 한다.
8. (D) because+S+V. because of+명사 상당어구.

1. During the twentieth century there has been much concern __________ the relationship between social conditions and mental health.
(A) over (B) that over (C) and over (D) that

2. ____________ late 1960's more than five million adults were believed to be enrolled in correspondence study in the United States.
(A) The (B) In the
(C) It was in the (D) When in the

3. Wagon trains were organized ___________ defense with an almost military discipline.
(A) where (B) but (C) for (D) so that

4. My father arrived ________ train yesterday.
(A) by (B) by the (C) in (D) with the

5. The policeman accused the man _________ stealing the car.
(A) of (B) by (C) for (D) with

6. _________ , angiosperms have specialized conducting tissues.
(A) Other vascular plants are like them
(B) They are like other vascular plants
(C) Other, like vascular plants
(D) Like other vascular plants

7. __________ advantageous geographical location, Jersey City became commercially important early in its history.
(A) Because of its (B) That its (C) Its (D) Since its

8. Mother's Day is ________ May.
(A) on (B) at (C) in (D) for

연구 및 해답

1. (A) concern over : ~에 관한 관심.
2. (B) in the late 1960's : 1960연대 후반에. comma 다음이 하나의 완전한 문장을 이루고 있다는 점에 착안할 것.
3. (C) 전치사 for 가 용도를 나타낸다.
4. (A).
5. (A) accused ~of.
6. (D) like가 전치사로 사용되면 **~처럼 혹은 ~와 마찬가지로**의 뜻이 된다.
7. (A) 주절의 내용으로 보아 이유를 나타내는 말이 와야 하며 빈칸 다음에 명사상당어구가 나타나므로 전치사가 적합하다. since는 전치사로 사용될 때는 **~이래, 이후** 등의 뜻을 가진다.
8. (C) 월 앞에는 전치사 in을 사용한다.

1. The bee, ______ all others, has a head, thorax, and abdomen.
   (A) like (B) is like
   (C) while (D) is liking

2. ________ rug weavers, tapestry weavers face the back of the fabric as they work.
   (A) Do not like (B) No likeness to
   (C) Unlike (D) Dislike

3. They have had a serious disagreement ________ who was to blame for the unsuccessful joint venture.
   (A) on (B) over (C) at (D) with

4. ________ the most versatile of the common metals, lead was widely valued and used in ancient times.
   (A) Among (B) It is
   (C) Therefore (D) That it is

5. Most living creatures depend on plants ________ .
   (A) have their nourishment (B) for their nourishment
   (C) nourishment for them (D) they have nourishment

6. You have _______ athletics.
   (A) a need and interest in (B) a need for and interest
   (C) a need and an interest (D) a need for and interest in

7. The message is ________ Mr. Moriwaki's answering machine.
   (A) in (B) of
   (C) on (D) to

8. I have finished typing all ________ the last page.
   (A) until (B) to
   (C) but (D) for

연구 및 해답

1. (A) 다음에 명사상당어구가 오므로 전치사가 적합하다.
2. (C) unlike는 전치사임. comma 다음에는 완전한 하나의 문장을 이루고 있다.
3. (B) WH 의문절이 전치사 over의 목적어로 사용되었다.
4. (A) among : ~가운데 (3개 이상). between : ~가운데 (2개).
5. (B) depend on ~for : ~을 위해서 ~에 의존하다.
6. (D) 명사 need는 전치사 for, interest는 전치사 in을 각각 심층구조에 지니고 있다.
7. (C) 자동 응답기나 테이프 등에 포함되어 있음을 나타내는 전치사는 in이 아니라 on이다.
8. (C) but은 전치사로서 **~을 제외하고**의 의미를 지닌다.

V. Written Expression

1. At home(A) in underground tunnels, the mole acts(B) by day and by nightly(C) throughout(D) the year.

2. Cuneiform writing(A), the distant(B) ancestor of the Western alphabet, originated for(C) 3000 B.C. in the Near East.(D)

3. Since(A) nearly fifty years(B) superconductivity defied explanation and was one of the outstanding(C) puzzles of(D) physics.

4. The Earth can be(A) divided to(B) two parts, or(C) hemispheres according to the meridians of(D) east and west longitude.

5. In 1935(A) Mary Bethune received(B) the Spingarn Medal by(C) her contributions to education(D).

6. The World Health Organization strives(A) at(B) better health(C) throughout the world(D).

7. Jeckyll Island(A) has been(B) one(C) of Georgia's state parks in(D) 1954.

8. Due to(A) the difficulty of(B) the enterprise, he was on the verge of(C) a nervous breakdown(D).

연구 및 해답

1. (C) by day and by night : 밤낮 없이.
2. (C) originate in : 비롯하다. 시작하다.
3. (A) Since→For.
4. (B) be divided into : ~로 나누어지다.
5. (C) by→for. receive ~for : ~로 ~을 받다.
6. (B) strive for : ~을 위해서 노력하다.
7. (D) since 앞의 시제는 현재완료, 뒤에는 과거시제가 온다. in→since.
8. (A) Due to+명사는 formal expression에서 문두에 사용되지 않는다. A를 Because of 로 고쳐야 한다.

1. Ohio has long been [A] a leader into [B] the invention, improvement [C], and [D] manufacture of farm machinery.

2. Most mammals, such cats [A], are covered [B] with hair [C] head [D] to tail.

3. Because air resistance [A], there is a limit to [B] how fast [C] an object falls. [D]

4. Area [A] is the linear measurement [B] of a surface [C], such [D] a floor or a cornfield.

5. Radar equipment detects [A] the position and motion of remote objects by means radio [B] waves reflected [C] from their surfaces. [D]

6. More [A] Civil War battles were fought [B] in Tennessee than in any [C] other state but except [D] Virginia.

7. Excepting for [A] special [B] exhibitions, most [C] museums in the United States have [D] no admission charge.

8. A bridge can be defined as a structure [A] surmounting an obstacle [B] such a river [C], declivity, road, or railway. [D]

연구 및 해답

1. (B) B를 상태를 나타내는 전치사 in으로 고친다.
2. (A) 다음에 명사상당어구가 오므로 A의 such를 like로 바꾸어야 한다.
3. (A) Because는 절을 취하는 접속사이다. 따라서 A를 전치사구 Because of air resistance로 고쳐야 한다.
4. (D) such→such as 혹은 like.
5. (B) by means of.
6. (D) D는 의미 중복이 되기 때문에 어느 하나를 삭제해야 한다.
7. (A) Excepting for→Except for. except는 문중에서 주로 사용된다.
8. (C) C의 such를 such as 로 고쳐야 한다.

1. Prices fall in times of(A) deflation, and this results at(B) a rise in the demand(C) for goods and services.(D)

2. Close(A) cooperation among(B) home and school is necessary(C) for the successful(D) maturation of a young student.

3. Documentary(A) evidence indicates(B) that portraiture became an established(C) art form in the Hudson Valley region around the(D) 1660.

4. In the age of(A) fourteen, the popular(B) singer Aretha Franklin recorded(C) the gospel song(D) "Never Grow Old."

5. While(A) his lifetime, Frederick Jones was awarded(B) more than sixty(C) patents for his(D) inventions.

6. Many corporations have found that(A) doing a great deal(B) of business in the telephone(C) is more profitable than(D) sending officials on frequent business trips.

7. Though humans(A) age,(B) the rate at which(C) this process occurs is different from(D) each person.

연구 및 해답

1. (B) result ┌ from : 유래하다, 생기다.
   └ in : 귀착하다. 끝나다.
   results at→ results in.
2. (B) among→between.
3. (D) 연도 앞에는 정관사가 사용되지 않는다.
4. (A) at the age of ~.
5. (A) While→During.
6. (C) over(on) the telephone : 전화로.
7. (D) be different with : -는 경우에 따라 다르다. D를 with로 바꾸어야 한다.

Ⅵ. Vocabulary

※ Choose the **one** world or phrase that has the same meaning as the **bold-faced** part.

1. I don't mind giving him things, but he never **does the same in return.**
   (A) retaliates (B) reciprocates
   (C) replaces (D) recognizes
2. That doesn't make sense ; I think your reasoning is **fallacious.**
   (A) faulty (B) licentious
   (C) pretentious (D) officious
3. Alex knew that he must **breathe** nothing of this to Nancy.
   (A) tell (B) secret
   (C) talk (D) believe
4. They were both angry, so their argument was **very bitter.**
   (A) harmonious (B) acrimonious
   (C) agrarian (D) unbelievable
5. The soldier **activated** the hand grenade.
   (A) detonated (B) lost
   (C) sang out (D) negligent
6. Joe was **careless** and caused the accident.
   (A) nepotic (B) negligible
   (C) negative (D) negligent
7. Tom is so **jealous** that he hates his wife to go anywhere without him.
   (A) envious (B) eligible
   (C) imaginative (D) incidental
8. I never know what he means ; he speaks so **vaguely.**
   (A) demonstrably (B) loudly
   (C) incorrigibly (D) ambiguously

연구 및 해답

1. (B) 보답하다.
2. (A) 그릇된.
3. (A) 나타내다. 표명하다.
4. (B) 신랄한.
5. (A) 폭발시키다. hand grenade : 수류탄.
6. (D) 부주의한.
7. (A) 질투가 심한.
8. (D) 모호하게.

9. Why don't they **retaliate?**
   (A) fight back (B) come back
   (C) return to work (D) complete the work

10. I can hardly believe it ; it's **amazing.**
   (A) over and over (B) unconscious
   (C) unreliable (D) vague

11. No, he's not married ; he's a **bachelor.**
   (A) badger (B) merchant
   (C) single man (D) burglar

12. He's a real **liar** ; he never does what he says.
   (A) stranger (B) hypocrite
   (C) critic (D) hysteric

13. She's very **foolish** ; she believes anything she's told.
   (A) aware (B) gullible
   (C) sensible (D) confusing

14. To prevent the dog from running away, his owner **restrained** him.
   (A) loosened (B) tied
   (C) muzzled (D) barked

15. Don't use that expression. It's been used so often that it's **trite.**
   (A) fancy (B) scrawny
   (C) hackneyed (D) dandy

16. The temptation to **consult** his chief was great.
   (A) discuss the matter with (B) consign
   (C) qualify (D) turn it over to

연구 및 해답

9. (A) 보복하다. 반격하다.
10. (C) 놀랄만한, 엄청난 (원뜻: 믿어지지 않는다.)
11. (C) 미혼남자.
12. (B) 위선자.
13. (B) 속기 쉬운.
14. (B) 묶다.
15. (C) 진부한.
16. (A) 상의하다.

17. **As luck would have it,** Richard was lunching alone that day.
   (A) Heedlessly (B) Fatefully
   (C) According to long habit (D) Collecting his wits

18. He hid in the barn for a week after he **escaped.**
   (A) found the way (B) got lost
   (C) was discovered (D) ran away

19. The store will give the discount **across the board.**
   (A) to everyone requesting to (B) on every item
   (C) on the table (D) secretly at first

20. Harry **tossed up** his chin toward heaven.
   (A) gestured (B) threw his shoe
   (C) prayed (D) rolled

21. Her continuous chatter **vexes** me very much.
   (A) irritates (B) amuses
   (C) vibrates (D) churns

연구 및 해답

17. (B) as luck would have it : 운 좋게/ 나쁘게.
18. (D) 도망치다.
19. (B) across-the-board discount : 전면적인 할인판매.
20. (A) 제스츄어를 쓰다.
21. (A) 괴롭히다, 고통을 주다.

Chapter 16 Agreement, Inversion, Emphasis

Ⅰ. Agreement (Number)

근접원리에서 수의 일치에 대해 많이 논의되었으므로, 여기서는 몇 가지만 더 소개하기로 한다.

a) ┌ 부정사+and+부정사 : 단수취급
   └ 동명사+and+동명사 : 복수취급

To love and to be loved by you is my greatest happiness.
Seeing and hearing are called sense.

b) and로 연결되어도 전체가 하나의 개념을 나타낼 때 단수 취급된다.

To get up late and to idle away was his habit.

┌ Early to bed and early to rise makes a man healthy.
└ = To keep early hours makes a man healthy.

Slow and steady wins the race.

What is the end and aim of existence?
All work and no play makes Jack a dull boy.
Trial and error is the source of our knowledge.
Plain living and high thinking is a great ideal.
No hour and no minute is to be wasted.
No book and no paper was properly arranged.
cf) The soul and the body are one.

c) 시간, 거리, 중량, 가격, 면적 등을 나타내는 복수명사는 단일개념으로 취급하며, 단수 취급한다.

Ten years is too long a time to her.
Ten dollars is too high a price for shoes.
Twenty miles is a day's journey in this valley.

cf) Ten years **have** passed since he died.
A years and a half **has** passed since he died.

d) 복수국가명, 학과명, 신문, 서적, 잡지명 등은 단수취급한다.

The United States is a rich country.
Mathematics is taught by him.
The Times is one of the most famous magazines in the world.
The Dialogues of Plato is a great classic.

그러나 학문의 분야 대신에 어떤 특정한 상황을 언급할 시에는 복수 취급한다.

cf) **His mathematics are** weak. (그의 수학실력)
My politics are different from yours. (나의 정치적 견해)

e) ┌ 집합명사→단수취급
└ 군집명사→복수취급

Our class consists of 60 students.
Our class are in good health.

f) ┌ many a(an)+단수명사→단수취급
│ a number of+복수명사→복수취급
│ the number of+복수명사→단수취급
│ a total of+복수명사→복수취급
└ none of+복수명사→단수취급(구어체 : 복수취급)

Many a man has been ruined because he could not say "no."
A number of people have been present at the meeting.
The number of the graduates this year is larger than last year.
A total of 540 Koreans live in this country.

None of the books [has / *have] been placed on the shelves.

g) ┌ (a) There <u>are a girl and two boys</u> in the room.—전통규칙
복수

└ (b) There **are** <u>two boys</u> and a girl in the room.—근접규칙
복수

전통규칙 (traditional rule)에서는 **there be** 다음에 나타나는 명사를 모두 합쳐서 **be** 동사의 수를 결정했으나, 근접규칙(proximity rule)에서는 바로 다음에 나타나는 명사의 수에 **be**의 수를 일치시킨다. 근접규칙을 주장하는 학자들은 (a)문장을 비문법적이라고 한다.

What they want is revolutions everywhere.—전통규칙

전통규칙에서는 절 혹은 문장은 단수로 취급했다.

What they want are revolutions everywhere.—근접규칙

근접규칙에서는 동사와 그 술어명사를 일치시킨다.

h) ┌ Jack is one of **those rare individuals** who **(has—16%, have—84%)** decided on a definite career.
└ Jack is **the only one of** those rare individuals who **(has—91%, have—9%)** decided on a definite career.

Ⅱ. Inversion

a) 의문문에서 주어와 동사의 어순이 도치된다.
Are you a good student?
What **would you do** for me?

b) 가정법 구문에서 if의 **생략시** 어순이 **도치**된다.

Were I a bird, I could fly to you.
Had I **known** her, I would have gone to her.

c) 접속사 neither, nor, so 다음에 어순이 도치된다.

John didn't see the accident and **neither did Mary.**

His mother likes music, and **so does my mother.**
We can't conquer disease, **nor can we educate** all humanity.
I worked hard and **so did the others.**

d) 접속사 as, than 다음에 생략된 요소가 있을 때 어순이 도치된다.

She was as delighted with the suggestion **as was he.**
=as he was delighted with the suggestion.

She looks forward, **as does her secretary,** (=as her secretary looks forward,) to the completion of the building.

She travelled a great deal, **as did most of her friends.**
=as most of her friends travelled a great deal.

She spoke more convincingly **than did Harry.**
=than Harry spoke convincingly.

Liberals tend to favor more immediate social change **than do conservatives.**
=than conservatives tend to favor social change.

e) 부정의 뜻을 지니고 있는 부사 seldom, rarely, little, never, not only, not until, only 등이 문두에 놓이면 주어와 동사의 어순이 도치된다.

<u>Seldom</u> **had I seen** such a remarkable creature.
<u>Rarely</u> **could she have been faced** with so difficult a choice.
<u>Little</u> **did I dream** of a lecture coming from him.
<u>Only after a year</u> **did I begin** to see the results of my work.
<u>Only two of us</u> **had any experience** in sailing.
<u>Only one more point</u> **will I make.**
<u>Only in this way</u> **is it possible** to explain their actions.
<u>Not until he was thirty</u> **did he start** to paint.
<u>Not only</u> **did we lose** all our money, but we also came close to losing our lives.
<u>Not a single book</u> **had he read.**

f) 부사(구)가 문두로 전치될 때 어순 도치 현상이 일어난다.

Well **do I remember** the scene.
So high **did prices rise** that many people could not afford the necessities of life.
Bitterly **did he regret** this dicision.
Down the street **rolled the baby cottage!**
Round the corner **walked a large policeman.**
In **came John!**
Out **rushed the man and his wife.**
To the list **may be added the following names.**
Slowly out of its hangar **rolled the gigantic aircraft.**

g) 술어로 사용된 형용사(구)가 전치될 때 어순 도치 현상이 일어난다.

More important **has been the establishment of legal services.**
Equally difficult **would be a solution to Russell's paradox.**
Very clear **are the boundaries between varieties.**
Her face was stony and even stonier **was the tone of her voice.**
Expecially remarkable **was her oval face.**
Equally inexplicable **were his behaviours to close friends.**
Happy **is the many who can say that he has always done his best.**
Of further interest **is the fact that in terms of recovery, the authors found no significant difference between the below 10 and above 10 age group.**
Of particular relevance **are such results as inversion, emphasis and agreement.**
Characteristic of Op Art **are the carefully arranged hues and geometric patterns that create optical illusions.**

h) as~, so… 구문의 so절에서 어순이 도치된다.

As a man thinks, **so** will he write.

I) 분사가 전치될 때 주어와 동사의 어순이 도치된다.

Sitting at her de나 in deep concentration **was my sister.**

Shot by nationalist guerrillas were two entirely innocent tourists.
Attached is your request for book prices.
Related to this are other issues, such as the nature of a clause and the proper treatment of lexical units.
Addressing the demonstration was a quite elderly woman.

j) 주어가 길 때 주어와 동사의 어순이 도치된다.

Entered the man who was soft in appearance but hard in reality.

k) 내적부정(internal negation)과 외적부정(external negation)에 따른 문의 어순현상

(a) 내적부정

내적부정은 부정의 영향이 한 문장 전체가 아니라 부분적으로 미치는 것을 말한다. 이 경우 어순 도치 현상이 일어나지 않는다.

Not many of them were present at the meeting.

Not many people came to the party.

In no time [there will be / *Will there be] rain even there.

Not long ago [there was / *was there] rain falling.

Not much later [they arrived. / *did they arrive.]

Not a few authors criticized him severely.

(b) 외적부정

외적부정은 부정의 영향이 한 문장 전체에 미치는 것을 말한다. 이 경우 어순 도치 현상이 일어난다.

In no other way can the matter be explained.

Not even there did it rain.

In no way can Mrs. Peters be held responsible.

No longer are they staying with us.

Under no circumstances can customer's money be refunded.

By no properly qualified technician has this instrument ever been adequately tested.

Not a single book had he read that month.

To no one will they admit their guilt.

On no account are visitors allowed to feed the animals.

In no circumstances must this door be open.

(c) 외적부정과 내적부정이 모두 적용될 수 있는 경우

In no clothes does Mary look attractive. - 외적부정

어떤 옷을 입어도 메리는 매력적으로 보이지 않는다.

In no clothes Mary looks attractive. - 내적부정

옷을 입지 않으면, 메리는 매력적으로 보인다.

No news is good news. - 내적부정

무소식이 희소식이다.

No news is good news. - 외적부정

어떤 소식도 좋은 소식이 아니다.

Ⅲ. Emphasis

a) 동사의 강조 : 동사앞에 do 동사를 사용한다.

I **do** love you.

b) 명사의 강조 : the very를 명사 앞에 놓는다.

This is **the very** watch that I lost yesterday.

c) 비교급 강조 : 비교급 앞에 much, still, far, even 등을 사용한다.

It is [**much** / ***more** / **even** / **far**] better.

d) 인칭대명사 강조 : 재귀대명사를 사용한다.

She did it **herself.**

e) 의문사 강조 : ever, on earth, in the world 등을 사용한다.

How did she **ever** pass the test?
What **on earth** do you mean?
Who **in the world** can do such a bad thing?

f) 부정어 강조 : what(so)ever, at all, in the least 등을 사용한다.

He has no sense **what(so)ever.**
She was **not at all** upset by the news.
I am **not** interested in that movie **in the least.**

g) 어(구)의 반복에 의한 강조

He tried it **again and again.**

h) **It be~that** 강조구문 : 강조할 내용을 be 동사와 that 사이에 둔다.

It was **John** that broke the window yesterday.
It was **after midnight** that she arrived.

I) 문장 요소의 문두 전치에 의한 강조 : 이 경우 비확정명사는 전치시켜 강조할 수 없다.

I saw a plumber yesterday.

***A plumber**, I saw him yesterday.
비확정명사

The plumber, I saw him yesterday.
확정명사

This room really depresses him.

→**This room**, it really depresses him.
확정명사

It is worth reading **this book.**
확정명사

→**This book** is worth reading.
확정명사

It is worth reserving a seat.

***A seat** is worth reserving.
비확정명사

The seat is worth reserving.
확정명사

It was hard to please [a / this] man.

[*A / This] man was hard to please.

Appendix

Part(A) Sentence Constituent

1. Byron (They, The student in the class) listened to the song.

2. Jessica (is, has been, might have been) busy with her work.

3. Geoff understands (the answer, them, that she can't come.)

4.

Ms. Tracy	gave	us	assignments.
They	will send	their grandmother	postcards.
A staff member	found	them	a room.
The teacher	is telling	the students	an interesting story.

5. Lynda is (my sister, charming.)
   It seems (quite unbelievable to us, that she lied.)

6.

They	elected	him	their new president.
The heater	will keep	the room	warm.
The photograph	makes	him	look younger.

7.

My uncle	smokes	very heavily.
He	didn't study	when he was young.
Cheryl	is	at college.
He	put the files	in the drawer.

Part(B) English Structure

A. The Principles of English Structure

a) The End Focus Principle
b) The End Weight Principle
c) The Bolinger Principle
d) The Proximity Principle
e) The Nonintervention Principle
f) The Modification Principle
g) The Iconicity Principle
h) The Neighborhood Principle

B. Basic English Sentences

1. I made for the door.
2. He will make a good doctor.
3. He made the box yesterday.
4. He made her a doll.
5. He made her happy.

C. English Clauses

1. It is true that he bought a house.
   The truth is that they cheated on the exam.
   I am glad that you enjoyed the meal.
   He told us you would find out the result.
   The fact that he is poor is known to everybody.
   The question is whether they would be satisfied.
   I don't know when they will arrive here.

2. Barbara works for a company that makes washing machines.
   These are principles which we all have to follow.

3. She wears headphones **as she studies.**
   You can't camp **where you like in this area.**
   Because my rent was overdue, the landlord evicted me.
   He said he would join the club **if you do too.**
   Though I'd like to help, your husband will be jealous for me.
   While I am willing to help you, I don't have much time.

Part (C) : Structure Review

1. Frances Perkins **became** the first female member of a United States cabinet.
   Portraiture **became** almost a fad in the 1780's and 1790's.
   Albert Gore, Jr **became** the forty-fifth Vice president of the United States.
   John won't (***become, make, be**) a good doctor.

2. She **was named** secretary of labor in 1933.
   Chaucer **is called** the Father of English poetry.
   He **was appointed** head of the meeting.

3. Their feathers are stiffer and smoother than **those** of most other birds.
   The lenses in an optical microscope bend the light passing through a specimen to form an image of that specimen **that is much larger than the one actually viewed.**
   When lava reached the surface, its temperature can be ten times **that** of boiling water.
   Characters in realistic literature tend to be more complex than **those** in romantic literature.
   The houses of the rich are much larger than **those** of the poor.
   Expected noises are usually more tolerable than **unexpected ones** of the same magnitude.
   Our exported goods are recognized all over the world and are superior to **those** of rival firms.
   The nutritional benefits of vitamin supplements are far less than **those** of natural food sources.

Jerry Hallmark's vast experience in overseas sales, and **that** of his secretary's made the pair the obvious choice to head the new branch office in Paris.

4. The artist's main function is to describe as accurately and honestly as possible **what is observed through the senses.**
   It happened **that I was out of London at that time.**
   Entered **the man who was soft in appearance but hard in reality.**
   What we accept rationally we often find it hard to put into practice.
   How great a sacrifice it was, no one but him would ever know.
   Descriptive statistics is a tool for describing, or summarizing or reducing to comprehensible form **the properties of an otherwise unwieldy mass of data.**

5. I have known him **to lose** his temper very often.('to' is deleted in British English)
   I have never known a man **to die** of love.

6. His views are alarming his audience.
   *His views are **very** alarming his audience.
   He was annoyed by the policeman.
   *He was **very** annoyed by the policeman.
   He was **very** disturbed by her attitude.

7. **Located** in lower Manhattan in New York City, the World Trade Center was completed in 1973 at a cost of $750 million.
   Erected at the turn of the century, the Minnesota State Capitol building is made of white granite and marble.
   First designated in 1970, Earth Day has become an annual international event **dedicated to raising** concerns about environmental issues such as pollution.
   Declared an endangered species in the United States, the ginseng root has been gathered almost to the point of extinction.
   Found in all parts of the state, pines are the most common tree in Georgia.
   Heavily built, with poor vision but excellent senses of smell and hearing, the bear will eat almost anything.

8. **Although mainly eaten** for their flavor, mushrooms are of some nutritional value.
   When well fitted, glasses can correct most sight defects in healthy eyes.
   When seen through a telescope, Venus appears to go through changes in size and shape.

People who reverse the letters of words **when trying to read** suffer from dyslexia.
When building nests during spring nesting season, Canadian geese are fiercely territorial.
Until recently proven incorrect, astronomers had assumed that the insides of white dwarfs were uniform.
Although well intended, early approaches for coping with workplace stress dealt with the problem only after its symptoms had appeared.
If freshly squeezed, the orange juice in a one-cup serving provides twice the minimum daily requirement for vitamin C.
When overcome by excitement, people may have trouble thinking clearly.
Children, she believes, are supposed to answer politely **when spoken to by an adult.**
No one under the age of seven will be admitted to the concert **unless accompanied by an adult.**
Unless authorized by the security officer, you may not enter the building after working hours.
Once consolidated, the two divisions will perform their tasks better and, therefore, attract more customers.
Anyone without an invitation will not be allowed to attend the show, **unless accompanied by a membership cardholder.**

9. Only warm and extremely moist air can supply the energy **necessary** to spawn and maintain tropical storms.
Cadmium is a chemical **useful** in the manufacture of artists' pigments, automobile enamels, vinyl plastics, in addition to phosphors for color television tubes.

10. The first commercial film **made** in California was completed in 1932.
The university of Georgia, **chartered** in 1785, was the first state-supported university in the United States.
Ann Beattie's collection comprises three dozen stories **written** over a 25-year period.
Emma Lazarus wrote the sonnet **inscribed** on the pedestal of the Statue of Liberty.
Rubber **produced** from vulcanized silicons with a high molecular weight is difficult to distinguish from natural rubber.
The musical instrument **called** the basis is six feet long.
The smallest snails and clams are often carried from place to place **embedded** in the mud on the feet of wading birds.

In the judicial system of the United States, defendants **found** not guilty of the charges of which they are tried are automatically acquitted.
The microscope evolved slowly, its development **hampered** by the lack of both theoretical understanding or necessarily mechanical technology.
We are going to talk about the problem **discussed** at the last meeting.
I'd like the **collected** works of Maugham.
I have written about the changes in the social system **required** to promote happiness.
We can supplement our own ideas with information and data **gathered** from our reading.
According to corporate rules, exaggerated or false information **given** on personal background surveys can lead to dismissal.
The information **provided by him** was not relevant to the case.
Inside Science is a magazine **published** monthly by the National Association of Scientists.

11. Neon is said to be inert **because** it does not react easily with other substances.
A bank official contacted me **because** she discovered that a suspicious transaction had occurred in my account.
Nearly every aspect of economic life is affected **by** seasonal variations.
Most living creatures depend on plants **for** their nourishment.
The number of people purchasing homes is still on the rise **despite** a significant increase in mortgage rates.
Kokanee salmon begin to deteriorate and die soon **after spawning** at the age of four.
After several unsuccessful attempts, Robert Peary reached the North Pole on April 6, 1909.
Because of his reservations about the issue, the senator refused to vote for it.
During his life, Eugene O'Neill was regarded as the foremost American dramatist.
Copper tubing is the preferred choice of plumbers **since it is noncorrosive.**

12. Ball-point pens require a thicker ink **than fountain pens do.**
Ball-point pens require a thicker ink **than fountain pens.**
Ball-point pens require a thicker ink **than do fountain pens.**
Jane is taller than John.
Jane is taller than John is.
He is a man more clever than Mary.
* He is a more clever man than Mary.
She is a taller woman than Mary.

She is a woman taller than Mary.

There is no man richer in the town than he is.

* There is no richer man in the town than he is.

Overexposure to the sun can produce more damage to the skin **than can some toxic chemicals.**

Liberals tend to favor more immediate social change **than do conservatives.**

Microscopes make small things appear larger **than they really are.**

In bas-relief sculpture, a design projects very slightly from its background, **as on some coins.**

13. The city of Montreal **covers over 70 square miles.**

Scholars **have counted about 3,000 spoken languages.**

14. Author Edith Wharton thoroughly understood **the society in which she had grown up.**

Many birds have feathers **whose** colors blend with their surroundings.

Mosaic is the art of closely setting small things into a surface **to create a decorative design.**

(* that a decorative design is created)

Janet Collins' struggle to make a place for herself in ballet is the kind of life story **about which a fascinating novel might be written.**

Toward the end of his life, John Singer Sargent returned to the painting of landscapes and the use of watercolors, **in which he excelled.**

He is the man **who I think is honest.**

He is the man **whom I think to be honest.**

Through microscopes people can see objects **that are invisible to the naked eye.**

The boy **whom I believed to be honest** deceived me.

I will employ the man **who they say is a fluent speaker of English.**

One **whose desires and impulses are not his own** has no character.

There are many organizations **whose** sole purpose is to help mentally retarded children.

Although humans age, **the rate at which this process occurs** is different with each person.

A boy **whom** you must meet right away is Freddy Thompson, the best math student in our dormitory.

Any student **whose** master's thesis is not submitted a month prior to graduation will not fulfill the graduation requirements.

The columnist feels sure that **whoever** wins the election will have the support of both parties.

That rich woman offered a reward to **whoever** should restore her lost car.
In an effort to educate potential clients on our new line of products, we offer a product brochure to **whoever visits our store.**
Whichever team wins the game will receive a cash award of $100,000 and have a chance to participate in the upcoming world competition.
After tonight, he would never be **the same man as** he was before.
Sam had a **louder voice than** the other speakers, but unfortunately the louder his voice became, the less attention he got.
There is no work whatever **but he can criticize.**
Some newcomers may experience difficulty using administrative forms **that they have never seen before.**
They left on Monday, **since when** we have heard nothing.

15. A logarithm is **what is known in algebra as an exponent.**
That(*What) he is honest is true.
What(*That) I want is a book.
Most people know **what it is like** to have their blood pressure taken, but few understand the meaning of the numbers used to record blood pressure.
I know **that** snow is like down.
Many people are unaware that prairies once existed **in what is now the state of Michigan.**
The first British attempt to establish a colony **in what is now the United States** took place in 1585.
What is most touching in O. Henry's stories is the gallantry with which ordinary people struggle to maintain their dignity.
What ranks as the most important crop in Hawaii is sugar cane.
What appears in the first draft of the budget will not necessarily be in the final draft.
That it took our experts a whole week to complete the simple calculations is incomprehensible to us.
To stay competitive, we must understand **what other industry leaders are striving to achieve.**

16. Nearly one-fifth **the size of** the continental United States, Alaska is the largest state in the Union.
He must have **something the matter** with his feet.

17. Hudson Bay area is snowbound for **most of the year.**

Most of the people are afraid of snakes.
Many of the physical characteristics that distinguish human beings from other primates are related to the ability of people to stand upright and walk on two legs.

18. **The first woman appointed by a United States President to a cabinet position,** Frances Perkins held the post of labor secretary for twelve years.
Mercury, the only metal that is liquid at ordinary temperature, is the heaviest liquid known.
Martha Graham, one of the great modern choreographers, has run her own dance company for a half century.
Patty Berg, the top tournament winner in women's golf won eight-three golf tournaments from 1935 through 1964.
William Pitt Fessenden, a United States senator from Maine, helped found the Republican party in the 1850's.

19. A stream of volcanic lava flows differently, **depending on** the sort of ground it flows over.
With age, the mineral content of human bones decreases, **thereby making** them more fragile.
The face of the Moon is changed by collisions with meteoroids, **causing** new craters to appear.
Elizabeth Bishop's poems are frequently long and carefully constructed, **using elaborate rhyme or half-rhymes.**
High technology venture firms keep growing in size, **hiring** numerous college graduates with degrees in engineering and technology.

20. **There are** large amounts of vitamin E in green leaves, such as lettuce, and in cereals.
In the United States there are approximately four million miles of roads, street, and highways.
There are many different kinds of maps.
There **is** a book and two pencils on the table.(informal)

21. **Not only is rice eaten as a cooked dish the world over,** but it is also used as the base of many other food, condiments, and even beverages.
Not until the eighteenth century did scientists begin to appreciate the complex chemistry of metallurgy.
Not until Kentucky's Mammoth Cave had been completely explored in 1972 was its full extent realized.

Only in the past decade have meteorologists begun to understand that the air and the oceans act as a single fluid when they exchange heat and gases.
Nowhere are retail trade figures more skewed than in the auto industry.
Rarely are observations located near city lights or at lower elevations.
Only for a short period of time do cheetahs run at top speed.
Little did I dream that she would pass the exam.
Rarely do meteors blaze for more than a few seconds once they enter the Earth's atmosphere.
Not until the 1960's, did Theodore Mainman at Hudson Research laboratories build the world's first working laser.
Under no circumstances, must the door be left unlocked.
Only in this way is it possible to explain their actions.
In no other way can the matter be explained.
Not even there did it rain.
By no properly qualified technician has this instrument ever been adequately tested.
On no account are visitors allowed to feed the animals.
Only after she had been served with the subpoena did Mrs. Arbor turn over the confidential report to Mr. Harris, the head of the commission, and me, its treasurer.
Not only may such a love have deepened and exalted, but may still deepen and exalt, the life of any man of any age.

22. Scattered across the United States are more than 1,200 art museums.
Contained on the 23 pairs of chromosomes in the nucleus of the human cell is the complex set of instructions known as the human genome.
Featured at the Henry Ford Museum is an exhibit of antique cars dating from 1865.
Located behind each eyelid are the two lacrimal glands.
Especially important to many people is legislation against pollution.
Characteristic of Op Art are the carefully arranged hues and geometric patterns that create optical illusions.
More important has been the establishment of legal services.
Equally difficult would be a solution to Russell's paradox.
Her face was stony and even stonier was the tone of her voice.
Of particular relevance are such results as inversion, emphasis and agreement.
Sitting at her desk in deep concentration was my sister.

Addressing the demonstration **was** a quite elderly woman.

23. Some mammals migrate to warmer areas **when winter comes.**
When he comes, I will leave.
I know **when he will leave.**
We will ship your order **as soon as you send** us a written confirmation.
After you have completed filling in the form, we will discuss the possibility of hiring you.
With the new processing unit, buyers can check their orders for errors **before they submit.**
If it rains tomorrow, I won't go out.

24. Anesthetics **are used to** cause insensitivity to pain during surgical operation.
I **am used to getting** up early.
I **used to** visit the beautiful lake.
The gray scale, a progressive series of shades ranging from black to white, **is used** in computer graphics **to add detail** to graphical images.

25. **That the dog was the first animal to be domesticated** is generally agreed upon by authorities in the field.
That the Moon appears considerably larger at the horizon than it does overhead is merely an optical illusion.
That cultural anthropology has not attained a state of complete coherence is true.

26. Anthropology is a science **in that anthropologists use** a rigorous set of methods and techniques to document observations that can be checked by others.
The commutation of a criminal's sentence differs from a pardon **in that it reduces** the terms of punishment rather than excuses the criminal completely.
Advertising is distinguished from other forms of communication **in that the advertiser pays for the message to be delivered.**
My grandpa was a decent person **except that he was rather lazy.**
The play went well, **except that a few people forgot their lines.**

27. A tariff is customarily collected on goods **coming** into a country.
Experiments **using gene therapy** represent a giant step into the medicine of the future.
Air **containing the carbon dioxide** necessary for photosynthesis enters leaves through tiny surface openings.

The slide rule uses sliding scales with marks **representing numbers and their logarithms.**
The average age of the Mediterranean olive trees **growing today is two hundred years.**
Most international flights **serving** in-flight meals usually offer chicken or beef dishes, since those two meals are the most preferred by travelers all over the world.
People **working** in the warehouse after hours are advised to stay inside the building and keep the doors locked.

28. Hawks serve an important purpose in the scheme of nature **by preying on** destructive rodents, such as mice and rats.
By adopting laws excluding competition from an industry, governments have often created public service monopolies.
Bats avoid running into objects **by emitting** high-frequency sounds and listening for echoes.

29. Computers that once took up entire rooms are now **small enough** to put on desktops and into wristwatches.

30. The goal of teaching is to help students learn **what they need to know to live** a well-adjusted and successful life.
One purpose of value theory in economics is to explain **how the prices of goods and services are determined.**
The various types of bacteria are classified according to **how they are shaped.**
Scientists are now beginning to conduct experiments on **how noise pollution can trigger different sorts of health risks.**
There are geographic, economic, and cultural reasons **why diets differ around the world.**
Chemists are not sure precisely **how cold fusion can occur.**
Do you know **what time the movie starts?**
Those who were left alone in the cave know better than the others **what frightening sounds bats flying about in the dark make.**

31. The sapphire's transparency to ultraviolet and infrared radiation **makes it useful** in optical instrument.
The powerful jaws and sharp teeth of the piranha **make it a dangerous and feared fish.**
The development of steam engines, gasoline engines, and electric motors in the early 1800's **made it possible to replace hand tools** with machine tools.
In art, the tendency of gouache colors to lighten on drying **makes possible** a wide range of pearly or pastel-like effects.

Spectrographs **make it possible for phoneticians to analyze the human voice and its speech qualities.**

Machines have made **possible the mass production of all kinds of goods.**

X-rays are to pass through objects and thus **make visible details that are otherwise impossible to observe.**

The use of radar as well as the two-way radio **makes it possible for the police to intercept most speeders.**

The computer **makes possible a phenomenal leap in human proficiency.**

He has made it clear that he is not going to change his mind.

32. **The skeleton of an insect** is on the outside of its body.
    The background and early life of Mary should be reviewed here.

33. Charles Schulz's comic strip "Peanuts," features children who make **funny but wise** statements.
    It was a **boring if instructive** lecture.
    It was an **instructive but boring** lecture.
    Such a decision will bring about **harmful if not fatal** results.
    More than twelve hours of my school week are spent in one of **the dingiest yet versatile** rooms of the building.
    Optical painting overlaps with **some, though not all,** aspects of color-field painting.

34. **Like likes like.**
    But me no buts.
    Mothers **mother** their children.
    Food seasoning plays an important role in the cooking customs of many cultures in the world.
    The use of small airlines enables potato farmers to **dust** their crops.
    She **fasted** her illness off.
    John **doctored** the horses with a strong-smelling ointment.
    His car **was totaled** in the accident.

35. For the advertiser, one of the greatest appeals of radio is **that it has an audience all day long.**
    One problem with all languages is **that they are full of irregularities.**

36. Of the 300 languages that were once spoken by Native American people, **an estimated 150 languages** exist today.
a startling 65,000 tons of valuable cargo
a hundred books

37. It is prohibited by law to mail through parcel post any merchandise that **might prove dangerous** in transport.
I like the Mozart's music very much because his music **sounds sweet and soothing.**
It seemed to Mr.s Garber that the butter **smelled somewhat bad.**
The situation there **looked so serious.**
He was determined to eat it all, even though it **tasted bitter** to him.
However, since no ammonia fumes are detected, this theory does not **seem credible.**
I never **feel bad** if after trying hard I fail to win a prize.
Also by radio waves you may fry eggs on a stove that never **gets hot** enough to burn paper or burn you if you should touch it.

38. California has **more** land under irrigation **than any other state.**
Many jazz enthusiasts rate Charlie "Bird" Parker, the alto saxophonists, **as the greatest** improviser of all jazz musicians.

39. **Among the most important jazz innovators in the twentieth century** are Louis Armstrong, Fletcher Henderson, Duke Ellington, and Dizzy Gillespie.
Out of John Kenneth Galbraith's The Affluent Society came the argument for an increase in public goods, potentially at the expense of private goods.
In the Morgan Library in New York City is a collection of medieval and Renaissance manuscripts.
Among the most revealing aspects of mining towns was their paucity of public open space.
In the northern and central parts of the state of Idaho are found majestic mountains and churning rivers.
Southwest of Omaha, Nebraska, lies Lincoln, the state's educational and governmental center.

40. **The closer** to one of the Earth's poles, **the greater** the gravitational force.
The more he has, **the more** he wants.
The stronger the magnet, **the greater** the number of lines of magnetic force.

Of the two houses the family prefers **the more isolated one.**

I've worked for two companies, Darlingtons and Kenworth, and of the two, Darlingtons offers **the more comprehensive** benefits.

The coarser the sediment, **the steeper and narrower** the beach.

The more we attempted to explain our mistake, **the worse** our story sounded.

The quicker a loan is repaid, **the less** it will cost.

The longer you own your house, **the less** transfer taxes will be imposed on the property when you sell it.

According to an article published in Forbes magazine, **the larger** a company is, **the less** satisfied the employees who work for it are.

41. It is the recommendation of the U.S. Public Health Service **that** all children be vaccinated against a variety of diseases.

It is impossible to define a clear upper boundary of the atmosphere.

Someone remarks on what a lucky coincidence **it is that Earth is perfectly suited for life.**

42. Under the educational plan proposed by the school board of Rocklyn County, **were parents unhappy** with a particular school, they **could simply move** their children to another.

According to the World Health Organization, **were any of the six most dangerous diseases to break out,** it could be cause for quarantine.

Were the Office of Management inclined to push for such a reduction, it would probably not be successful.

The impact of Thoreau's "On the Duty of Civil Disobedience" might not have been so far-reaching **had it not been for Elizabeth Peabody,** who dared to publish the controversial essay.

43. The economic background of labor legislation will not be mentioned in this course, **nor will trade unionism.**

Your criticism of the three short stories should not be less 2,000 words, **nor should it be more than 3,000.**

Those who favor the new law say that the present law does not set spending limits on lobbyists' gifts to politicians, **nor does it limit statewide funds.**

A sneeze cannot be performed voluntarily, **nor can it be easily suppressed.**

The brown thrasher is not a particularly large or strong bird, **nor is it equipped for fighting.**

44. **The problem has already been discussed by the board of directors** when it was proposed again by the supervisors.
Much of the carnage of elephants, giraffes, and big cats **must have been committed by uncaring hunters.**
The X-Ray treatments were given daily up to the time that he was dismissed from the hospital.
The Military Academy at West Point **is located on** the west bank of the Hudson River, north of north of New York City.
Presidential elections are held every four years on the first Tuesday after the first Monday in November.
Are all telephone numbers **listed** in the directory?
What holidays **are celebrated** in your country?
English **is spoken** all over the world.
Bees **are exposed** to many hardships and many dangers.

45. Researchers have long debated **whether Saturn's moon Titan contains hydrocarbon oceans and lakes.**
Why some satellites have retrograde motion is not yet understood.
When and by whom the islands of the West Indies were first settled is a matter of debate among archaeologists.
When zero was first invented is not known.
I can't imagine **what they want with your address.**
The problem depends (on) **who will water my plants.**
When numbers were created is not known.
There has been a debate **(as to) which theory is the better.**
I had many struggles with myself **(as to) what course of life I should take.**
He is thankful **(for) what I have done for him.**

46. **Does he have a hard time speaking** English?
We had a very hard time discussing some of the problems.
We had difficulty finding the obscure path through the forest.
Did you have any trouble driving through the snow?
Most of them have spent their time in playing baseball.
She was busy preparing for her trip to Brazil and Chile.

A bat will often spend the daylight hours hanging upside down in a tree or cave.
Marmots spend their time foraging among meadow plants and flowers or sunning on rocky cliffs.

47. Copper is the favored metal for electricians' wire because of its excellent conductivity.
(* excellent conductivity of it)
The Growth of the City(*The Growth of it)(Its growth)
Regardless of its location(*the location of it) or facilities, a park is intended for the enjoyment of all.

48. He gave me several reasons, only a few of which (*them) were valid.
I picked up the apples, some of which were badly bruised.
A number of suggestions were made at the meeting, most of which were not practical.
As a start-up venture company, we have only three branches nationwide and a total of 25 employees, most of whom are graphic designers.

49. He gave me a (the) book which he bought yesterday.
Astronomy is the science of stars and plants.

50. She gave him a book.(preferable)
She gave a book to him.
*John gave Mary it.
A book is on the table.
There is a book on the table.(preferable)
*There is the book on the table.

51. This book sells well.
This novel reads easily.

52. He could pronounce each word distinctly.
*He could pronounce distinctly each word.
cf) He looked at me suspiciously. (He looked suspiciously at me.)
However hard he may study, he will fail in the test.
However carefully you drive, you will probably have an accident eventually.
I wonder how soon he will come.
However cold it is, she always goes swimming.
The longer he stayed, the more sullen he became.

No matter how dry a desert may be, it is not necessarily worthless.
I was surprised **how easy it was** to use the computer.

53. **In no clothes** Miss Kim looks attractive.
In no clothes does Miss Kim look attractive.
Not even ten years ago we could see such a film.
Not even ten years ago could we see such a film.
Across the street is a store.
Across the street there is a store.
He found **parking difficult.**(general)
He found **it difficult to park.** (temporary)
Tom comes here.(habitual)
Here comes Tom. (now)
We live near the sea.(Perhaps five kilometers away)
We live by the sea. (We can see it)

54. He is a friend of mine.
He is my friend.

55. **Acquiring education** is the principal way of gaining status in a culture that generally stresses achievement, skillfulness, and upward mobility.
Collecting dolls as a hobby becomes increasingly popular during the past fifty years.
His working all night in the rain caused him to catch a cold.
Exercising daily promotes physical as well as emotional well-being in people of all ages.
Separating all of these materials and recovering them for reuse can be very expensive.
Preference should be given to those whose applications are received by next Tuesday.
Developing successful programs to increase parents' participation in school activities is the main objective of our organization.

56. **(To overcome)(*For overcoming) the stiffness of his legs,** Jones regularly took long hikes on Mount Adams, the great peak of the Cascades.
(To settle the problems)(*For settling the problems), we must take a giant step.
a device **for settling the problem**
To earn(*For earning) the accounting certificate, I had to attend four, two-hour classes a day for a month and review what I learned in school each day until after midnight every night.

For completing(*To complete) the course given by the Federal Certification Board, each trainee will receive an accounting certificate as a symbol of competence.

57. He changed.
He was changed.
He appeared.
*He was appeared.
He turned the pages.(The pages were turned by him.)
He turned the corner.(*The corner was turned by him.)
An accident occurred(*was occurred) last night.

58. If my explanation **is confusing** to you, you **get confused** when you hear it.
Lead has been used as a material for sculpture since the time of the early Greek.
Milk proteins are valued for their high nutritional content.
Volcanoes are described as active, dormant, or extinct.
Nonmetallic minerals are found in various places around the world.
Modern dance is taught in the same kinds of studios as ballet.
The question of the origin of the Moon **is interesting** not only in itself but also as a part of the larger genesis of the Earth and the solar system.
Despite the evidence of the existence of small amounts of water vapor and ice crystals on Mars, its atmosphere **is known** to be extremely dry.
This phenomenon has been described so often as to need no further cliches on the subject here.
When birds are molting, normally once or twice a year, **they can be seen much less often.**
The constitution provides that **no president can be elected more than twice.**

59. **As soon as she saw me,** she turned red.
No sooner had she seen me than she turned red.
Hardly(Scarcely) had she seen me before(when) she turned red.
No sooner had I gone home than it began to rain heavily.
I had scarcely locked the door when the key **broke.**
Immediately(The moment, The Instant, The minute) she saw me, she became angry.

60. He **did not arrive until** it grew dark.
It was not until it grew dark that he arrived.
Not until it grew dark did he arrive.

61. There are **doctors and doctors.**
There are **teachers and teachers.**

62. Important **as** sugar is, we can't live upon it.
Woman as she is, she is so brave.

63. He came **from behind the bush.**
The dog came **from under the bed.**
The game didn't start again **till after dark.**

64. In his time he enjoyed a reputation **as great as Mozart, if not greater.**
In his time he enjoyed a reputation **as great as, if not greater than, Mozart.**

65. If I **had** the opportunity, I **would like** to tell them why.
I **would explain** it to her if I **thought** she would understand.
But for water, no living thing **could exist.**
If he **had answered** the detective honestly, he **would have been arrested.**
Had he listened to me, John **would not have failed.**
If the parents **had gone** to the meeting, they **could have discussed** the problems with the principal himself.
With promptness, you might have arrived in time for the first act.
It would have been wiser **to leave it unsaid.**
If you **had studied** the problem carefully yesterday, you **wouldn't find** any difficulty now.
If he **were** a good student, he **would have studied** for the test.
If you **had listened to** me, we **wouldn't be** in danger.
If I **had learned** the phonic system of reading, I **would be** a better reader today.
If the United States **had built** more homes for poor people in 1955, the housing problems now in some parts of this country wouldn't be so serious.
I **wish** professor Jones **had taught** me this equation.
I sometimes **wish** that Deer Creek **were** not such a little town.
I **would have helped** her **but** I **didn't have** the money.
He **would gain** weight **but** he **doesn't eat** much.
She **would have gone except** she **didn't have** time.
The rose would have grown well **but** I did not water it.
Jean would go to New York **but** she has no money.

I would go to visit that beautiful lake **but I can't get in touch with you** while I am now in Boston.

66. Experts from the WHO have decided that **the time** has come **to study herbal medicine very carefully.**
All blades perish **that pierce the dreadful king.**
The time will come **when we will win the game.**
Many problems have developed **with their regulations.**
Several generalizations are made **from which several conclusions are drawn.**

67. Returning to my apartment, I found my watch missing.
Running along the street, I felt my nose frozen.
It being Sunday, I went to church.
This done, we went home.
To relieve the pain, the man took medicine that was prescribed by the doctor.

68. I regret **not working harder** while young.
I regret **not having worked** harder while young.

69. Why do you **object to following** the direction?
Mr. Brown often wore a heavy coat because he **was not used to living** in such a cold climate.
I **am looking forward to seeing** him next summer.
Vets have had to **resort to killing** the animals.
He **contributed to winning** the game.

70. John Bennet is president of an insurance company **and** his brother Frank is the state treasurer.
Jean had not realized **how long the magazine was or how difficult it was to read.**
The king was loved by his friends, respected by his subjects, and feared by his enemies.
In Scandinavian countries household goods are devised **both to function well and to look well.**
The tourists decided **not to make a trip to Virginia but to remain where they were.**
John never realized that in order to play the piano, he must have **not only training but talent also.**

I have enjoyed the study of the Spanish language not only because of its beauty but also because of its use in business.

71. He is difficult to please.(= It is difficult to please him.)
    He is impossible to deal with.(=It is impossible to deal with him.)
    *John is easy to master English.

72. I am always loving you.
    She is being careful.

73. He quickly turned the pages.(= The pages were quickly turned by him)
    He quickly turned the corner.(= *The corner was quickly turned by him)

74. the man who threew the bomb
    (≠) the man throwing the bomb
    the woman who looks after small children
    (≠) the woman looking after small children
    people who wish to succeed
    = people wishing to succeed
    people who get up early in the morning
    = people getting up early in the morning

75. Pears are eaten fresh, dried or canned.
    He came back home safe and sound.
    He returned home a gentleman.

76. Next year's budget is too tight to renovate our branch office and to add the cafeteria proposed over a year ago.
    He is too poor to buy the car.
    According to our itinerary while visiting Seoul, our sales representative have enough to meet with as many as ten branch managers.
    He has enough money to buy the car.
    His explanation was so complicated that I could not understand it.
    Airfares during the peak seasons are usually so high that I decided to work during the summer vacation period and take a week off in September.

77. We placed the order three weeks ago, but the company has yet to give us any detailed

information on the delivery.

He **has yet to** finish the report.

78. Our goal is to improve **our employees' ability to compete with employees of rival firms.**

The manager has **the right to fire anyone in his division without explanation.**

He made **an attempt to stand up.**

Failure to obey the regulation may result in disqualification.

She was annoyed by **his unwillingness to do his share** of the work.

Their offer(plan, promise) to rebuild the town was not taken seriously.

79. Many, but not all, insects can see colors, though generally a **different array than humans perceive.**

He is **otherwise than I thought.**

Receptors for smell are used **differently than receptors for taste.**

I want to raise my children **differently than my parents did.**

80. **Because he seldom wrote you doesn't necessarily mean he loves you no longer.**

Since the richest part of a gold-bearing quartz vein is on the bottom, just because gold is not seen doesn't mean it isn't lurking just below eyesight.

81. **Change your mind as you will,** you will gain no additional support.

= Even though you change your mind, you will gain no additional support.

Hurry as you will, you are sure to be late.

= However you may hurry, you are sure to be late.

Call it a blessing or a curse of Mother Nature, we have to breathe in over 10,000 liters of air a day to remain alive.

Be a man rich or poor, he eats three meals a day.

Be it ever so humble, there is no place like home.

82. She was the first woman [**to be elected** / **who was elected** / **elected**] chair of the meeting.

He was the first man [**who reached** / **to reach**] **California.**

83. When fossil evidence of the soft anatomy is preserved, **it is not the original material that remains,** but rather only a stony replica of the former structure.

84. The police rounded the men (who were) **known** to have been in the building at that time.
The man (who is) **standing** over there is my friend.
The men (who were) **responsible** for the administration of the school refused to consider the matter.
He spoke to the man (who was) **from New York.**

85. I **happened to be looking** out of the window when they arrived.
He **seems to be following** us.
He **appears(seems)** to be **living** in the area.
He **pretended to be looking for** a book.
I **hope to be earning** my living in a year's time.
I **promised to be waiting at** the door when he came out.
He **is believed to be living** in Mexcio.
You **are supposed to be working.**(= You should be working)
You **are supposed to have been working.** (= You should have been working.)

86. Snakes, **unlike lizards,** do not have eardrums and are deaf to air borne sounds.
Freezing is at present **one of the most important methods** of preserving meats and vegetable.
The electron microscope **provides** researchers **a means of viewing objects** as small as bacteria or viruses.
The Pacific Ocean, **the world's largest body of water,** occupies about one-third of the Earth's surface.
Volcanoes spew forth **not only** molten rock **but also** huge amounts of carbon dioxide.
Willa Cather **considered** her novel of life in nineteenth -century Nebraska, My Antonia, **her best work.**
The last half of the nineteenth century witnessed the steady improvement of the means of travel.
One of the areas of multimedia **that is growing quickly yet is easily overlooked is sound.**
One difference between mathematics and language is that mathematics is precise **while** language is not.
They found the plan difficult to carry out.
We had plenty of bread, so I **need not have bought** a loaf.
So nervous did he get when he entered the room that he could hardly talk.
Who do you like to see be the Opening Day starter?

The building measures **20by 10by 10feet.(가로20 세로10 높이 10feet)**

She doesn't like **it** when new girls join her friends and try to change the way they jump rope.

I will go **only if** you go too.

If only (If) I had known his address, I would have written to him.

If only I were rich.

87. **Although(Though) he had no qualifications** he got the job.
 = **In spite of having no qualifications** he got the job.
 Because she was ill, she couldn't attend the party.
 Because of her illness, she couldn't attend the party.

88. He is always **the first to come**(who comes) and **the last to leave** (who leaves).
 She was **the only one to survive**(who survived) the crash.
 He is **the last man to tell** a lie.
 He is **the second man to be killed** (who was killed) in this way.
 It is **the best play to be performed** (that was performed) that year.
 It is **the best play to perform** (the play you should perform) this year.

89. (A) His greatest mistake **was** that he gave up his studies.
 He **is** kind.
 He **is** a doctor.
 The choice **remains** difficult.
 Without making a real effort you **will remain** what you have always been.
 Our refusal **appeared** a serious mistake.
 Our new line in sportswear **has proved** a great success.
 The milk **turned** sour.
 I **felt** bad this morning.
 It **is getting** late.
 The lemon **tasted** sour.
 The meat **has gone** bad.
 His dream **came** true.
 He **won't be(make,*become)** a good doctor.
 He **kept** silent.
 In the fridge the milk will **keep** fresh for three days.

(B) Please **start** the clock going.
They **left** me waiting outside.
We must not **keep** them switching.
They **found** the man dying in the woods.
We **will find** Jerry waiting for us at the gate.
A few words **caught** in passing set me thinking.
The policeman **caught** a man stealing a car.
I can easily **remember(imagine, recall, picture)** Billy stealing a cookie from the jar.

(C) He **married** her.
He **survived** the war.
Please **contact** me.
It **threatens** the whole mankind.
They **attacked** me.
Please reconfirm your return flight schedule as soon as you and your staff members **reach** the next destination.
Over 60 species of fish are known to **inhabit** the waters around the Antarctic continent.
Papaya juice **relieve** several stomach disorders.

(D) Can you **explain** that to me?
She **introduced** her mother to me.
He **has already suggested** that to me.
She **is explaining** a problem to the student.

(E) He **gave** me a book.
He **mailed** her a letter.
She **informed** them **that she would come here.**
I **promised** my friend **that I would meet after two hours.**
*I **promised** my friend to meet after two hours.
He **told** me his name.
We told them **that we would be late.**
He **advised** me **whether I should choose the way.**
They **notified** the students **that they should meet at the hall.**
She **convinced** me **that he was honest.**
He **reminded** me **that the road was dangerous.**

He **showed** me **that it was quite easy.**
He **taught** me **that I should obey all commands without asking questions.**

(F) Tom **allowed** Mary to follow him.
You **are allowed** to smoke in the room.
They **forbade** you to learn Russian.
She **told** me to do my homework.
Last night, in a radio address, the president **urged** us to subscribe to the Red Cross.
She **asked** me to open the door.
Passengers flying on Korean Airlines **are asked to board** at Gate 24 at least 20 minutes prior to scheduled departed times.
*He hoped her to succeed.
He **hoped for** her success.
He hoped she would succeed.
I **got** him to repair my watch.
I **got** my watch repaired.
He **helped** her **to(ø)** do her homework.
We **encourage** our employees to study foreign languages.
The government announced deregulation and tax-deductible plans to **encourage** foreign businesses to invest more funds in the area.

(G) I **prevented** her from dating with the man.
Her illness **kept** her from going outside.
I **dissuaded** him from studying hard.

(H) He **insisted** that she should change her clothes.
He **insisted** that she changed her clothes.
He **demanded** that that bill should be passed.
Her expression **suggested** that she was angry.

(I) They **saw** him run across the street.
They **saw** him running across the street.
My mother **made** me visit my relatives before I came to college.
The police let the thief go.
He **was seen to run(running)** across the street.
I **heard** my name called.

I must **have** it fixed.
You ought to **have** your coat cleaned and pressed.
Please **get** the lawn mowed.
I **saw** our country's flag raised.
We had so many things happen to us.
I wanted to **make** my room look clean.
I **had(*made)** my hair cut.
I **had(*made)** my maid clean my room.
He **made** her do(*doing) her homework.
I **had** her drive(driving) all day.

(J) Frank **disclosed(revealed)** Cyril as having murdered Agatha.
*Frank **disclosed(revealed)** Agatha as having been murdered.
I **regard** John as being angry too often.
I **regard** John as being culprit.
*I **regard** John as speaking too often.
I **regard** John as being beaten by his wife.

(K) We **recognize** him to be reliable.
I **understand** that explanation **to be right.(*to be wrong)**.
I **suspect** that man to be a liar.
*I **suspect** that man to be an honest man.
I **find** this chair to be uncomfortable.
I **find** this chair uncomfortable.
I **believe** him to be honest.
I **believe** him honest.
I **believe** him to be an honest man.
*I **believe** him an honest man.
I **believe** him to be a suitable candidate.
*I **believe** him to be a French teacher.
I cannot **imagine(*suppose)** how disappointed he was.
I **consider** him **to be a suitable candidate.**
I consider him **as a suitable candidate.**
I consider him **a suitable candidate.**
I consider **that he is a suitable candidate.**

(L) I just **love it** that you are moving in with us.
Rumor **has it** that he is honest.
I **hate it** that you like to lie.
We **agree to it** that she should join us.
You'll **see to it** that he will be punished.

(M) My shoes **want(need) mending.**
My shoes **need to be mended.**
The battery **needs(wants) replacing** once every three months.
=needs to be replaced

(N)*I **think** that she is not honest.
I **don't think** that she is honest.
It **is not likely** that she will come here.
*It is likely that she will not come here.
He doesn't **seem** to be rich.

(O) I **want** my shoes mended(to be mended).
I **prefer** coffee mixed(*to be mixed).
I'd **like** it boiled(*to be boiled).

(P) I **will walk** her home.
I **will walk** home.
She **talked** to him about starting a business.
She **talked** him into starting a business.
She **fasted** her illness off.
She **shouted** her head off.
She **slept** her fatigue off.
Many people **have eaten or drunk** themselves to death.

(Q) He **came** back home safe.
We **parted** the best friends.
He **returned** home wounded.

(R) I **think** that he is honest, isn't he?
You **think** that he will pass the test, don't you?
*I **know** that she is honest, don't I?(isn't she?)

Part (D) : Grammar Practice

* Correct the underlined part which is ungrammatical.

1. A good exercise program helps teach people to avoid the habits that might shorten the lives.
   Seminole Indian warriors wore egret feathers in hair.
   Zoologists have determined that each deer usually has many mates in the lifetime.
   Ella Grasso was the first woman governor in the United States to be elected on her own merit, not as a replacement for the husband.
   You are required to fasten seat belt loosely while seated, even when the seat belt light is off.

2. Classicism as a doctrine seeks what is universally truth and good.
   The leaves of the yucca are usually point, stiff, and narrow, with sawlike or fibrous edges.
   After 1845, pestilence spread in Boston, but before then, Boston was a city in which the life span of its citizens was long and disease was rarely.
   The jaws of female sawback turtles are broad, flat, and powerfully for crushing the shells of mollusks, one of their principal foods.
   The young of most bird species are totally dependence on parental care after hatching.
   In pools, goldfish are not just ornamental: since they feed on mosquito larvae, they are also benefit.
   When metals become heat enough, the photons their electrons emit contain enough energy to be visible to the human eye as red light.
   During the Jurassic period plant life was abundance, providing herbivores in particular with a plentiful supply of food.
   The arthropods, including insects and spiders, are great economic and medical significance.

3. Researchers at the University of Colorado are investigating a series of indicators that could help themselves to predict earthquakes.
   The vanilla vine sends out tiny rootlets by which the vine attaches oneself to trees.
   We expect everybody else to feel towards us that tender love and that profound respect which we feel towards ourselves.
   Plants rid them of excess water through transpiration, the evaporation of extra moisture from their leaves.
   Samantha received a bonus for the way she successfully handled the huge transaction by oneself.

At the regular Friday meeting, the executives voted unanimously to give yourself another pay raise sometime during the next fiscal year.
They placed their papers in front of **them.(*themselves)**
He looked about **him(*himself).**
She took her dog with **her(*herself).**
I have no money with **me(*myself).**

4. A fish must constantly to gulp water in order to keep a current flowing through its delicate gills.
A lightening flash produces electromagnetic waves that may travels along the Earth's magnetic field for long distance.
The natural gas that flows from a well must to be cleaned and treated before being marketed.
My understanding could not catching up with his explanation.

5. Muscular motion is caused by the stimulate of specific nerve cells in the brain and spinal cord.
The waters of Hanauma Bay in Oahu, Hawaii, are known for the color, diversity, and abundant of their tropical fish.
Entomologists, scientists who study insects, are often concerned with the fungus, poisonous, or virus carried by a particular insect.
Settled in 1872 as a railroad station, the city of Fresco, California, became an agricultural community after the introduce of irrigation in the 1880's.
Recognition of the nutritional valuable of rice grain has led to increasing consumption of brown rice.
In 1917 Ruth Wheeler was appointed chairperson of a national committee on nutritiously for the American Red Cross.
Professor Marshall discussed the question with Professor Robert and I.

6. The first libraries in the North American colonies was established in Massachusetts in the year 1638.
Book keepers maintains detailed records of business transactions.
Some small magazines are put out by two or three persons, but the big, general publication are tremendously complicated operation.
The meticulously crafted works of Henry James, which often treat the theme of innocence and corruption, is characterized by subtle observation and psychological perceptiveness.
Navigation, the process both of determining a vehicle's position and of directing its movement, involve many sciences, including astronomy, mathematics, and physics.

The nectar of flowers <u>are</u> ingested by worker bees and converted to honey in special sacs in their digestive system.
Facts about the population of the United States <u>is</u> collected at ten-year intervals by a government census bureau.
Few of us <u>realizes</u> what a vast amount of information has been gathered about our feathered friends, the birds.
The news of the losses suffered by our troops <u>were</u> much worse than expected.
Already, <u>cosmetics company</u> in most cities have started to post higher sales figures than ever before, despite the recent prolonged recession.
A number of companies that need information about our product <u>has e-mailed</u> requests to our promotions division to get product brochures.
The number of nurses employed by Mount Sinai General Hospital on a quarterly basis <u>are</u> increasing due to the rising demand for medical care in the area.

7. Pewter, a metal with an ancient heritage, is <u>still practical medium</u> for the nonprofessional metalworker.
A principle of <u>manager</u> is to ensure that every action or decision achieves a carefully planned goal.
Alice Hamilton was <u>physician</u> who did pioneering work in industrial toxicology, the study of poisonous substances in the workplace.
Invented in 1907, the vacuum tube was <u>basis</u> to the development of long-distance radio and television communication.
Marine biology, the study of oceanic <u>plant</u> and animals their ecological relationships, has furthered the efficient development of fisheries.
The Architectural History Foundation was established in 1977 to support the publication of important <u>book</u> on architecture.
Most bats roost in crevices, caves, or <u>building</u> by day and are active at night or twilight.
Metalworkers use the term "machine tool" to refer to a piece of <u>an equipment</u> used for shaping metal.
Pears are eaten fresh, dried, or canned, and the wood of <u>pear tree</u> is used in cabinetmaking.
For a seagoing, cargo-carrying sailing <u>vessels</u>, the clipper ship was remarkably fast.
He wants to get <u>an information</u> about the accident.
<u>The progress</u> must be carefully controlled so that the company will not grow too fast.
Vaccines can provide <u>protections</u> from infection for an extended amount of time.

You can purchase tickets at consolidated ticket office at least two hours prior to the main performance.
Long before Dr. Young opened his own private clinic, he had studied to become physician for almost seven years.

8. According to cognitive theories of emotion, anger occurs when individuals believe that they have been harmed and that the harm was either avoidable and undeserved.
Social welfare programs in the United States depend not only on the federal government or also on the state government for resources and administration.

9. How Native Americans developed corn is a puzzling, for no wild corn has ever been discovered, and it grows only where people plant and tend it.
At the close of the Civil War, Peter Clark was the forerunner of a moved in Cincinnati to create new schools and to improve old one.

10. At end of the Civil War the United States was ready to resume with a roaring surge the westward expansion which had been interrupted for four years.
The eight stripes of red, white, and blue on state flag of Hawaii represent Hawaii' eight major islands.
Approximately 55 percent of the area of state of Mississippi is covered with forests.
Astronomy is a science of stars and planets.
He gave me a(the) book which he bought yesterday.
Eminent physicists from all over the world came to the United States to celebrate a centennial of Einstein's birth.
He turned on a television.
Gatherings of more than three persons were prohibited supposedly in the name of the law and order.
After the church the men stood together in the churchyard saying he must be crazy.
The resistance of insulators is so great for practical purposes they do not conduct electricity at all.

11. Most talc is used ceramics and roofing because it resists fire good.
Because he could not think clearer, his efforts in trying to solve the problem have failed.
To improvise effectively, a musician must thorough understand the conventions of a given musical style.
Some people say that a mushroom is edible if it can be peeled easy.

Although aging improves some foods, fish must be handled prompt and careful from the moment of the catch until final processing.
She still has not found her selection, though she has analyzed his desires perfect.
His trip was large political in nature, but, because he was an excellent businessman, his perception of what the world might be in the postwar years was strongly tinged with business insights.

12. The way of reasoning whereby people do conclusions by logical inferences from given premises is called the deductive method.
The strong wind does a terrible noise when it blows through the antenna.

13. Helen Vendler's essays present key insights into and vital analyses the works of major British and American authors.
Mr. John Smith has been appointed the new British ambassador of the U.N.

14. Documentary evidence indicates that portraiture became an established art form in the Hudson Valley region around the 1660.

15. Both the United States silver dollar and half-dollar, first minted in 1794, had a figure of Liberty on one side and a eagle on the reverse side.
The International Monetary Fund was created in a effort to stabilize exchange rates without interfering with the healthy growth of trade.
I held an opinion that a honest man who married and brought up a large family did more service than he who continued single and only talked of the population.
Parsley, an(a) herb that is often added to sauces and soups, is plentiful and relatively inexpensive.

16. Little Rock, Arkansas, is the city with the most oldest newspaper in the United States west of the Mississippi River, the Arkansas Gazette, founded in 1819.
The magnetic compass, which points to Earth's north magnetic pole rather than to true north, is the most commonest type of compass.

17. John Fitzgerald Kennedy, the first United States President born in the twentieth century, was also the first to win an election with votes east in 50 state.
In the late nineteenth century, journalist and publisher William Randolph Hearst established a vast publishing empire that included eighteen newspapers in twelve city.
Thousands of meteorite hit Earth each year, but most fall into the sea or in remote areas and

are never recovered.

Rodents dwell in various <u>habitat</u>, some species being aquatic, some terrestrial.

Young chimpanzees can learn over 200 signs of American Sign Language and use <u>this</u> signs to communicate with humans.

The frequency of meteors in the Earth's atmosphere increases when the Earth passes through a swarm of <u>particle</u> generated by the breakup of a comet.

The Department of Fine Arts and Architecture has been criticized for not having <u>much</u> required courses scheduled for this semester.

All <u>employee</u> are required to wear their identification cards while on company premises.

According to a recent news article, there seems to be a lack of skilled engineers in many of the computer technology <u>industry</u>.

Medical experts have vowed to take every <u>measures</u> possible to eliminate the side effects of the new drug.

18. Because American contra dances date from the colonial period, many of them are named for <u>events historical</u> of that time.

The chemical properties of <u>the elements various</u> are quite diverse, their atoms combine in many different ways to form a multitude of chemical compounds.

A <u>landmark famous</u>, the Brooklyn Bridge in New York was one of the first woven wire cable suspension bridges ever constructed.

The <u>human average</u> takes 600 million breaths in a 70-year lifetime.

Cadmium is a <u>useful chemical</u> in the manufacture of artists' pigments, automobile enamels, vinyl plastics, in addition to phosphors for color television tubes.

It is dangerous to catch such fierce <u>alive animals</u>.

19. In music, syncopation is the deliberate upsetting of rhythm by <u>shift</u> the accent to a beat that is normally unaccented.

In sculpture, the term "modeling" refers to the technique of <u>shape</u> a soft material such as clay or wax.

Pasteurization is the process of <u>heat</u> a liquid, particularly milk, to destroy harmful bacteria without materially changing its compositions, or, flavor, or nutritive value.

Because the diamond is the hardest naturally occurring substance, it is used in industry for <u>to cut</u>, grinding, and boring other hard materials.

Solar salt is produced by <u>use</u> the Sun's heat to evaporate water that comes from the ocean or from inland salt lakes.

A calorie is the amount of <u>hot</u> needed to raise the temperature of one gram of water by one degree Celsius.

Martin Luther King, Jr. is well-known for <u>organize</u> the huge human rights march that took place in Washington in 1963.

After <u>labor</u> for weeks to reach an agreement, the two sides finally managed to come to a mutually beneficial conclusion.

<u>Acquired education</u> is the principal way of gaining status in a culture that generally stresses achievement, skillfulness, and upward mobility.

We regret to announce that the recent increase in sales taxes will result in a <u>reducing</u> in employee benefits.

<u>By reduction</u> our overhead expenses, we can offer more compensation to our employees.

She kept him <u>from escape</u>.

The embarrassed professor pleaded not guilty to the charge of <u>drive</u> while intoxicated.

20. Processed lecithin is used as an emulsifier in manufacturing margarine, chocolate, and <u>another</u> foods in which fats or oils must be mixed with water.

Saccharides, molecules composed of carbon, hydrogen, and oxygen, are the building blocks of sugars, starches, cellulose, and <u>another</u> carbohydrates.

I like <u>another</u> ink.

In order to make people change their feelings about this writer he has to write <u>another</u> books regarding this problem.

21. <u>Many of</u> United States presidents have served as state governors on their way to national leadership.

<u>Many the</u> students at Maryland University agreed that the campus's overall facilities were more than satisfactory but complained that more faculty members were needed to handle the increasing number of students.

Almost <u>all of staff members</u> are willing to relocate to the suburban area due to the abundance of office and parking space and the quieter working conditions.

<u>Some of substances</u> contract when they condense, but water expands.

<u>Most of people</u> eat rice rather than potatoes.

22. The Grand Canyon is over 217 miles long, some 4 to 13 miles <u>width</u>, and up to 5,300 feet deep.

The cork oak tree has layer of cork several inches <u>thickness</u> that can be stripped every ten years.

23. In its use of brilliant unmodulated color, optical painting overlaps with some, though not by no means all, aspects of color-field painting.

24. Twenty-five years after its founding in 1740, the University of Pennsylvania opened the first medically school in the thirteen British colonies.
Changes within the chemist structure of single genes may be induced by exposure to radiation and extreme temperatures.
Free land, cheaply transportation, and powerfully persuasive railroad advertising all helped floods the western part of the United States with farmers in the nineteenth century.
The musical tone of an electric guitar is created not by the resonance of the body of the guitar but by electronically amplification.
The dandelion plant has a straight, smoothly, and hollow stem that contains a white, milky juice.
The only way to reach the edge of the forest was to take the narrowly dirt path before us.
The carpenters built the speaker's platform strongly enough to hold ten men.
The doctor's records must be kept thoroughly and neatly, so as to insure good bookkeeping.
The door was painted whitely.

25. The development of computers has been one of the most important recent advance in technology.
Amnesty International, an international organization for the defense of human rights, is one of the few institution to have won a Novel Peace Prize.

26. By the gravitational effects of its mass, the Sun holds together the planetary system that include the Earth.
Most insurance companies adopt a commission system that pay sales representatives according to their performance.
Before we start the revision process, department heads should first identify applicable provisions in the handbook that needs modification.
We are not supposed to be responsible for any malfunction or breakdown that result from improper use of the equipment.
Man is an inquisitive and gregarious animal who wish to know what is happening in the world.

27. Petroleum is generally regarded as an altered form of organic matter who was incorporated in sedimentary rocks at the time of deposition.

Memberships in a family is determined by a combination of biological and cultural factors who may vary from culture to culture.

Gail Sheey's Passages, what discusses the continuing psychological development of normal adults, is a most profound and important book.

In the attempt to control inflation by eliminating social programs, there are ethical limits beyond where many economists and politicians are reluctant to go.

The architect's task is to design buildings what are functional and beautiful.

Neither the God he served nor the learning he preserved counted for much in the world from whom he had retired.

Although I expected something different, I was still surprised by which he said.

The senior executive which began working for Natural Cosmetics twenty-seven years ago will retire by the end of this month.

This map does not show the exact location of the company who offers the most reasonable rates for one-day delivery service.

28. More a third of all the vegetable matter in the world contains cellulose.

For more eighty years, scientists have argued over whether life exists on the planet Mars.

29. According to modern astronomers, the space between the planets and stars is not empty; rather he is filled with something called dark matter.

Beyond their importance as a source of food for both people and animals, corn is also used to produce alcohol-based fuels.

Protecting Florida's coral reefs is difficult because some of the corals are very fragile: even the touch of a diver's hand can kill it.

It is difficult to classify mathematics as simply an art or a science because they contain elements of both.

People are usually interested in seeing a famous movie personality just as they are in real life.

It was during the 1920's that the friendship between Hemingway and Fitzgerald reached their highest point.

In spite of their aloofness and independent bearing, the domesticated cat has come to depend upon man for food and protection.

The weeks of summer training are often as tense for sports writers as it is for football players and coaches.

The good statesman, like all sensible human beings, always learns more from their opponents than from supporters.

In order to obtain a driver's license in this state, one has to present <u>your</u> birth certificate as proof of age.

Garlic is an herb grown for <u>his</u> pungently flavored bulb, which is used to season foods.

Our urge to classify different life forms and give <u>us</u> names seems to be as old as the human race.

Business managers should not only emphasize profits but think about what <u>it</u> can do for impoverished people with the money they make.

The problems that sales representatives have when they visit customers are similar to <u>the one</u> customer service staff have experienced.

30. Some of the first aerial photographs were taken from a balloon <u>while</u> the Civil War in the United States.

<u>While</u> his lifetime, Frederick Jones was awarded more than sixty patents for his invention.

31. Ludmilla Tukevich, known as a translator and scholar in the field of Russian literature, <u>she</u> became a member of the faculty of Princeton University during the Second World War.

The Canadian province of Alberta <u>it</u> is believed to have some of the richest oil deposits in the world.

32. Brown rice has <u>great</u> nutritional value than white rice because the nutrient-rich outer layers of the rice kernel are not removed from brown rice.

The Montery Foreign Language Center claims that its language training program is much more effective <u>as</u> that of other educational institutions.

33. Cool temperature, shades, <u>moist</u>, and the presence of dead organic material provide the ideal living conditions for mushrooms.

When the Moon enters the Earth' shadow, clouds, dust, and <u>pollute</u> affect its color and brightness, usually making it appear a dull red.

34. In music, a sequence is defined as a musical phrase <u>immediate</u> repeated at a different pitch.

Gold is <u>exceptional</u> malleable, and it can be hammered into a very thin sheet.

Since the early 1900's, the New York Public Liberty has been <u>wide</u> recognized as a pioneer in the field of children's educational and recreational activities.

35. <u>Consequently</u> sharks are heavier than water, they must swim continuously or they will sink to the bottom.

However I informed the travel agent of my revised schedule, the tickets he sent to me still show the previous dates.
Even the huge shopping mall appeared some six months ago, most of the stores have still not been leased out due to the high rents.

36. By 1830 the glass industry in the United States had become too well established that the country no longer needed to depend on imported glass.
Rubber can be made too elastic that it will stretch more than nine times its normal length.

37. The sensation of sound is produced how vibrations transmitted through the air strike the eardrum.

38. Much desert plants are succulents, plants with fleshy tissues used for water storage.
Of the much factors that contributed to the growth of international tourism in the 1950's, one of the most important was the advent of jet travel in 1958.
So much people attended the vice CEO's retirement party that some people had no place to sit.
Ever since the new software was installed, we have experienced few trouble responding to clients' requests.

39. One of the earliest plants domesticated in the Western Hemisphere, manioc was introducing to Europe by Spaniards returning from the New World.
The main stream of a river frequently is dividing into two or more branches near its mouth.

40. Recently scientists have apply new tools of biochemistry and molecular biology to investigate the structure of human hair.
Research in molecular biology has demonstrate phenomenal similarities between humans and apes.

41. The tall three beautiful Chinese girls came to visit us today.
Women also played a large part in our great first private relief organization.

42. Would you like any hot coffee?
No one on the committee had flatly made some such allegation, though Wayne Morse did come close by declaring that the U.S had provoked the North Vietnamese.
He is taller than some other student in his class.
He's never interested in what somebody else has to say.

The mediator was asked to resign after any union members raised questions about his competence and neutrality.

43. There has been hardly no sign of agreement as yet between the management and the union in their dispute over wages and working conditions.
The contractor agreed to build the apartment complex without removing a single tree or changing the terrain in no way.
I didn't see hardly many people there in the museum.

44. In the early of common man during the nineteen century, the objective was not merely to secure political privilege but also economic advantages for the underdog.

45. You should go to the third gate.
Please write out the answers to the questions at the end of eighth chapter.

46. He has only a two-weeks vacation during the year despite the fact that other workers get more time off.
Some bloods types are quite common, others are regionally distributed, and others are rare everywhere.
Where are the women hats?
The winner photograph was of an old barn window covered with a delicate, lacy frost.
I have finished a day work.
In the early intelligent tests, it was possible for a person to get a good mark if he knew enough root words, suffixes, prefixes.
Reversals may be caused by brain's injury.

47. Two weeks are too long for me to wait.
Five years has passed since he died.

48. The committee adhere to its decision to limit the evidence.
The family never agrees about their share of the property.

49. Those of us who wear glasses should have their eyes examined at regular intervals.
Those of us who wish to stay in shape should get their blood pressure checked regularly.

50. All during his political career, Senator Baker believed that it was the nation's welfare that mattered, not him.
Is the climate of Italy somewhat **like Florida**?

Scientists have recently argued that Einstein's contribution to physics and mathematics is as important as Newton.

51. Numerous efforts have been made to improve the laws governing air pollution, but none have been as successful as them devised by the state of Oregon.
William the Conqueror built the Tower of London to protect himself from them he had conquered.
For them interested in nature, the club offers hikes and overnight camping each week during the summer.
No one is allowed on the premises except employees and them who have a valid identification card.
Many flowers have smells that attract the birds or the insects that help fertilize those.
For them expecting to see Dr. Kim without an appointment, refer to the consultation schedule posted on the wall.

52. The question whether it is so or not might be interesting, but there is next to no evidence neither any.
He seldom, if any, studies English.
Rarely if any did a joke last more than 24 seconds.

53. The most of the theories about its origin assume that the earth began in a gaseous state, moved through a liquid state, and finally became partly solid.
Bernhard understands the most of the calculus equations, but he wants to study them again before the test.
William Sardo reported that the most oil refineries were in the black last quarter.

54. Like a synonym of speech, which is the general term, address implies some degree of formality.
As every other nation, the United States used to define its unit of currency, the dollar, in terms of the gold standard.
Alike other academic discipline, sociology has several major subdiciplines.

55. It wasn't enough good to fit it.
I think David will arrive enough early.

56. Mr. Smith did not get up until eight-thirty that morning and he arrived at the meeting late too much.

When preparing goods for shipment, do not put <u>much too merchandise</u> in one box; instead, pack four or five items each in separate boxes.
Some staff members think that the revised procedures are <u>too much difficult</u> for our newcomers to follow.

57. We <u>play often</u> that game, too.
There <u>will be always</u> problems here.
Music is <u>extremely nearly always</u> important.
He <u>doesn't still</u> understand Spanish.

58. As soon as I saw the smoke, I called the fire department, but they haven't arrived <u>already</u>.
No inventor has <u>already</u> built a musical instrument to match the ingenious flexibility of the human vocal tract, with its rubbery, marvelously mobile walls.
We missed the first part of the seminar because, when we arrived at the center, it had <u>still</u> begun.
Although he started working for this company some five years ago, he <u>already</u> has problems handling some of the most basic ordering procedures.

59. He is going <u>to home</u>.
A detailed map of the mining camp was handed out, and the directions for <u>getting to there</u> were repeated very clearly.

60. I think he is <u>kinder than wise</u>.
She is <u>shyer than unfriendly</u>.

61. If you had taken my advice before doing the work, you would have been able to do it <u>more better</u>.
There are a number of areas in north central Pennsylvania that are <u>more wilder than any other Eastern area outside the Smokie</u>.

62. The intelligence ability of an athlete is usually <u>far more</u> than they would expect.
Aside from the resolution to have more ecumenical conferences, <u>the most accomplishment</u> of the group was that it met at all.
The population of Korea is <u>less</u> than that of America.
The attendance of the audience was <u>more</u> than we expected.

63. We should find a solution <u>before things will get worse</u>.

I shall go to Las Vegas before you will come back next week.
I will tell her when I will see her.
Let's go to the country tomorrow if it won't rain.
If you do follow my advice, I don't punish you.
We can do nothing unless she will consent next week.
Our purchasing department will check the invoice and forward the payment as soon as we will receive our order dated March 1.
When you will complete this workshop, you must take a simple test to see if everything presented here has been fully understood.
I don't know if she comes here tomorrow.

64. They would come out to attack and then disappeared back into the deep forests, where their opponents were at a disadvantage.
After searching for evidence in the house, the police concluded that the thief must have come in through the window and stole the silver while the family was asleep.
He was standing quietly when presently a young woman, who had been combing her hair and watched him, approached and asked him for directions.
When he was a little boy, Mark Twain would walk along the piers, watch the river boats, swimming and fish in the Mississippi, much like his famous character.
He hoped they would learn from their mistake and obeyed the rules in the future.
My father enjoys fresh air, sunshine, and to take long walks.

65. Coffee is my favorite hot drink, even though it kept me awake at night.
Almost every morning I receive cards inviting me to art exhibitions, and on the cards **had been** photographs of the works exhibited.
Weighed down by a mass of trivial detail, a housewife is fortunate if she did not soon lose all her charm and three-quarters of her intelligence.
She visited twice since March 1969.
Since we adopted Theory Z management practices, productivity rose by nearly 20% and absenteeism fell by more than 50%.
In the last decades movie production advanced with great strides.
Although I have lived in this country after last September, I still have trouble getting used to American food.
When I went back to my office after a month-long sick leave, I found that one of my best associates fired a week earlier.

I wonder how long ago this school has begun.
I think she studies English right now.
In just the last few years, football is become more popular than baseball in that country.
The instructor had gone over the problems many times before the students take the final examination.
By then I will finish my work.
When he retires, Professor Jones will be teaching here for over thirty years, but his classes are never dull.
Mr. Lee have served as senior accountant for almost 20 years by the time he retires.
Oberlin College awards degrees to both sexes as early as 1837, but coeducation in American colleges did not spread until the second half of the century.
In the past ten years, the number of college graduates with degrees in mechanical engineering and computer science had risen by almost 20%.

66. I suggest that he follows my advice.
Jean's uncle insists that he doesn't stay in this hotel.
He requested that we must not watch television on week nights.
The committee recommended that the matter would be discussed at the next meeting.
When he was asked why his friend had not accepted the offer, he suggested that his friend's pride should prevent him from accepting.
It is natural that an employee finishes his work on time.
It is imperative that they shall be there on time.
I think it advisable that he will leave for Tokyo soon.
It is strange that you will say such a thing.
For environmental reasons, it is important that dead batteries are disposed of properly.

67. He also told of frightened events that had taken place in his native state of Connecticut.
Not too many years ago, it was an excited experience to travel 25 or 50 miles from home.
Understanding the cultural habits of another nation is a complex bewildered task, but the rewards of knowing some of them are enormous.
On Sunday, after visiting other interested parts of the city, Mary will go to the airport and fly home.
At last we found the exhausting animal lying there, sick.

68. It was such a beautiful weather that we had gone for a walk.
We heard so long lecture that we were falling asleep.

As time went on, he suffered so heavy losses that he was forced to give up his business.
The theme park has had so high daily attendance throughout the year that we are considering developing more facilities for school outings next year.

69. It is more better.
There are much more examples here.
Using the two drugs in combination produces many stronger results than when either is used alone.
They require many more money.

70. She did nothing but to complain.
There is nothing to do but to wait.
I can't do otherwise than to obey him.
I have no ambition except be rich.
We have no other choice but surrender.
Nothing remains but die.
All you have to do is to pay me what you owe me.
What you should do is to stick it out.
I can do everything around the house except to cook.
I had no choice but do as he told me.

71. It was good something.
It was an impossible mission.
He was a man honest.
It is an alive animal.

72. Can you finish your homework until tomorrow?
I shall wait by ten o'clock.

73. Handicapped people frequently state that they feel isolated and other people avoid them.
According to cognitive theories of emotion, anger occurs when individuals believe that they have been harmed and the harm was both avoidable and undeserved.

74. This is the most beautiful city that I have never visited so far.
It is a long time since you didn't come to see me.

75. Gauze is a thin, open-weave clothes made of cotton, silk, rayon, or synthetic fibers.

76. Doctors tell us that stress related illnesses from stomach ulcers to heart attacks are the biggest cause of death and disability in 1990's.

77. Some members of the committee were opposed to use the club members' money to redecorate the meeting hall.
Pearl S. Buck International(PSB) is a non-sectarian development and humanitarian assistance organization which is dedicated to improve the quality of life for children.
After dealing with the pressure of publication deadlines for many months, Catherine has now become used to allocate her time efficiently to multiple tasks.

78. There are a great many stars in the sky which are too far away from the earth of any instrument to detect.
It is difficult of him to solve the problem.
It is kind for him to say so.

79. Even though the two subsidiaries have few commercial ties, that is certain that they will cooperate with each other quite closely.
The screening process conducted by the personal division will make easier for board members to review resumes for qualified candidates and to make quicker hiring decisions.
We found simpler to follow the installation procedures in this new manual and have therefore decided to translate it into four languages and distribute it to our respective overseas dealers.

80. Almost accountants have already submitted their CPA credentials, and the rest are supposed to turn them in no later than September 24.
The park is surrounded by tall trees, almost of which were planted during the city's modernization project in the late 1980's.

81. For smart buyers wanting to make better decisions on their purchases, that is seen in commercials is not necessarily important in their decision-making process.
What it took only two months to complete construction of the airport is certainly an amazing record, and the construction crew deserve recognition for what they have accomplished.

82. Because the firm's long-standing reputation, enjoyed for nearly a decade, the newly launched camcorders are selling quite well, even without any advertising.
Because of complicated issues were involved, the project was delayed.
Because the damage caused by the tornado, production was suspended for almost a whole month.

Despite we are still experiencing a shortage of employees in our accounting division, the reduced budget keeps us from hiring anyone for the time being.
We still want to purchase imported home-theater units rather than buy those manufactured locally, even though the high costs involved.
Overseas sales of electrical appliances soared more than 30 percent during Jim McBride was working as sales manager.
No one under the age of eight is permitted to view the exhibition without accompanied by a paying adult.
If you use our convenient on-line service rather than phoning us, you can enjoy unlimited access to all our information around the clock, unless having to wait for a representative to answer the phone.

83. All passengers traveling overseas must be arrived at the airport at least one and a half hours prior to their scheduled departure times.
As a long-term investor, what has been happened in the stock market over the past month and a half has not really influenced my decision-making.

84. Sally is a woman you can depend.
The children were not taken care by their parents.
Who do you want me to talk?

85. Body temperature is usually highest inside the afternoon or evening.
The period during when people learned to smelt iron is called the Iron Age.
Sharing corporate stocks with employees can be an effective way to promote harmonious, efficiency, and equitability in the workplace.
Tons of boulders were leaved scattered by glaciers all over what was to become the New England landscape.
Perception is the complex process by which we selection, organize, and interpret sensory stimuli into a meaningful view of the world.
Most serious than burlesque, satire often contains social or political criticism.
High interest rates can dampen an economy by making it more difficulty for consumers, businesses, and home buyers to secure loans.
Skin is largest but thinnest human organ.
Why the piratebush is so rare, even though there is many habitats suitable for its survival throughout the Appalachian Mountains, continues to puzzle scientists.

Air is expelled from the lungs when the chest muscles and diaphragm relax and the lungs contraction, squeezing out the air.

When light shines on a material, interaction with atoms and molecules in the material may cause the light to be absorbed, reflect, transmitted, or scattered.

Although many tornadoes are sighted each spring in the Midwest, few of they ever touch the ground or do much damage.

The discovery of x-rays in 1895 allowed doctors get a clear picture of a patient's bones without surgery.

Absolute color blind, which is rare, causes a person to see only black, white and various shades of gray.

Among Amy Hempel's distinguish features as a writer are her humor and keen ear for speech habits.

The tempting, or toughening, of steel involves reheating the metal to a temperature below the point to which was first heated.

An electromagnet will remain magnetized only as longer as electricity flows through it.

The first ocean to be extensively navigated by humans the Indian Ocean.

Amelia Bloomer founded, edited, and publication The Lily, the first newspaper devoted to women's rights.

The bigger of all nine planets in the solar system is Jupiter.

Generally, the summers in Pennsylvania have very hot and the winters are extremely cold.

The idea that learning is a lifelong process has been expressed by philosophers and educations throughout the centuries.

The benefit of goat's milk lies in the fact that it is more easily to digest by infants and invalids than is cow's milk.

Physician and the poet William Carlos Williams often expressed resentments at having to practice medicine to pay the way for his writing.

Because the Oregon Trail passed through long stretches of barren country, people and animals alike frequently faced fatigue and hungry.

Machines vary in complexity, ranging from so simple devices as the crowbar and wheelbarrow to the more complicated elevator, automobile, and printing press.

Many nineteenth-century opera arias bring together a memorable melodically, a dramatic interlude, and a leading character in a moment of high artistry.

Beside the ages of nine and fifteen, almost all young people undergo a rapid series of physiological changes.

Emily Dickinson, among the greatest women poets in the English language, died with all of hers poems unpublished, except for seven that appeared in publications of limited circulation.

The guide has recommended that we both are as attentive as possible when we visit the old castle.

Plants of these type grow best in places where there is a great deal of shade.

The uneducated is more to be pitied than blamed.

Do you think its going to rain tomorrow?

Would you mind me trying that coat on for size?

You will have to make the curves rounder: otherwise, everyone will be copying your mistakes.

She said that her son went slowly to school everyday.

Inevitable and maybe unfair comparisons are likely to be made between the sales manager in Oakland and his counterpart in Fargo.

The following night Bill returned quite lately from work to find his wife lying unconscious beside the phone.

The prime minister's conviction for improper campaign practices is likely to result in increasing pressure that she resigns.

To become a member of the civic association, one need only attend three meetings and to pay his fees regularly.

That nitrogen is indispensable to plant and animal life.

Neither John and his father was able to wake up early enough to catch the morning train.

The reason I didn't go to France was because I got a new job.

Ohio has long been a leader into the invention, improvement, and manufacture of farm machinery.

During nearly fifty years superconductivity defied explanation and was one of the outstanding puzzles of physics.

Except special exhibitions, most museums in the United States have no admission charge.

New automobiles are designed to run on low-octane fuel containing little or none lead.

Playing jokes on April Fool's Day is a common practice in many regions, although none knows how the tradition began.

Modern advertising is as frequently used to promote ideas and positions as it is to sale products.

Mother's Day is on May.

Part(E) Actual Test

* Identify the correct one.

1. I spent the day taking (photographic, photographs, photographer) of the city.
   They produced a (photographic, photograph, photographer) record of the event.
   She is one of the most famous fashion (photographic, photograph, photographers) in the world.

2. The article is full of (inaccurate, inaccuracy, inaccurately).
   All the maps we had were wildly (inaccurate, inaccuracy, inaccurately).
   A Gallup poll released yesterday is said to be taken (inaccurate, inaccuracy, inaccurately).

3. The term I used was meant to be purely (describe, description, descriptive).
   The man was (described, description, describing) as tall and dark, aged about 20.
   The police have issued a (describe, description, descriptive) of the gunman.

4. Money is not (essence, essential, essentially) to happiness.
   The pattern is (essence, essential, essentially) the same in all cases.
   Her paintings capture the (essence, essential, essentially) of France.

5. His (include, inclusion, inclusive) in the team is in doubt.
   The tour (includes, inclusion, inclusive) a visit to the Science Museum.
   The rent is (include, inclusion, inclusive) of water and heating.

6. They considered the (relate, relative, relationship) merits of the two plans.
   I found it difficult to (relate, relative, relationship) the two ideas in my mind.
   The (relate, relative, relationship) between the police and the local community has improved.

7. The student took many (use, useful) courses in college.
   The (use, useful) of cameras is forbidden inside the museum.
   John (uses, useful) a vacuum cleaner to clean the carpet.

8. Anne submitted the form with the (require, required, requirement) signature.
This job (requires, requiring, requirement) a college degree.
The candidate met all of the (require, required, requirement) for the job.

9. Susie is (responsibility, responsible, response, respond) for feeding the family dog.
Taking care of a younger sister is too much (responsibility, responsible, response, respond) for a six-year-old child.
The judge asked the witness to (responsibility, responsible, response, respond) to the question.
As a (responsibility, responsible, response, respond) to my question, Mary said she was angry at me.

10. Successful candidates should have a (minimum, minimize, minimally, minimal) of five year's experience in accounting.

11. All employment (applications, applicability, applicant) must be postmarked before Oct.31.

12. According to the chemist's (interpretations, interpret, interpreter), the constitution used in this kind of detergent is very harmful.

13. Most of the toys are on a big post-holiday (sell, sale, selling, sold).

14. It is not easy to find any (differ, different, differently, differences) between the two materials.

15. The (producing, product, productive, production) schedule was changed due to the delay in the shipment of materials.

16. The fire chief said their estimated time of (arriving, arrive, arrives, arrival) was in four minutes.

17. A number of job (openings, gap, aperture) were posted in the newspaper.

18. However, thanks to careful (planned, plan, planner, planning), the downtown area is coming alive again.

19. The Rocky Mountain region is an area of (interesting, interests, interested, interest) in the

United States.

20. People with these kinds of certificates have more (possibility, probability, chances) of being hired.

21. When ordering any entree, you have your (choice, option, decision) of vegetables.

22. The research company started to look into media (coverage, covering, cover, coveraged).

23. We'd better find a market with (fewer, least, a few, less) competition for these products.

24. We are notifying you that your September payment is 36 days (outdated, advanced, overdue).

25. A (living, alive, lively, live) broadcast was televised from New York last night.

26. You should consider investing in an (expand, expanse, expansion, expansive) view.

27. I am sure this goal will be reached in the (foreseeable, foreseen, foresight, foreseeing) future.

28. Of the two candidates, Mr. Spiers is (more, the better, the best).

29. Due to the economic downturn and poor business, the executives of the company recommended (early, previous, past) retirement to the employees.

30. The (opposing, opposed, opposes) view should always be considered and sometimes taken.

31. The response was (satisfactory, satisfied, satisfying) and most of the attendance consented to the speaker's point of view.

32. My new boss was so (understanding, understandable, understood) that he was willing to approve my sudden vacations.

33. He is such a pleasant co-worker that getting along with him is (eager, willing, happy, easy) to do.

34. The new system is quite (impressed, impressive, impression).

35. (Them, Those, Themselves, Whichever) who need advice on their career options can visit the Job Center anytime between 9 and 5 on weekdays.

36. A lot of accidents can be (prevented, restrained, constrained) by turning on your headlights before it gets dark.

37. We were (explained, informed, spoken) that our flight would be delayed due to minor mechanical problems.

38. The vice president insists that we (is, had, be, been, are) redesigned.

39. When he (suggested, told, recommended) me about the accident which happened to Mr. Lee, I was shocked.

40. These sports wears (stated, designed, aimed) at young adults.

41. You should consider all aspects when you decide (exact, exactly, exacting) what to buy.

42. (Neared, Nears, Nearly, Nearing) ninety percent of the hotel rooms were reserved for weekends this season.

43. Some companies are (continually, lastingly, timelessly) dumping pollutants in the sea without any environmental consideration.

44. His car had been (hard, hardly) used when he decided to sell it because he lived near a subway station.

45. I have not (already, still, yet) met the new staff transferred from the New York office last week.

46. (It, There, They) remain four possible solutions.

47. We have to spend the allocated amount as (efficient, efficiently, more efficient) as possible.

48. You should be as (attentive, attention, attended) as possible during class.

49. The luggage he packed up for his trip is (much too, too much) heavy.

50. They should speak (clear, clearness, clearly).

51. They are charging (them, they, theirs, their) clients.

52. (Almost, The most, Most) of them are members of the standing committee.

53. He doesn't have (a, the, any, some) qualms about the workers though he laid off nearly twenty of them.

54. I could help (hers, her, herself, hers) finish the project this Saturday morning.

55. One task is already taken care of, but there is (any other, either, another) waiting for us to be done.

56. She was shocked when she saw (her, herself) in the mirror.

57. The company will place an order for office supplies (as, such as, such, along with) a ruler, an eraser.

58. (Even although, Although, Despite, Nevertheless) they were not prepared enough, they launched the new program.

59. The applicants (who, whoever, which) had an interview with the vice president yesterday got the position.

60. (As well as, In addition, Moreover) carrying excessive amounts of alcohol and cigarettes, having fresh fruit can be illegal.

61. (Aside from, Except that) golfing every weekend, he enjoys a lot of sports.

62. The sales representatives are going to demonstrate the new products (in, on, at) April 23.

63. We will move to the new head office in the center of town (until, by, on, during) the end of next week.

64. They will meet (at, in, on, to) the corner of Seventh Street.

65. (Since, In spite of, Due to) there was low attendance, the president had to cancel the next seminar.

66. The undergraduates, many of (them, whom, that, which) will go on to teach math at high school, all did well during their internship.

67. He studied so hard to pass the bar exam (before, while, for, after) the last three years.

68. You can contact our office to have your name placed (by, on, at, to) the waiting list.

69. You'll miss the bus (in case, unless, given) you walk more quickly.

70. Demand for new van is (such, very, so, such a) high that further orders can't be filled till next Jan.

71. We had (such, so, such a, too) high attendance we were excited.

72. (However, How, Whatever) hard you may try to find the breakthrough for this recession, the current trend for downsizing will continue for the time being.

73. You can meet the people (who, whoever, whom, whose) family members suffered from it for a long time and get some helpful advice from them.

74. The shop remains open (by, on, until) 9 o'clock.

75. You can leave the office (as long as, as far as, so far as) you can finish the work.

76. It still remains (being, been, have been, to be) seen whether Michael Gartenberg will get a contract because the competition is stiff.

77. Plants need (to be watered, to water, being watered) 5 times after planting and then they can generally make it through the summer.

78. New York police reported that the 29-year-old man (was fired, has been fired, fired, had been fired) from a factory shortly before the incident.

79. The reduction in salaries (has, have, are, is) angered all employees.

80. Mr. Smith (will serve, will have served, serves, served) the full two years in office as president by the time his last term ends.

81. If the board of directors refuses to combine Balloons and its subsidiary, the company (goes, will go, went) bankrupt.

82. The employees (will send, will be sent, send) to our branch office.

83. The company (has introduced, was introduced, introducing) a new water- proof watch.

84. Students are expected (to registering, to register, registering) at the front desk.

85. They must sign out and (initial, initiative, initials) their attendance records.

86. I had barely (finishing, finished, finish) the work.

87. Had Mr. Toth (elected, been elected, electing) as a chairman, the company would have gone into bankrupt.

88. The construction project was (processed, processing, completing, completed) as planned.

89. Helium and hydrogen are (light, lighter, lightly, lightest) than oxygen.

90. (The, No, If) wrong use of this medicine may lead to accidents.

91. Some information (gave, was given, given, giving) in this package will be specified in a few handouts.

92. This project is the (most challenging, more challenging, challenging) program in our company.

93. You can take short trip to Las Vegas before (return, returned, returning) home for $50 only.

94. He finds Picasso's paintings (fascinating, fascinated, to fascinate).

95. Interns should not be afraid of becoming (disappointed, disappointing, disappointment).

96. She encourages employees (participating, to participate, participation) in the annual meeting.

97. Once (merge, to merge, merged, are merged), the companies will create more profits.

98. Anyone (ordered, orders, who order, ordering) art supplies must initially undergo customs inspections.

99. (No sooner, No soon, As soon as) had Mr. Cho left the institute than the door closed.

100. In order to (saving, save, saves) time, he does not spare any efforts.

101. (Impaired, Injured, Wounded, Damaged) luggage should be brought to our office.

102. The company is considering (to introduce, introducing, introduce, introduced) a new line.

103. (An, The) equipment is required to be serviced every month.

104. (Developed, Developing, Development, Develope) effective training is necessary.

105. (Many of, Many of the, Many a) customers who know us are repeat customers because of our good quality and reasonable price.

106. The consultant whom Ms. Carson (talked to, talked, talked of) was helpful in changing her occupation.

* Choose the one that best completes the sentence.

1. _______ should be given to those whose applications are received by next Tuesday.
   (A) Preferential (B) Preferred (C) Preference (D) Preferring

2. As soon as the contract for the ________ of Central Hospital is signed, the two old buildings will be demolished.
   (A) constructing (B) construct (C) constructive (D) construction

3. With fresh water sources dwindling, the proper ________ of water distribution systems is now more critical than ever before.
   (A) utilization (B) utilizable (C) utilize (D) utility

4. Companies should ensure that employees' _________ is measured not by test results alone but also by efforts demonstrated on the job.
   (A) performance (B) performing (C) performed (D) perform

5. We regret to announce that the recent increase in sales taxes will result in a ______ in employee benefits.
   (A) reduction (B) reducing (C) reduced (D) reducer

6. By ________ our overhead expenses, we can offer more compensation to our employees.
   (A) reduction (B) reducing (C) reduced (D) reducer

7. The government's decision to increase defense _______ by some 20% indicates that tension does exist between North and South Korea.
   (A) spending (B) spend (C) spent (D) spender

8. Our Find-it-for-You service posts numerous job ________ from entry to management level.
   (A) open (B) opens (C) opened (D) openings

9. Everybody in the division considers Martha to be the most successful and _______ accountant.
   (A) reliability (B) reliably (C) reliable (D) reliance

10. Although the antibiotics helped the patient at first, in the end, the virus proved to be completely ________ .
    (A) resistant (B) resistance (C) resisting (D) resisted

11. Yearly sales for the new cosmetic line have significantly increased, although the demand for specific products varies ________ at different times of the year.
    (A) considering (B) considered (C) consideration (D) considerably

12. In today's meeting, everyone is ________ encouraged to offer at least one suggestion on how we can best compete with rival companies like Hewlett Packard.
(A) strong (B) stronger (C) strongly (D) strongest

13. The photocopier that we purchased just before Christmas has proven to be as _____ as the Xerox sales representatives had promised.
(A) reliably (B) reliable (C) relied (D) relying

14. With the help of our newly designed electronic invoicing system, your accountant will be able to process customer transactions as ________ as any large business.
(A) efficiencies (B) efficient (C) efficiency (D) efficiently

15. Employees who fail to submit the required information on their families within two weeks ________ their dental care benefits.
(A) forfeiture (B) will forfeit (C) forfeiting (D) forfeits

16. My associates and I would like to extend ________ congratulations on your recent promotion and invite you to visit our new office soon.
(A) my (B) our (C) your (D) their

17. With ________ proven track record and competence, everyone agrees that Mr. Chang deserves the promotion to office head.
(A) he (B) his (C) him (D) himself

18. The accounts we offer this month boast more customized individual services than _______ offered last month.
(A) that (B) those (C) this (D) these

19. As a start-up venture company, we have only three branches nationwide and a total of 25 employees, most of ______ are graphic designers.
(A) them (B) whom (C) who (D) that

20. Although it is statistically ________ to fly than to drive, many people are nevertheless afraid of flying.
(A) safer (B) more safely (C) safe (D) safest

21. The industry-mandated quality tests were much stricter than ________ .
(A) expectation (B) expected (C) expect (D) expecting

22. Of the two resumes that we reviewed yesterday, Mr. Vickson's seems to be the ________ .
(A) best (B) better (C) good (D) well

23. _______ had Carrie arrived in Rome than her purse was stolen.
(A) Sooner (B) The sooner (C) Any sooner (D) No sooner

24. We will neither cut the number of full-time workers _______ reduce their overall benefits.
(A) but (B) or (C) and (D) nor

25. It is mandatory to ________ a work identification card when you first enter the company.
(A) obtain (B) obtaining (C) obtains (D) obtained

26. The value of the dollar ________ yesterday against the Japanese yen after skirmishes in the Middle East died down.
(A) rising (B) to rise (C) risen (D) rose

27. The proposed budget increases would make it possible ___________ added support to each sector of them.
(A) give (B) gave (C) to give (D) in giving

28. Although I'm ________ about your situation, I have to consider the best interests of this company.
(A) empathetic (B) empathize (C) empathizing (D) empathically

29. _______ the new supervisor is mild-mannered and soft-spoken, she is very firm about getting work done on time.
(A) Even (B) Then (C) However (D) While

30. To achieve success in today's competitive environment, companies must ________ a solid business plan.
(A) to establish (B) establishing (C) establish (D) establishes

31. Real estate values have been _________ from year to year in most parts of the United States.
(A) rise (B) rose (C) risen (D) rising

32. The Chief of Security _________ to us that we should take the highest precautions to ensure no information was leaked to the press.
(A) informed (B) convinced (C) notified (D) mentioned

33. The council ________ the director that continued support of the Baker project might result in financial loss.
(A) advised (B) explained (C) recommended (D) announced

34. The Trattoria Restaurant requests that patrons _______ reservations for a table at least two weeks ahead of time.

(A) makes (B) making (C) made (D) make

35. Due to the urgency of this matter, it is imperative that Mr. Lambert ________ one of our customer representatives by 5 p.m.

(A) is contacting (B) will contact (C) contact (D) contacted

36. The recent meeting between the two companies ________ that a deal is near.

(A) imply (B) implies (C) was implied (D) implied

37. The federal government, along with the cooperation of leading industrial companies, ______ to create more jobs for skilled workers.

(A) is pushing (B) are pushing (C) pushing (D) have been pushed

38. The number of users who _________ support has increased since the company released the latest version of its software.

(A) require (B) requires (C) is required (D) are required

39. This year the car industry _________ many investors because automotive products now make up 15 percent of the country's exports.

(A) attract (B) has attracted (C) attracting (D) had attracted

40. The e-mail addresses and telephone numbers should be _______ carefully in the blanks provided.

(A) written (B) write (C) wrote (D) writing

41. The accounting team is __________ to providing accurate billing statements and resolving all customer inquiries within twenty-four hours.

(A) dedicating (B) dedicated (C) dedicate (D) dedication

42. If the client had come on time, these negotiations ________ completed by now.

(A) would be (B) would have been

(C) won't have been (D) would not be

43. Had the contract _________ earlier, we might have been able to discuss the conditions and make a decision before the week's end.

(A) deliver (B) delivered (C) been delivered (D) were delivered

44. The firm temporarily closed one of its branch offices ______ operating expenses.

(A) will reduce (B) reduces (C) reduced (D) to reduce

45. ______ regular donations to local charities from business profits is not only personally rewarding, but good for developing a reputation.

(A) Give (B) Gives (C) Giving (D) Given

46. The chef obtains interesting and different results with this dish by _______ the ingredients he uses in the recipe.

(A) vary (B) varying (C) varied (D) varies

47. It would be wise of you to consider _________ with your firm, as the job market is tough right now.

(A) signing (B) sign (C) to sign (D) signed

48. Customers who hear music on an open telephone line________ on hold are less likely to hang up.

(A) to (B) as (C) nearby (D) while

49. A number of our staff were late coming to the office today ________ the East bound A-train got stuck on the tracks.

(A) if (B) because (C) that (D) unless

50. Electronic communications make it possible to do business__________ you are in the world, whether in or out of the country.

(A) whenever (B) whomever (C) wherever (D) whatever

51. Our office can begin filling out the order ______ the completed request form and instructions are sent via fax.

(A) once (B) just (C) upon (D) still

52. _________ the company has been selling the same product for thirty years, it is still popular with consumers all over the country.

(A) In light of (B) Nevertheless (C) Therefore (D) Even though

53. Management has decided to rotate workers to keep the assembly line running as _______ as possible.

(A) efficiency (B) efficiently (C) more efficient (D) efficient

54. Unfortunately the shipment will be delayed, as our factory is experiencing more technical problems_______ we anticipated.

(A) or (B) while (C) whether (D) than

55. Of the many laborers at this plant, the______ highly skilled will be transferred to a newly opened facility.

(A) so (B) most (C) such (D) much

56. The responsibilities of a representative include________ the company's sales goals and managing the special requests of customers.

(A) to achieve (B) achieving (C) achieved (D) achievement

57. Had we ________ that the event would not be a popular one with our customers, we would have dropped the plan in its early stages.

(A) realize (B) realized (C) been realized (D) realizes

58. __________ the firm's poor performance, its CEO, Paola Guashin continued to expand its facility.

(A) However (B) Nonetheless (C) Despite (D) Even Although

59. The objective of this course is to help you function more effectively in your job and to be more ________ in the job market.

(A) competition (B) competence (C) competitive (D) competitor

60. I have not ________ made any false statement or deliberately misleading omission in completing this license application form.

(A) knowingly (B) knows (C) known (D) knowledge

61. Every year since the governor ________ four years ago, he has delivered the Friday luncheon speech.

(A) had elected (B) is electing (C) was elected (D) will elect

62. One of the two candidates accepted our offer and will be joining the faculty this summer, while ________ candidate declined the offer because of dual career constraints.

(A) others (B) other (C) the other (D) the others

63. We usually use the expedited service available which guarantees ________ in seven days maximum.

(A) deliver (B) delivery (C) delivered (D) deliverable

64. For a creative advertising _________ to be successful, the ad will need to be simple and consistent throughout and target the key audience that you want to reach.

(A) strategic (B) strategy (C) strategize (D) strategical

65. Reservations which are not guaranteed by credit card at time of booking are subject to ______ by the hotel without prior notice.
(A) be canceling (B) cancel (C) cancellation (D) canceled

66. I have not yet found time to read the monthly production report _______ due to the preparation for the upcoming marketing strategy meeting for next year.
(A) me (B) mine (C) myself (D) my

67. All meetings should be scheduled at a time and place ________ to a majority of the Committee members.
(A) accept (B) acceptance (C) acceptably (D) acceptable

68. The custom-designed packaging was created ________ for this lifelike doll.
(A) exclusively (B) exclusive (C) excluding (D) exclusion

69. I'm writing to thank you for allowing me the opportunity to meet with you today ________ the position of financial advisor with your company.
(A) regard (B) regards (C) regarding (D) regardless

70. Little effort has been ________ to solve the problem so far.
(A) called (B) asked (C) made (D) done

71. It is essential that new ideas in music, drama or scenic design _______ , otherwise it will become a stuffy, fossilized musty repository of out of date ideas.
(A) admitting (B) admit (C) admitted (D) be admitted

72. Our resources are very limited,_______ we have to make sure that the services we arrange for people are efficient and cost-effective.
(A) so (B) as (C) furthermore (D) although

73. The Institute currently has three medical officers, all of ________ are widely respected working specialists.
(A) what (B) which (C) them (D) whom

74. ________ often employers insist that their decisions about their workers have nothing to do with color, gender, age or other factors, many workers don't believe them.
(A) However (B) Whatever (C) Whenever (D) Wherever

75. A simultaneous interpretation system will be used on this site ______ visitors will not run into language barriers.
(A) in order (B) so that (C) despite (D) now that

76. In August of the current year in________ with the similar period of the last year, industrial production grew by 12.8%.
(A) comparable (B) comparing (C) comparison (D) compared

77. You must turn in the projects on time, ________ extreme situations.
(A) including (B) except from (C) barring (D) bar

78. PowerPoint 97, the current version, lets you make your presentation more ________ .
(A) power (B) powerful (C) powered (D) powering

79. You have four business days from citation issue date to pay a parking ______ .
(A) fine (B) rate (C) charge (D) fee

80. A growing number of companies have ________ adopted climate-related targets.
(A) voluntary (B) volunteer (C) voluntarily (D) volunteering

81. Aspirin use _______ in patients who have heart disease since last year.
(A) has increased (B) have increased (C) is increased (D) had increased

82. You can do this as ______ as you'd like until you get the results you want.
(A) quick (B) frequent (C) common (D) often

83. The most ________ part in the President's speech was when he outlined his strategy for the next five years.
(A) interest (B) interested (C) interesting (D) interestingly

84. If you had _______ me that it was her birthday yesterday, I would have bought her some flowers.
(A) reminded (B) remembered (C) repeated (D) recalled

85. The government intends to reduce the amount of the ________ paid to people without jobs.
(A) benefits (B) rewards (C) advantages (D) wages

86. I am trying to _______ the number of applications I have sent in the last three weeks.
(A) work (B) work out (C) work up to (D) work away

87. Recent statistics show that ______ companies operating in this field reduce costs by outsourcing part of their activity.
(A) most (B) most of (C) the most (D) mostly

88. Three _______ employees went on strike and demonstrated to protest against the restructuring plan.
(A) thousands of (B) thousand of (C) thousands (D) thousand

89. Household consumption has been falling gradually for the last six months, ________ worries some financial analysts.

(A) which (B) what (C) who (D) that

90. It took me several months to get used to _______ my messages by email.

(A) send (B) sending (C) have sent (D) be sent

91. With the new software, our accountant will no longer need to spend so much time ______ new data.

(A) enter (B) to enter (C) entered (D) entering

92. There is too _____ time left to get the report ready before the meeting.

(A) little (B) few (C) many (D) some

93. It's high time we______ where to hold the next annual conference.

(A) decide (B) decided (C) have decided (D) are deciding

94. I have been looking all over for my passport. I cannot find it ______ .

(A) nowhere (B) anywhere (C) somewhere (D) everywhere

95. If they had designed a more advanced product at an attractive price, they _______ a larger market share.

(A) had gained (B) will have gained

(C) would have gained (D) would have been gained

96. The young intern who was hired last month is quite _______ about accounting.

(A) known (B) knowing (C) knowledge (D) knowledgeable

97. The advertising agency suggested _______ the spring sales campaign at the end of March.

(A) that we start (B) us to start (C) to start (D) start

98. Although we had left home on time, we arrived at the airport much ______ than we expected.

(A) late (B) later (C) lately (D) latest

99. We have four elevators in this building but ______ seem to be working this morning.

(A) neither of them (B) none of them

(C) both of them (D) all of them

100. You cannot access _______ where all the financial transactions are made unless you are a staff member.

(A) the room (B) in the room (C) to the room (D) into the room

101. As he was afraid of missing his flight, the manager ________ his assistant to drive him to the airport.

(A) made (B) had (C) got (D) let

102. Ms. Brown answers the phone and replies to my e-mails when I am on ________ abroad.

(A) appointment (B) assignment (C) average (D) travel

103. From now on we will have to work much _______ to improve the quality of our components.

(A) hard (B) harder (C) hardly (D) as hard

104. They will use_______ very sophisticated equipment for the presentation.

(A) a (B) many (C) few (D) some

105. The_______ from Paris to London takes less than two hours.

(A) fly (B) travel (C) journey (D) fare

106. It will take several years to repair _______ damage caused by the hurricane.

(A) a (B) few (C) many (D) the

107. They will sign the contract ________ you give them a better discount.

(A) provided that (B) in addition (C) instead (D) prior to

108. Most of our employees ________ today because of the strike.

(A) worked (B) is not working

(C) are not working (D) have not working

109. Mr. Cooper ________ a conference at the moment.

(A) attends (B) attended (C) is attending (D) have attended

110. He ________ to drive since he had an accident.

(A) has not been able (B) could not

(C) cannot (D) is not able

111. If it rains this weekend, we ________ to cancel the barbecue.

(A) had (B) might (C) will have (D) would have

112. I'm thinking ________ a small house by the sea.

(A) to buy (B) to buying (C) of buying (D) to have bought

113. It is essential that you ________ here on time tomorrow.

(A) be (B) was (C) to be (D) will be

114. I can't paint the ceiling myself. I will ________ .
(A) have been painted (B) have it to paint
(C) have it painted (D) have it paint

115. That yellow hat really makes him ________ stupid.
(A) look (B) to look (C) looking (D) looked

116. Don't forget ________ me when you arrive at your hotel.
(A) phoning (B) phoning to (C) phone (D) to phone

117. The new card allows you ________ cash at any ATM around the world.
(A) withdraw (B) to withdraw (C) withdrawing (D) for withdrawing

118. The annual conference will ________ in Munich next year in June.
(A) hold (B) be held (C) be holding (D) have held

119. Let me introduce you to Ms. Smith who is the personal assistant ________ Mr. Johnson.
(A) of (B) to (C) at (D) from

120. She always talked about her new job so ________ that we never suspected she was going to resign.
(A) exciting (B) excited (C) excitedly (D) excitement

121. The new head office is ________ 25 miles away from the main airport.
(A) locating (B) locate (C) located (D) location

122. Our company is not ________ to face a hostile tender offer from its main competitor.
(A) enough large (B) large enough (C) as large (D) larger

123. Statistics show that most prices ________ by about 5% when the new currency was introduced.
(A) rise (B) raise (C) rose (D) raised

124. It was ________ a boring presentation that a lot of people left the room before the end.
(A) so (B) such (C) very (D) too

125. If demand for this product continues to increase at this rate, we will probably have to ______ new staff this summer.
(A) take on (B) take away (C) take in (D) take over

126. The prototype that ________ last week does not comply with international standards.
(A) presented (B) is presenting (C) was presented (D) was presenting

127. Battery-operated reading lamps _______ very well right now.
(A) sale (B) sold (C) are selling (D) were sold

128. Many employees seem more _______ now about how to use the new telephone system than they did before they attended the workshop.
(A) confusion (B) confuse (C) confused (D) confusing

129. The prime minister is expected to arrive at the convention hall at _______ 7:00 P.M.
(A) approximately (B) approximates (C) approximate (D) approximated

130. Dr. Abernathy's donation to Owston college broke the record for the largest gift _______ given to the campus.
(A) always (B) rarely (C) once (D) ever

131. The lecture will cover the relevant methods of _______ the impact of currency fluctuation on international transactions.
(A) determination (B) determined (C) determining (D) determine

132. Answering telephone calls is the ______ of an operator.
(A) responsive (B) responsibly (C) responsible (D) responsibility

133. The president of the corporation has ________ arrived in Copenhagen and will meet with the Minister of Trade on Monday morning.
(A) still (B) yet (C) already (D) soon

134. Employees are _______ that due to the new government regulations, there is to be no smoking in the factory.
(A) reminded (B) respected (C) remembered (D) reacted

135. It has been predicted that an _______ weak dollar will stimulate tourism in the United States.
(A) increased (B) increasingly (C) increases (D) increase

136. _______ has the marketing environment been more complex and subject to change.
(A) Totally (B) Negatively (C) Decidedly (D) Rarely

137. That is the position for _______ Mr. Kaslov has applied, but a final decision has not yet been made.
(A) which (B) whom (C) that (D) what

138. Executives of small companies earn _______ salaries on the west coast than on the east coast.
(A) more (B) taller (C) richer (D) higher

139. You need about forty different nutrients to stay _______ .
(A) health (B) healthy (C) healthily (D) healthiness

140. It is worth examining the ________ nations can take to facilitate the removal of trade barriers.
(A) stages (B) levels (C) steps (D) grades

141. Most people become nervous when ______ to speak before a large group of people.
(A) ask (B) to ask (C) asking (D) asked

142. _______ documents have to be sent in duplicate.
(A) All of (B) All of the (C) Every (D) The whole

143. I've had _______ personal problems recently to be able to concentrate on work.
(A) too many (B) so many (C) too much (D) so much

144. The first year's sales of the new calculator were so _______ that the firm decided to withdraw it from the market.
(A) discouragement (B) discourage (C) discouraging (D) discouraged

145. Ms. Lee did _______ good work on that project that she was quickly offered a promotion.
(A) too (B) such (C) so (D) much

146. _______ higher ticket prices this year, attendance at area theaters remains above average.
(A) Even though (B) Nevertheless (C) In spite of (D) Consequently

147. Private financing can ______ a variety of forms.
(A) do (B) take (C) make (D) occur

148. The satellite photographed a ________ moon in orbit around Saturn.
(A) previous undetecting (B) previously undetecting
(C) previous undetected (D) previously undetected

149. Dr. Marsha Herbert's illustrations were clear enough to make her presentation ________ understandable.
(A) easily (B) easier (C) easy (D) ease

150. ________ in the late 1800's, many of the coastline's lighthouses remain standing today, having withstood the forces of nature for decades.
(A) Built (B) Building (C) Been built (D) Having built

151. Dr. Johnson is offering a three-hour workshop during ________ she will share some perspectives on effective time management.
(A) whose (B) while (C) whatever (D) which

152. A lot of environmental activists have been ________ of the government negligence.
(A) critic (B) critical (C) critically (D) criticize

153. Magnum Plus cameras ________ very popular right now because they are so easy to use.
(A) became (B) are becoming (C) to become (D) becomes

154. A new marketing strategy was adopted but ________ overall effectiveness will be recognized sometime next year.
(A) they (B) it (C) its (D) them

155. Mark Javela, a junior employee, proposed an innovative project that has been funded by one of the organization's biggest ________ .
(A) sponsor (B) sponsors (C) sponsored (D) sponsoring

156. Mr. Hermandez is not available at the time the work crew is scheduled to arrive, and __ is Ms. Hakkonen.
(A) so (B) nor (C) neither (D) either

157. The National University plays an important ________ in preparing leaders for the country' educational system.
(A) work (B) piece (C) role (D) task

158. Intercity Bus Company will be providing ________ bus service for holiday travelers next weekend.
(A) frequent (B) often (C) numerous (D) really

159. ________ all the candidates applying for the job, Mr. Wang appears to be the most promising.
(A) On (B) Between (C) Through (D) Of

160. The analyst's commentary in the progress report was sharply ________ of the leadership team.
(A) critical (B) critic (C) critically (D) criticism

161. After Massey Corporation acquired Brawley, Ltd., the ______ of its stock rose twenty percent.
(A) valuable (B) valuate (C) valued (D) value

162. The announcement _____ all employees to wear protective eyewear when using the machine.
(A) cautioned (B) caution (C) cautious (D) cautiously

163. Most universities have an active student life program for international students to make them more _______ in a new culture.
(A) comfortableness (B) comfortable (C) comfort (D) comfortably

164. Car rental expenses ________ among different companies because some charge for the day, and others charge per mile.
(A) vary (B) variation (C) variable (D) various

165. Russian companies are scheduled to outline their _______ plans for the development of their networks.
(A) strategic (B) strategies (C) strategize (D) strategically

166. The larger side view mirror was removed because it ________ obscures the driver's ability to see pedestrians.
(A) part (B) partial (C) partially (D) partiality

167. The _______ created briefcase organized for employees of the Denmark Publishing company is a show of appreciation.
(A) exclusive (B) exclusion (C) excludes (D) exclusively

168. The director of marketing was very surprised that the promotions assistant had completed the project _______ quickly.
(A) too (B) such (C) so (D) much

169. The company's advertising division ________ over 2,000 new customers with a successful new advertising campaign.
(A) attracts (B) was attracted (C) attract (D) has attracted

170. There are a number of websites available that ________ academic success by encouraging better time management.
(A) promote (B) promoted (C) promotes (D) to promote

171. Please ________ out this patient medical history form before the doctor comes in to see you.
(A) filling (B) filled (C) fill (D) fills

172. The company suggested ________ competitors with unprecedented access to its technology.
(A) provide (B) to provide (C) providing (D) provided

173. The Sweet Dream Pillow has been developed specially for those who frequently have difficulty _______ .

(A) sleeping (B) sleeps (C) slept (D) to sleep

174. My assistant, Ken, is known for his ability _______ lost files and documents on computers.

(A) locate (B) have located (C) will locate (D) to locate

175. _________ the local dialect is the key to avoiding this kind of unfortunate situation; you should practice with your co-workers.

(A) Understand (B) Understanding (C) Understood (D) To understand

176. The recent flood disaster makes it impossible ________ Resort Management to promote property expansion at this time.

(A) of (B) for (C) from (D) if

177. Ms. Farriano recommended that we ________ Mr. Sidney as a representative of the company for the sales conference.

(A) were selecting (B) select (C) were selected (D) would select

178. Kristen Gerhart, who _________ the company's branch office in Washington, had a lunch meeting with the CEO yesterday.

(A) run (B) runs (C) running (D) were running

179. When the storm arrived, most of the local residents _________ the area.

(A) evacuating (B) have evacuated (C) had evacuated (D) been evacuated

180. Our productivity has gradually been increasing _______ newer, faster computers were installed at the beginning of this year.

(A) as (B) due to (C) owing to (D) because of

181. Booksellers produced substantially different results after ________ asked to prepare a sales forecast of the highly anticipated new book.

(A) being (B) was (C) were (D) been

182. If our company _______ various air purification systems, consumers will be able to get more choices.

(A) introduces (B) will introduce (C) to introduce (D) had introduced

183. An important thing to remember when ________ is to be patient and not sell your stock at the first sign of trouble.

(A) investigation (B) investing (C) invest (D) invested

184. _______ wisely you resolve the current friction with the supplier, you will never be able to be on good terms as before.
(A) Which (B) Whichever (C) How (D) However

185. Because of stricter grading, twice ________ students failed their introductory courses this year as last year.
(A) as many (B) much more (C) more than (D) too much

186. The fast food industry is facing financial difficulties in the ______ competitive worldwide market.
(A) increasing (B) increasingly (C) increase (D) increases

187. Despite some earlier ________ about dates and times, we've got it settled now.
(A) confused (B) confusing (C) confusion (D) confuse

188. The firm is looking for a candidate _________ strengths include the ability to work under pressure and solve problems creatively.
(A) that (B) what (C) which (D) whose

189. Clothing ________ directly from a distributor cannot be returned for cash, only for credit.
(A) bought (B) buyer (C) buy (D) buying

190. The most serious social problem plaguing the metropolis is its ______ population.
(A) large (B) many (C) much (D) grand

191. Could you tell me where I might find a _______ restaurant?
(A) tasty (B) delicious (C) good (D) spicy

192. Many modern novels have _______ recognizable plot.
(A) no (B) not (C) none (D) never

193. Nancy envied the way her brother could make _______ more friends than she.
(A) many (B) much (C) rather (D) a bit

194. They add _____ less contamination to a vacuum than the best diffusion pumps.
(A) much (B) even (C) no (D) many

195. The cost is ______ much for me.
(A) so much (B) very much (C) too much (D) much too

196. After the oil embargo, no longer ________ gasguzzling cars as the cost of gasoline increased.
(A) people could afford (B) that people could afford
(C) could people afford (D) could afford

197. I would wear my red dress save it ______ a stain in the front.
(A) had (B) has (C) would have (D) has not

198. If you had seen the amount of food he ate for breakfast this morning, you _______ why he has grown so fat.
(A) would understand (B) would have understood
(C) will understand (D) have understood

199. He could not go out with her until ______ .
(A) they allowed to do so (B) she allowed to do so
(C) he allowed to do so (D) allowed to do so

200. Our general approach to ______ with companies is to go out our way to appease upset customers.
(A) deal (B) dealing (C) be dealt (D) have dealt

201. The restaurant chain uses refrigerated trucks to transport meat and fresh ______ to its processing plant.
(A) produce (B) produces (C) production (D) producers

202. Store loyalty cards that offer card-holders discounts and rewards are an effective way to _______ customers satisfied.
(A) keep (B) do (C) stay (D) have

저자소개 및 저서

박영근 계명대학교 교양교육대학 교수

저 서

박박사의 토익 및 토플, Power English
영어의 이해 및 해설

영문법 해설 및 활용

2018년 8월 25일 발행

저 자	박영근
발 행 인	송기수
발 행 처	도서출판 GS인터비전
편 집 처	도서출판 GS인터비전
인 쇄 처	트윈벨미디어
등록번호	제 25100-2016-000050호
I S B N	978-89-97231-01-0 (90740)

주 소	서울 은평구 증산로15길 69, 2층
전 화	02-976-7898, 0707-720-7898
팩 스	02-6468-7898
이 - 메일	gsinter7@gmail.com
홈페이지	www.gsintervision.co.kr

정 가 27,000원